ACCESO GRATIS *a la Lectura en la Nube*

Para visualizar el libro electrónico en la nube de lectura envíe junto a su nombre y apellidos una fotografía del código de barras situado en la contraportada del libro y otra del ticket de compra a la dirección:

ebooktirant@tirant.com

En un máximo de 72 horas laborables le enviaremos el código de acceso con sus instrucciones.

INSTRUMENTOS DE COOPERACIÓN PROCESAL INTERNACIONAL PARA EL TRASLADO DE ESPAÑOLES CONDENADOS A ESPAÑA

Procedimiento de selección de originales, ver página web:
www.tirant.net/index.php/editorial/procedimiento-de-seleccion-de-originales

INSTRUMENTOS DE COOPERACIÓN PROCESAL INTERNACIONAL PARA EL TRASLADO DE ESPAÑOLES CONDENADOS A ESPAÑA

Directora
ALICIA GONZÁLEZ MONJE

Coordinadora
IRENE YÁÑEZ GARCÍA-BERNALT

tirant lo blanch
Valencia, 2025

En caso de erratas y actualizaciones, la Editorial Tirant lo Blanch publicará la pertinente corrección en la página web www.tirant.com.

La presente obra ha sido sometida a la revisión de pares ciegos según el protocolo de publicación de la editorial a efectos de ofrecer el rigor y calidad correspondiente tanto en su contenido como en su forma, aplicándose los criterios específicos aprobados por la Comisión Nacional E 016 (BOE num. 286, de 26 de noviembre de 2016).

Colección Derecho Procesal de la Unión Europea
Directora:
MAR JIMENO BULNES
Catedrática de Derecho Procesal

EDITA: TIRANT LO BLANCH
C/ Artes Gráficas, 14 - 46010 - Valencia
TELFS.: 96/361 00 48 - 50
FAX: 96/369 41 51
Email: tlb@tirant.com
www.tirant.com
Librería virtual: www.tirant.es
DEPÓSITO LEGAL: V-3419-2025
ISBN: 979-13-7010-742-0
MAQUETA: Innovatext

Si tiene alguna queja o sugerencia, envíenos un mail a: *atencioncliente@tirant.com*. En caso de no ser atendida su sugerencia, por favor, lea en *www.tirant.net/index.php/empresa/politicas-de-empresa* nuestro procedimiento de quejas.

Responsabilidad Social Corporativa: http://www.tirant.net/Docs/RSCTirant.pdf

A la Fundación +34, a su equipo y a todas las personas que hacen posible su labor, por su admirable entrega en la asistencia a los españoles encarcelados en el extranjero y a sus familias. Su compromiso y dedicación iluminan una realidad difícil, ofreciendo apoyo y esperanza a quienes más lo necesitan.

A Elena Merenciano, luchadora incansable, y a todos los familiares de los españoles privados de libertad fuera de nuestras fronteras.

Índice

Capítulo I

A PROPÓSITO DE LOS EXTRANJEROS CONDENADOS: LA RESOCIALIZACIÓN Y EL TRASLADO

ANA ISABEL GARCÍA ALFARAZ

Capítulo II

EL TRASLADO DE ESPAÑOLES CONDENADOS FUERA DEL ÁMBITO DE LA UNIÓN EUROPEA: ESPECIAL REFERENCIA AL CONVENIO DE ESTRASBURGO DE 21 DE MARZO DE 1983

ALICIA GONZÁLEZ MONJE

Capítulo III

ANÁLISIS JURÍDICO DE LOS PROBLEMAS PRÁCTICOS DEL TRASLADO DE ESPAÑOLES CONDENADOS A ESPAÑA

NURIA PÉREZ MELEGO

Capítulo IV

LA EJECUCIÓN DE SENTENCIAS PENALES DE CONDENA PRIVATIVA DE LIBERTAD EN EL ESPACIO JUDICIAL EUROPEO

LORENZO M. BUJOSA VADELL

Capítulo V

ANÁLISIS DE LA LEY 23/2014 DE 20 DE NOVIEMBRE, DE RECONOCIMIENTO MUTUO DE RESOLUCIONES PENALES EN LA UNIÓN EUROPEA. ESPECIAL REFERENCIA A LA ORDEN EUROPEA DE DETENCIÓN Y ENTREGA

Elena Gómez de Liaño Diego

Capítulo VI

RÉGIMEN PENITENCIARIO Y GARANTÍAS DEL DEBIDO PROCESO: EL CASO DE LOS ESPAÑOLES CONDENADOS EN EL EXTRANJERO EN ESPERA DE TRASLADO

Federico Bueno de Mata

Capítulo VII

SECCIÓN DE VIGILANCIA PENITENCIARIA DEL TRIBUNAL CENTRAL DE INSTANCIA Y COOPERACIÓN JUDICIAL INTERNACIONAL

Fernando Martín Diz

Capítulo VIII

EL INTERÉS SUPERIOR DEL MENOR COMO CRITERIO DE VALORACIÓN PARA EL TRASLADO DE MUJERES ESPAÑOLAS CONDENADAS EN EL EXTRANJERO

Irene Yáñez García-Bernalt

Capítulo I

A propósito de los extranjeros condenados: la resocialización y el traslado

ANA ISABEL GARCÍA ALFARAZ
Profesora Ayudante Doctor de Derecho Penal
Universidad de Salamanca

1. INTRODUCCIÓN: DE LOS DELITOS Y DE LAS PENAS EN LA ERA DE LA GLOBALIZACIÓN

Desde hace años se asiste a un fenómeno transversal, universal y con implicaciones económicas, sociales y políticas: la globalización. Para BECK[1], se trata de un término ambiguo que presenta múltiples dimensiones: informativa, ecológica, económica, de la cooperación del trabajo, cultural, de la sociedad civil, etc. Entre todas las posibles consecuencias que se derivan de este fenómeno omnipresente, merecen ser destacadas tres que, en mi opinión, inciden en la criminalidad: la desigualdad económica y social, la debilidad de los Estados y de sus sistemas legales y, por último, la expansión del crimen organizado.

En primer lugar, se hará referencia a la desigualdad económica. No en vano, la faceta más difundida de la globalización está vinculada al aspecto económico. De este modo, resultan habituales las referencias a la globalización de la economía, de la producción, de los mercados, etc. Sin duda, la liberalización económica facilita la circulación de bienes, servicios y capitales y genera importantes beneficios económicos. No obstante, estas venta-

---

1 BECK, U. (1998). *¿Qué es la globalización? Falacias del globalismo, respuestas a la* globalización. Paidós, pp. 25-40.

jas económicas derivadas no se distribuyen equitativamente entre todos los actores involucrados, favoreciendo claramente a las grandes empresas y a algunos Estados. La globalización produce desigualdad o al menos incide en las desigualdades ya existentes. En este sentido, la Criminología verde del Sur[2] advierte la presencia de grandes diferencias entre el denominado Norte global y Sur global y cómo éstas, lejos de disminuir, se agrandan. El 1 % más rico concentra casi dos terceras partes de la nueva riqueza generada desde 2020 a nivel global (valorada en 42 billones de dólares), casi el doble que el 99 % restante de la población mundial[3]. Desde 2020 la riqueza conjunta de los cinco hombres más ricos del mundo se ha duplicado; mientras que la riqueza acumulada de cerca de 5.000 millones de personas a nivel global se ha reducido[4]. Si la población mundial en 2024 era de unos 8.200 millones, entonces, eso se traduce en que un 61% de la población mundial es más pobre. Esta enorme concentración del poder empresarial está exacerbando la desigualdad en la economía mundial en base esencialmente a cuatro aspectos[5]. Primero, las empresas favorecen la desigualdad al utilizar su poder para forzar a la baja los salarios de los trabajadores, a la par que las ganancias se dirigen hacia los más "superricos". De hecho, siete de las diez empresas más grandes del mundo tienen un director general milmillonario, o a un milmillonario como su principal accionista. Segundo, las empresas evaden y eluden el pago de impuestos lo que incide en la reducción de los ingresos fiscales de los Estados que podrían utilizarse en políticas sociales dirigidas a reducir la desigualdad y erradicar la pobreza. Tercero, se asiste a una privatización de los servicios públicos, exigiéndose, por tanto, el pago de las prestaciones educativas, sanitarias, de seguridad, etc. por los usuarios y cuarto, el cambio climático, un acontecimiento global pero claramente desigual[6]. Este fenómeno lo provocan fundamentalmente unos, pero lo sufren otros, en mayor medida los más pobres y los situados en el Sur global, porque son más vulnerables, porque su economía estriba esencialmente en el sector primario más dependiente de las condiciones

---

2 Passim. GOYES, D. (2020). *Criminología verde del sur. Una ciencia para acabar con la discriminación ecológica*. Universidad Antonio Nariño. Fondo Editorial.

3 OXFAM. *Nota de prensa* (2023). https://www.oxfam.org/es/notas-prensa/el-1-mas-rico-acumula-casi-el-doble-de-riqueza-que-el-resto-de-la-poblacion-mundial-en. Recuperado el 12 de diciembre de 2024.

4 OXFAM. (2024). *Desigualdad S.A.* https://www.oxfam.org/es/informes/desigualdad-sa Recuperado el 12 de diciembre de 2024.

5 Ibidem, pp. 9-14.

6 AGNEW, R. (2011). "Dire forecast: A theoretical model of the impact of climate change on crime". *Theoretical Criminology*, 16 (1), p. 26; WHITE, R. & HECKENBERG, D. (2014). *Green Criminology*. *Routledge*, p. 178.

climatológicas, porque disponen de menos recursos, infraestructuras o de la tecnología necesaria para prevenir o reparar los daños, etc.

Esta desigualdad y falta de recursos favorece que se acuda a la violencia, a la comisión de actos desviados o delictivos para conseguir determinados objetivos, bienes que pueden resultar difícilmente alcanzables por otros medios. Además, estos factores, que condicionan la falta de oportunidades y la vulnerabilidad económica y social, son aprovechados por las organizaciones y grupos criminales para captar personas para sus actividades delictivas. Así, se observa cómo el crimen organizado cada vez está más presente a escala mundial[7]. De hecho, la mayor vulnerabilidad al crimen organizado se encuentra en las zonas de conflicto[8]. Cuantos más conflictos existan en un Estado, más probable será que su nivel de resiliencia al crimen organizado disminuya, es decir, que presente una menor capacidad de resistir, así como de desmantelar las actividades del crimen organizado mediante medidas sociales, económicas, políticas y jurídicas.

En segundo lugar, merece ser destacada la debilidad de los Estados como consecuencia de la desnacionalización. No cabe duda de que los Estados en la era de la globalización han dejado de ocupar una posición preeminente en el escenario internacional[9] y que éstos han sido sustituidos por las grandes corporaciones. Es más, el poder económico y de influencia de muchas empresas es mayor que el de los Estados. De las 100 mayores economías 71 son grandes compañías. Simplemente, a modo de ejemplo, la empresa Walmart ocupa el puesto 10 justo por delante de España[10]. No obstante, la debilidad de los Estados no se constata exclusivamente en el plano económico, sino también en otros aspectos. Los Estados ceden ante las presiones de las empresas multinacionales y sus *lobbies*, adaptando las legislaciones o reduciendo el nivel de exigencia o vigilancia del respeto de la normativa ambiental, laboral, etc., siendo evidente, por tanto, la vulneración de los derechos humanos de los ciudadanos y/o trabajadores en aras de conservar las posibles inversiones financieras o mantener ese país como zona de producción.

---

7 Global Initiative Against Transnational Organized Crime. (2023). *Global Organized Crime Index 2023*, p. 11. https://globalinitiative.net/analysis/ocindex-2023/. Recuperado el 12 de diciembre de 2024.

8 Idem.

9 *BECK, U.* (1998). *¿Qué es la globalización?. op. cit.*, p. 11.

10 BABIC, M., FICHTNER, J. & HEEMSKERK, E.M. (2017). "States versus Corporations: Rethinking the Power of Business in International Politics". *The International Spectator*, Vol. 52, N° 4, p. 27.

Asimismo, desde un punto de vista legislativo, se observa una paradoja: vivimos en un mundo global, pero con regulaciones nacionales. Así, en el ámbito penal, no existe un Derecho penal internacional para tiempos de paz ni una amplia armonización de las legislaciones penales nacionales. Aspectos que contribuyen claramente a que los delincuentes y, especialmente, las organizaciones y grupos criminales busquen cualquier subterfugio para maximizar sus beneficios y para eludir las consecuencias derivadas de la comisión de delitos.

En tercer lugar, se asiste a la expansión del crimen organizado. Lógicamente, el crimen organizado aprovecha claramente la movilidad internacional, el desarrollo de las infraestructuras y de los transportes o la ausencia de control en las fronteras (por ejemplo, dentro de la UE) para desarrollar el tráfico ilícito de diferentes bienes (cada vez se aprecia una mayor diversificación de las actividades), captar personas en clara situación de necesidad y con ello maximizar sus beneficios.

En resumen, la globalización actúa como amplificador de la criminalidad y favorece la presencia de un caldo de cultivo idóneo, debido a la presencia de más herramientas y oportunidades para actuar de forma ilegal, para cometer delitos a la par que contribuye al aumento de desigualdades sociales y económicas que empujan hacia la comisión de delitos recibiendo una respuesta severa del Derecho penal ante determinadas conductas y generalmente respecto a los sujetos más vulnerables.

2. LA POBLACIÓN PENITENCIARIA

Se estima que el 83% de la población vive actualmente en países con altos niveles de criminalidad, en 2021 la cifra registrada era del 79%[11], es decir, en dos años ha aumentado un 4% la tasa de criminalidad a nivel mundial. Lógicamente, de la comisión de un delito se derivan diferentes consecuencias. La más importante y estigmatizadora es la imposición de una pena, de un castigo que puede presentar diferente naturaleza en virtud del bien jurídico afectado, interesando en estas páginas las penas privativas de libertad en cuanto que éstas deben estar orientadas a lograr la resocialización.

---

[11] GLOBAL INITIATIVE AGAINST TRANSNATIONAL ORGANIZED CRIME (2023). *Global Organized Crime Index 2023*, p. 20. https://globalinitiative.net/analysis/ocindex-2023/. Recuperado el 12 de diciembre de 2024.

A nivel mundial se observa no sólo como ha aumentado la tasa de criminalidad, sino también la cifra de la población penitenciaria mundial. En este sentido, la UNODC[12], en su informe *Prison Matters 2024,* constata un aumento de la población penitenciaria en el mundo a pesar de la disminución registrada en la pandemia del COVID-19. En el periodo de 2012 a 2022 la población penitenciaria aumentó un 5,5%, pasando de 10,9 millones a 11,5 millones las personas privadas de libertad[13].

Igualmente, la *World Prison Population List 2024* indica que desde el año 2000, el total de la población reclusa mundial ha crecido un 27%[14]. Este aumento de la población penitenciaria se puede explicar atendiendo al crecimiento de la población mundial (que ha experimentado un incremento durante el mismo periodo del 31%) y al aumento de la comisión de delitos (facilitados igualmente por fenómenos como la globalización y sus consecuencias), pero también conforme a la estrategia de populismo punitivo imperante y al uso exacerbado de las penas privativas de libertad. Piénsese, como, por ejemplo, en España, sucesivas reformas del Código penal de 1995 han rebajado la duración mínima de la pena de prisión de 6 meses a 3 meses, han fijado el cumplimiento íntegro de las penas, han transformado infracciones administrativas en ilícitos penales, han tipificado nuevos delitos castigados con penas privativas de libertad o se ha introducido la prisión permanente revisable. Estas circunstancias ponen de manifiesto como en España, a pesar de tener una tasa de criminalidad baja, 35,69% (ocupando el puesto 22 de los 42 países europeos[15]), presenta una

---

12 Siglas en inglés referidas a la Oficina de Naciones Unidas contra la Droga y el Delito.

13 UNODC (2024). *Prison Matters 2024: Global Prison Population and Trends; A Focus on Rehabilitation,* p. 11.

14 No obstante, existen diferencias importantes entre los continentes y dentro de los mismos. Así, la población penitenciaria total en Oceanía ha aumentado un 84%, la de América un 39%, la de Asia un 43% y la de África un 53%; en Europa, por el contrario, la población penitenciaria total ha disminuido un 26%. Sin embargo, esta cifra global europea debe ser desglosada porque el descenso se aprecia significativamente en Rusia (con un 59%) y también en Europa Central y Oriental (un 48%), mientras que, en Europa occidental, exceptuando Rusia, se ha registrado un incremento del 12%. Igualmente, se aprecian aumentos muy significativos en América del Sur, alcanzando el 224% y en Asia Occidental, con un 141%, en FAIR, H. y WALMSLEY, R. (2024). *World Prison Population List* (14th edition). Core Publications, p. 2. https://www.prisonstudies.org/research-publications. Recuperado el 7 de febrero de 2025.

15 Europa: Índice de Criminalidad por País 2023 (2024). https://es.numbeo.com/criminalidad/clasificaciones-por-pa%C3%ADs?title=2023®ion=150. Recupe-

tasa de encarcelamiento alta: 113 internos por cada 100.000 habitantes[16]. El ejemplo contrario se encuentra en Suecia con una tasa de criminalidad más elevada, 48,52%, ocupando el puesto 4 de esa misma lista, pero con una tasa de encarcelamiento mucho más baja, unos 54 presos por cada 100.000 habitantes.

En la UE la tasa de población reclusa por 100.000 habitantes es de 106,5[17].

En general, se aprecia como los niveles de encarcelamiento aumentan en el mundo. Pero, este incremento no es "uniforme" para todas las tipologías delictivas ni para todos los rangos o sectores de la población. De entre todos los delitos destacan los delitos contra el tráfico de drogas castigados con penas privativas de libertad de larga duración e incluso con la pena de muerte. En el último Informe Mundial sobre las Drogas 2024 de la UNODC, se estima que 7 millones de personas fueron arrestadas, amonestadas o apercibidas formalmente por la policía por delitos relacionados con las drogas. De estos 7 millones casi dos tercios estuvieron motivados por el uso o la posesión de drogas para su consumo. Asimismo, 2,7 millones de personas fueron procesadas por delitos relacionados con las drogas y más de 1,6 millones fueron condenadas en 2022 en todo el mundo. Este aumento de las conductas vinculadas al tráfico de drogas se corresponde con el incremento también del consumo, en 10 años se ha incrementado un 20%, alcanzando en 2022 la cifra de 292 millones el número de personas que usan drogas[18]. Sin duda, el crecimiento del consumo de drogas aumenta el tráfico de estas sustancias, explicable por la ley de la oferta y la demanda. Asimismo, la presencia de una tasa de interceptación alta hace más probable que también sean elevadas las tasas en el sistema de justicia penal por delitos relacionados con las drogas. Pero, tampoco debe obviarse el hecho de que los propios consumidores —en mayor o menor grado dependientes de estas sustancias— cometen delitos de tráfico de drogas para garantizar su propio consumo. E igualmente, las personas en situación de pobreza o de necesidad resultan atractivas para las organizaciones o cárteles dedicados al tráfico de drogas, que ven en ellas los sujetos idóneos para llevar

rado el 7 de febrero de 2025.

16 FAIR, H. y WALMSLEY, R. (2024). *World Prison Population List*, *op. cit.*, p. 13.

17 Esta cifra es el resultado de los datos facilitados por las 48 administraciones penitenciarias europeas que respondieron al cuestionario SPACE I, en AEBI, M. F. & COCCO, E. (2024). *SPACE I —2023— Council of Europe Annual Penal Statistics: Prison populations.* Council of Europe, p. 3. https://www.coe.int/en/web/prison/space.

18 UNODC. (2024). *World Drug Report 2024 – Key findings and conclusions*, p. 59.

a cabo las actividades de tráfico. Estas organizaciones los utilizan como mulas con el objetivo de minimizar los riesgos de la propia organización criminal y maximizar sus beneficios.

Asimismo, la falta de uniformidad se aprecia no sólo en la tipología delictiva sino también en la población penitenciaria, la cual no es un reflejo de la sociedad, de las personas o conjunto de personas que viven en un país. Desde las concepciones criminológicas imperantes el delincuente y el delito se desarrollan desde la idea de normalidad. En este sentido, afirmaba Durkheim[19] que hasta en una sociedad de santos se cometerían delitos. El delito es algo consustancial a la sociedad y, en principio, debería existir una representación social de todos los estratos o clases sociales en los centros penitenciarios. Sin embargo, esto no es así. Para los enfoques del etiquetamiento una persona se convierte en "desviado" o "delincuente" no sólo por sus acciones, sino porque otros le han asignado esa etiqueta. Así, el proceso de criminalización se orienta selectivamente hacia los estratos sociales más débiles y marginados[20]. El delito es una construcción social en cuanto que la conducta no es exclusiva o inherentemente desviada o delictiva, sino que es la sociedad la que determina qué comportamientos son inaceptables y quienes son delincuentes. Es más, la criminalización de determinados colectivos no se basa en la realización de determinadas conductas, sino en prejuicios y estereotipos. Ideas preconcebidas que se refuerzan socialmente por los medios de comunicación o incluso por las instancias de control social formal al forzar a los individuos a asumir la etiqueta asignada socialmente. La presencia de etiquetas de peligrosos o de delincuentes impuestas a una persona o colectivo puede empujar a esos sujetos a la ejecución de conductas delictivas al verse limitadas la aceptación social y las oportunidades sociales, laborales, etc. y aumentar a la par el contacto con otros igualmente etiquetados así.

Del mismo modo, en la sociedad actual cada vez son más evidentes las manifestaciones de un Derecho penal del amigo y de un Derecho penal del enemigo, caracterizados porque la ley no es igual para todos o al menos ésta no se aplica igual o con el mismo rigor. Los considerados enemigos tienen que ser controlados para que no puedan convertirse en peligrosos. Además, su condición de enemigos y no de personas, permite restringir sus derechos, actuar preventivamente o incluso en aras de la ansiada seguridad criminalizar a determinados sectores como pobres, migrantes o activistas.

---

19 DURKHEIM, E. (2009). *Las reglas del método sociológico.* Alianza, pp. 126-128.

20 BARATTA, A. (2004). *Criminología y sistema penal.* B de f, p. 265.

En resumen, basándose en la desigualdad social, el miedo al delito o el creciente populismo punitivo se justifica el empleo de medidas más represivas para ciertos colectivos considerados peligrosos; mientras que el sistema penal protege a otros, a los poderosos pertenecientes a sectores privilegiados, con leyes más flexibles, un tratamiento diferenciado llegando incluso a la impunidad de sus conductas mediante indultos, amnistías fiscales o tipos penales simbólicos[21].

La realidad demuestra, por tanto, que en los centros penitenciarios suelen estar aquéllos que presentan una mayor situación de marginalidad. Las penas privativas de libertad no son sólo la consecuencia derivada de la comisión de un delito grave, sino que también pueden ser instrumentos para criminalizar la pobreza, la marginación o la protesta social. No cabe duda de que las personas sin recursos se enfrentan a mayores dificultades para acceder a una defensa legal adecuada y que, en ocasiones, se les imponen sentencias más severas. Igualmente, en aquellos sistemas menos democráticos, las prisiones se pueden utilizar como medios para silenciar a opositores políticos o para perseguir a minorías étnicas, religiosas, etc.

2.1. Especial consideración a los internos extranjeros

De acuerdo con los últimos datos publicados, en 2023, en España el 72,3% de los condenados tenían nacionalidad española, alcanzando la cifra de 202.606 de un total de 280.322. Por consiguiente, el 27,7% de los condenados adultos en España eran extranjeros, es decir, 77.716[22]. De este modo, atendiendo a la tasa por cada 1.000 habitantes de 18 y más años, la de los de nacionalidad extranjera (14,6) fue superior en 2,5 veces a la de los de nacionalidad española (5,8)[23]. Si se tiene en cuenta la población penitenciaria, el porcentaje de extranjeros se eleva. Así, en julio de 2024 del total de reclusos en España (58.937), 18.535 eran extranjeros, lo que supone un 31,45%. La diferencia entre la población extranjera en España y la población extranjera en prisión es muy significativa. Se advierte, entonces, una clara hiperrepresentación de la población penitenciaria extranjera. Este hecho no es exclusivo de la realidad penitenciaria española. En 2022,

---

[21] Passim. TERRADILLOS BASOCO, J. M. (2020). *Aporofobia y plutofilia: La deriva jánica de la política criminal contemporánea.* J. M. Bosch.

[22] De los cuáles 17.003 tenían nacionalidad de un Estado miembro de la UE.

[23] INE (2024). *Estadística de Condenados: Adultos/Menores. Año 2023.* https://www.ine.es/dyngs/INEbase/es/operacion.htm?c=Estadistica_C&cid=1254736176793&idp=1254735573206.

uno de cada cinco detenidos en la UE tenía nacionalidad extranjera en el país de la detención. Un 20,4% de media en la UE, porcentaje ligeramente superior al registrado en el año 2021 (19,9 %)[24]. No obstante, los datos varían de forma muy relevante en función de los Estados miembros de referencia. Así, la cifra más elevada de detenidos extranjeros se registró en Luxemburgo, con un 77,9 %, seguido de Grecia (57,2 %) y Chipre (55,4 %). En cambio, los porcentajes más reducidos se recogieron en Bulgaria y Letonia, ambos con un 2,4% y Rumanía con tan sólo el 1,1%[25].

A nivel mundial se estima que un 5% de la población penitenciaria mundial es extranjera[26], si bien, estas cifras son aproximativas y conviene tomarlas con cautela; ya que, los países no siempre utilizan la misma definición de presos extranjeros.

Tabla 1: Población penitenciaria mundial[27]

	2020	2015	2010	2005
Total población penitenciaria mundial	11.011.176	10.356.981	9.251.676	7.994.038
Extranjeros presos (en el mundo)	484.578	485.070	449.067	398.889

Los datos expuestos anteriormente muestran una mayor tasa de criminalidad y de encarcelamiento en la población extranjera, pero con carácter previo es necesario matizar que los extranjeros no funcionan como un grupo homogéneo, resultando clave su nivel económico y social, estando perfectamente integrados en la sociedad de acogida los que presentan un nivel de vida elevado, mientras que no es así para aquéllos que tuvieron que abandonar su país para mejorar sus condiciones vitales o simplemente para sobrevivir. Se advierte, por tanto, la entrada en juego de otros factores clave: la riqueza o la aporofobia, la fobia a las personas pobres o desfavorecidas. Rechazo éste que interactúa con otros fenómenos como el racismo o

---

24 Sin embargo, este porcentaje de reclusos extranjeros es inferior, el 16,5%, si se toman como referencia los datos facilitados por las 46 administraciones penitenciarias europeas que respondieron al cuestionario SPACE I, en AEBI, M. F. & COCCO, E. (2024). *SPACE I —2023— Council of Europe Annual Penal Statistics: Prison populations.* Council of Europe, p. 3.

25 EUROSTAT (2024). *Prison statistics.* https://ec.europa.eu/eurostat/statistics-explained/index.php?title=Prison_statistics#:~:text=the%20reporting%20country—,In%202022%2C%20one%20in%20five%20prisoners%20in%20the%20EU%20had,in%202021%20(19.9%20%25). Recuperado el 12 de diciembre de 2024.

26 Foreign prisioners. (2024). *PrisonWatch.* https://prisonwatch.org/foreign-prisoners/#phd. Recuperado el 12 de diciembre de 2024.

27 Idem.

la xenofobia, pudiendo concurrir en la persona del inmigrante el rechazo al pobre y el rechazo al extranjero.

Entonces, ¿la presencia de una mayor tasa de criminalidad y de encarcelamiento en la población extranjera es un reflejo real de la situación? ¿Estas tasas significan que los extranjeros delinquen más que los nacionales? En general, se podría acudir a la profecía autocumplida, en cuanto que las cifras apuntadas demostrarían la peligrosidad de los extranjeros o el hecho de que son unos criminales, cuando, en realidad, para muchos de ellos el delito es algo excepcional. De hecho, generalmente, constituye su primer delito y en la mayoría de los casos por consumo, posesión o tráfico de drogas. La profecía autocumplida parte de que las creencias se cumplen a sí mismas. De este modo, las personas tienen y formulan expectativas sobre cómo es otra persona o una cosa, influenciando irremediablemente en cómo actúan en relación con ella, provocando a la par que la persona se comporte de modo congruente con las expectativas originales de aquélla o que la información consultada, los hechos o la experiencia sirvan como confirmación de esas expectativas previas y originales formuladas sobre aquella persona o fenómeno. En realidad, las personas entienden esas creencias no como prejuicios, sino como consecuencias inevitables de su propia observación y experiencia[28]. De este modo, el binomio extranjero-delincuente se sostiene frente al colectivo de los extranjeros pobres. Personas en una situación de especial vulnerabilidad, de marginalidad y exclusión social con mayores dificultades para integrarse social y laboralmente. Además, se advierte que cuando una situación se convierte en límite, los extranjeros recurren a actitudes marginales o ilegales, fundamentalmente aquellos que presentan, por ejemplo, una situación administrativa de irregularidad en el país conforme a la legislación de extranjería existente. Obviamente, esta situación administrativa irregular les impide conseguir un permiso de residencia, de trabajo y es esa posición de continua inseguridad, de tensión la que favorece su situación de mayor marginalidad[29], empujándoles a la comisión de delitos.

Igualmente, la explicación de las elevadas cifras existentes respecto a los extranjeros se puede encontrar en la presencia de un sistema penal discriminatorio hacia los ciudadanos extranjeros. Así, se aprecia en la criminalización primaria, cuando se deciden las conductas que son constitutivas de delito, piénsese, por ejemplo, en el top manta, delito que realizan en

---

[28] MERTON, R. K. (1987). *Teoría y estructura sociales.* Fondo de Cultura Económica, pp. 205-206.

[29] GIMÉNEZ-SALINAS I COLOMER, E. y RIFÀ ROS, A. (1992). *Introducció al dret penitenciari. Teoria i práctica.* Generalitat de Catalunya, pp. 99 y ss.

exclusiva los extranjeros o en el tráfico de drogas que mayormente vienen cometidos por extranjeros, pero también en la criminalización secundaria, referida a cómo actúa el propio sistema penal. Y es que no todos los delitos y potenciales delincuentes se investigan igual por parte de las Fuerzas y Cuerpos de Seguridad (sino que se asiste a intervenciones policiales selectivas, basadas regularmente en el perfil étnico o de nacionalidad).

Ante la comisión de un delito las sospechas recaen fundamentalmente en los extranjeros, porque como indica Todorov, en la confrontación nosotros *versus* los otros, enfatizamos lo negativo y silenciamos lo positivo de los otros[30]. Este hecho motiva que las investigaciones se focalicen en ellos y, por lo tanto, a mayor control y vigilancia también se incrementan las posibilidades de que se descubra o salga a la luz la comisión de algún delito.

Igualmente, o la hora de imponer una sanción, se atiende a las circunstancias personales del autor, y éstas motivan que se opte más por las penas privativas de libertad, penas más severas, se decida la imposición de la medida cautelar de prisión preventiva o no se opte por la suspensión de la ejecución de la condena[31].

Lógicamente, si uno es extranjero, sospechoso de la comisión de un delito, es mucho más fácil que se adopte la medida cautelar de prisión preventiva para asegurar su presencia como investigado en el proceso, impidiendo la posibilidad de sustraerse de la acción de la justicia, para evitar la ocultación, alteración o destrucción de pruebas, para frustrar la reiteración delictiva o que pueda actuar contra bienes jurídicos de la víctima.

A la par que resulta mucho más difícil que, si se prevén alternativas diferentes a las penas privativas de libertad accedan a ellas; que se adopte una condena condicional o suspensión de la ejecución de la pena privativa de libertad, al faltar el arraigo familiar o la satisfacción de la responsabilidad civil, mayormente, porque carecen de recursos económicos. Es más, es esa situación de necesidad o de desesperación la que les puede haber llevado a la comisión del delito. Frecuentemente se trata de delitos de consumo o tráfico de drogas, actuando como mulas, conductas que en otros países puede que incluso no sean punibles.

Por consiguiente, las personas que finalmente cumplen una pena privativa de libertad no son una representación de la sociedad, sino que en

---

30 TODOROV, T. (2007). *Nosotros y los otros*. Siglo XXI, pp. 13 y 203.

31 GONZÁLEZ SÁNCHEZ, I. (2016). "La penalización de los migrantes: irregularidad y cárcel en la construcción del Estado neoliberal". *Migraciones* (39), pp. 123-147.

muchas ocasiones terminan en prisión las personas más vulnerables y en el caso de los extranjeros aparece una doble vulnerabilidad: su situación de marginalidad social más la de ser extranjero.

2.2. Los españoles detenidos en el extranjero

La cifra de los españoles encarcelados en el extranjero asciende en febrero de 2025 a 1.053 en 55 países[32]. Cifra superior a la última recogida por el Ministerio de Asuntos Exteriores, Unión Europea y Cooperación, que a 31 de diciembre de 2023 registraba 940 detenidos[33], evidenciando la existencia de una tendencia al alza desde 2022 tras una reducción motivada por la pandemia del COVID-19 y el cierre de fronteras derivado[34].

Tabla 2: Detenidos españoles en el extranjero[35]

	2024*	2023	2022	2021	2020
Detenidos españoles en el exterior	1.053	940	894	862	777

De esas 940 personas detenidas en 2023, en general, se trata de presos varones (823) y por delitos vinculados a la posesión o al tráfico de drogas tóxicas o sustancias estupefacientes. En concreto, el 52,43%, 493 personas,

---

32 FUNDACIÓN +34 (2025). https://www.fundacionmas34.org/. Recuperado el 7 de febrero de 2025.

33 MINISTERIO DE ASUNTOS EXTERIORES, UNIÓN EUROPEA Y COOPERACIÓN. (2024). *Balance Actividad Consular 2023*, p. 20. *2023*. https://www.exteriores.gob.es/es/Comunicacion/NotasPrensa/Paginas/2024_NOTAS_P/20240521_NOTA029.aspx. Recuperado el 7 de febrero de 2025.

34 No obstante, estos datos afortunadamente se encuentran lejos de la cifra de 1.726 españoles encarcelados en el extranjero en 2015, cuando la crisis económica empujó a muchos españoles a intentar superar las penurias económicas acudiendo a la comisión de delitos y especialmente al tráfico de drogas. De hecho, casi el 80% de los reclusos que cumplían en 2015 condena en el extranjero lo hacían por posesión o tráfico de drogas, en MINISTERIO DE ASUNTOS EXTERIORES, UNIÓN EUROPEA Y COOPERACIÓN. (2015). *Nota 012-España presta asistencia a 1.726 presos en el Exterior, la mayoría condenados por tráfico o tenencia de drogas.* https://www.exteriores.gob.es/eu/Comunicacion/NotasPrensa/Paginas/2015_NOTAS_P/20150120_NOTA012.aspx. Recuperado el 12 de diciembre de 2024.

35 MINISTERIO DE ASUNTOS EXTERIORES, UNIÓN EUROPEA Y COOPERACIÓN. (2024). *Balance Actividad Consular 2023, op. cit.*, p. 20.
No obstante, los datos referidos a 2024 no proceden del Ministerio de Asuntos Exteriores, Unión Europea y Cooperación, sino de la Fundación +34.

422 hombres y 71 mujeres estaban encarceladas por delitos contra la salud pública y concretamente por tráfico de drogas.

Atendiendo a los datos facilitados por la Fundación +34[36], en la actualidad, los países que cuentan con un mayor número de presos españoles dentro de la Unión Europea son: Francia (188), Portugal (95), Alemania (88) y Italia (58), seguido por el Reino Unido (57).

Asimismo, fuera de la Unión Europea encabeza la lista Perú con 120 españoles encarcelados, seguido de Marruecos (72), Colombia (49), Brasil (42), Estados Unidos (40), Suiza (29), Ecuador (26) o Argentina (24).

3. LA RESOCIALIZACIÓN

La adopción de una pena privativa de libertad implica una reclusión, la privación de la libertad ambulatoria durante un determinado período de tiempo. No obstante, conviene tener presente que los centros penitenciarios no son ni deben ser meros lugares de reclusión o custodia de los internos[37]. A partir del siglo XIX, el avance de los regímenes democráticos y la aprobación de normas constitucionales condujo progresivamente a una humanización de las penas, así como a la búsqueda del objetivo resocializador de las penas. En este sentido, nuestra Constitución en el art. 25.2 establece que las penas privativas de libertad deben orientarse hacia la reeducación y la reinserción social. Sin embargo, el logro del fin resocializador depende de los Estados y en gran medida de los centros penitenciarios, porque no todos los centros penitenciarios presentan las mismas características, condiciones, programas de tratamiento penitenciario, o destinan los mismos recursos (materiales y humanos) para la consecución de ese fin resocializador al que deben tender las penas privativas de libertad como consagran las Constituciones.

Los sistemas penitenciarios al procurar esta labor deben respetar los derechos humanos. Éstos no desaparecen cuando una persona ingresa en un centro penitenciario. Lógicamente, la ejecución de esta pena implica la privación de ciertos derechos como la libertad de movimiento, pero todos los demás derechos fundamentales que no sean incompatibles con la privación de libertad deben ser garantizados conforme a lo previsto en las Reglas Mínimas de las Naciones Unidas para el Tratamiento de los Re-

---

36 FUNDACIÓN +34 (2025). https://www.fundacionmas34.org/. Recuperado el 7 de febrero de 2025.

37 Como lo fueron hasta finales del siglo XVI, cuya función era custodiar a los detenidos hasta el momento de celebración del juicio.

clusos[38]. Para un sistema penitenciario democrático resulta prioritario el fin resocializador y no centrarse exclusivamente en el castigo. Es más, un Estado social y democrático de Derecho no puede limitar su actuación a ser un mero carcelero del delincuente sin importarle su destino, sino que debe ir más allá, preparando al recluso para su retorno a la sociedad, orientándose la ejecución de la pena privativa de libertad hacia la reeducación y la reinserción social. Como afirmaba Dostoyevski, la forma en que un país trata a las personas privadas de libertad, el sistema penitenciario, es el espejo en el que se reflejan los valores fundamentales imperantes en esa sociedad, evidenciando así su verdadero grado de civilización o democracia. Es necesario, por tanto, asegurar el acceso de los internos a programas de tratamiento para garantizar que puedan reinsertarse en la sociedad una vez cumplida la pena, reinsertarse en la sociedad en la que van a vivir tras la ejecución de la pena privativa de libertad impuesta, siendo capaces *«de vivir respetando la ley penal, al prójimo y a la sociedad en general»*[39].

Por su parte Zaffaroni indica que el proceso de resocialización consiste en el trato lo más humano posible y lo menos deteriorante posible que le ofrezca la posibilidad de abandonar el rol que motivo su selección criminalizante, es decir, de renunciar a su comportamiento autoagresivo, o sea, de reducir su nivel de vulnerabilidad hacia el sistema penal, de salirse del estereotipo selectivo del poder punitivo[40].

La consecución de la finalidad resocializadora depende del sistema penitenciario, pero también de las condiciones presentes en el concreto centro penitenciario. Se trata de un proceso difícil de lograr, máxime cuando existen importantes carencias en los centros, sobrepoblación, falta de recursos, etc. Circunstancias que motivan que los programas de tratamiento lleguen sólo a una minoría de la población penitenciaria[41]. Sin olvidar los efectos derivados del fenómeno de la prisionalización. Para Clemmer, la prisionalización es similar a la americanización para referirse al proceso de asimilación de los inmigrantes a la cultura y el estilo de vida estadounidenses. Se asiste a un pro-

---

38 NACIONES UNIDAS (2015). Asamblea General, resolución 70/175, anexo, aprobado el 17 de diciembre de 2015. https://www.unodc.org/documents/justice-and-prison-reform/Nelson_Mandela_Rules-S-ebook.pdf Recuperado el 7 de febrero de 2025.

39 DAUNIS RODRÍGUEZ, A. (2016). *Ejecución de penas en España. La reinserción social en retirada.* Comares, p. 11.

40 ZAFFARONI, R. E. (1995). "Los objetivos del Sistema penitenciario y las normas constitucionales". *El Derecho penal hoy.* Ediciones del Puerto, pp. 125-126.

41 CUTIÑO RAYA, S. (2015). "Algunos datos sobre la realidad del tratamiento en las prisiones españoles". *Revista Electrónica de Ciencia Penal y Criminología* (17-11), p. 2.

ceso lento, gradual y más o menos subconsciente durante el cual el individuo aprende suficientemente la cultura del entorno social en el que reside, en este caso el del centro penitenciario. Se adapta a las condiciones carcelarias. De este modo, define la prisionalización como un proceso en el que el preso adopta, en mayor o menor medida, modos de vida, costumbres y principios y normas de la cultura penitenciaria general tanto formal como informal[42].

Sin duda, resulta paradójico que se pretenda educar para la libertad, privando de libertad, máxime cuando la prisionalización implica la asunción de una subcultura carcelaria que, en lugar de preparar al interno para su reinserción social, refuerza patrones de conducta que dificultan su propia adaptación para la vida en libertad. De una parte, los internos tienen que adaptarse a las normas del régimen interno, a una vida completamente regulada, pero también a la subcultura carcelaria, a los propios códigos de comportamiento de los internos, su argot, etc. Y, de otra parte, la privación de libertad implica la limitación de los contactos e interacciones con el mundo exterior, propiciando la pérdida de habilidades sociales esenciales para la vida cotidiana.

Para lograr la resocialización de los internos se acude al tratamiento penitenciario, que la Ley General Penitenciaria (LOGP) define como el conjunto de actividades directamente dirigidas a la consecución de la reeducación y reinserción social de los penados (art. 59.1 LOGP), con el fin de ayudarles a convertirse en unas personas capaces de vivir respetando la ley penal. Asimismo, el tratamiento penitenciario es voluntario y debe ser individualizado (art. 72 LOGP), adaptándolo, por tanto, las circunstancias personales de cada interno en particular. Este aspecto debería ser la base sobre la que se fundamentara el diseño de actividades específicas para los internos extranjeros que cumplen penas privativas de libertad y no tanto sustentar los programas de tratamiento en la tipología delictiva cometida, ya que pueden desconocer el idioma, presentar importantes diferencias culturales o determinadas carencias, por ejemplo, a nivel formativo. En este sentido, algunos centros penitenciarios ofertan el Programa Marco de Intervención Educativa con internos extranjeros (NIPO 126-10-057-X) que a su vez integra tres programas con técnicas y actividades diferentes y flexibles: a) Programa de idioma y educación primaria; b) programa de formación multicultural y c) programa de educación en valores y habilidades cognitivas[43].

---

42 CLEMMER, D. (1958). *The prison community*. Rinehart & Company, p. 299.

43 MINISTERIO DEL INTERIOR (2025). Instituciones penitenciarias. https://www.interior.gob.es/opencms/ca/archivos-y-documentacion/documentacion-y-publicaciones/publicaciones/publicaciones-descargables/instituciones-penitenciarias/. Recuperado el 7 de febrero de 2025.

Igualmente, la individualización también será esencial en el caso de los españoles trasladados a España para acabar de cumplir las penas privativas de libertad, en cuanto que la experiencia de la ejecución de la pena privativa de libertad en el exterior suele ser especialmente traumática, muchas veces en condiciones infrahumanas, etc. En este sentido, merece ser destacado el programa «Restauravidas» para intervenir desde la justicia restaurativa e intentar dar respuesta a las necesidades específicas que presentan las personas trasladadas desde el extranjero para continuar con la ejecución de la condena impuesta en España[44].

A nivel legislativo, la LOGP no contempla diferencias entre los nacionales y los extranjeros. Es más, el art. 3 LOGP y el art. 4 del Reglamento Penitenciario (en lo sucesivo, RP) establecen que la actividad penitenciaria se ejercerá sin que pueda prevalecer discriminación alguna por razón de raza, sexo, religión, opinión, nacionalidad o cualquier otra condición o circunstancia personal o social; pero en la práctica penitenciaria existen importantes diferencias que condicionan en gran medida el logro de la finalidad resocializadora por este colectivo.

Una primera diferencia radica en la lengua. El idioma es el medio por el que se transmite la información, siendo clave a nivel de comprensión, pero también para garantizar la efectividad de las garantías procesales o una adecuada clasificación en el grado de tratamiento o régimen penitenciario aplicable; ya que nuestra legislación prevé que *«las penas privativas de libertad se ejecutarán según el sistema de individualización científica, separado en grados, él último de los cuales será el de la libertad condicional»* (art. 72 LOGP).

Igualmente, la lengua se erige como el instrumento por el que se adquiere una cultura o determinados valores, posibilita la obtención de un trabajo, o se consigue la integración. Integración en el medio penitenciario, con los otros internos y funcionarios, pero también en el exterior. De este modo, el desconocimiento del idioma o las diferencias culturales existentes pueden dificultar gravemente la integración social de los reclusos extranjeros.

Asimismo, se aprecian también diferencias en cuanto a la propia consecución del fin resocializador. La resocialización de una persona privada de libertad no es automática, sino que exige de una preparación paulatina para reintegrarse en la sociedad y poder llevar así una vida sin cometer delitos. Lógicamente, para lograr este objetivo resultan esenciales los contactos

---

[44] PASCUAL RODRÍGUEZ, E. y ETXEBARRIA ZARRABEITIA, X. (2021). "Justicia restaurativa con personas condenadas por tribunales extranjeros trasladadas a España para cumplir su condena". *Revista de Derecho Penal y Criminología* (26).

temporales con el exterior del centro penitenciario durante la ejecución de la pena privativa de libertad. Contactos que se garantizan mediante el régimen de comunicaciones y visitas, los permisos de salida, el tercer grado de tratamiento o el cumplimiento en régimen abierto.

Las Reglas Mínimas (Regla 37 y 38) recogen la posibilidad de que el interno disfrute de una serie de comunicaciones y visitas. En España, el art. 51 LOGP establece que los internos estarán autorizados a comunicar periódicamente de forma oral y escrita, mediante comunicaciones orales en los locutorios habilitados, telefónicas, familiares, especiales, de convivencia, íntimas, así como con abogados, procuradores y otros profesionales. Sin embargo, estas visitas difícilmente se pueden asegurar si la pena privativa de libertad no sólo se cumple en una ciudad lejana del que era su lugar de residencia y el de sus familiares y amigos, sino en otro Estado.

En cuanto a los permisos ordinarios, la condición de extranjería no es causa de denegación del permiso, pero es cierto que los extranjeros cuentan con menos vínculos familiares, sociales o institucionales y, por lo tanto, se encuentran con mayores dificultades para acceder a los permisos ordinarios, en cuanto que para su concesión se exige, junto a la buena conducta en el establecimiento penitenciario, el arraigo familiar. No obstante, existen asociaciones que brindan este apoyo asumiendo la responsabilidad de acogerlos o prestan, como es el caso de la Fundación +34, auxilio a los presos españoles y sus familias para mejorar la calidad de vida y facilitar la reinserción.

Para acceder al tercer grado y al régimen abierto aparece otro obstáculo difícil de salvar por el extranjero, la consecución de un trabajo. Requisito doblemente complicado en el caso de extranjeros con una condena penal.

La falta de contacto con el exterior dificulta la resocialización. Los efectos nocivos de su ausencia se pueden evidenciar observando la tasa de reincidencia, comparando el porcentaje de aquéllos que disfrutaron de libertad condicional (12,62%) y, por lo tanto, pasaron del régimen ordinario a régimen abierto hasta su excarcelación y la de aquellos que no y cumplieron íntegramente la pena impuesta, en cuyo caso la tasa de reincidencia casi se duplica, 24,87%[45].

---

45 INSTITUCIONES PENITENCIARIAS. (2022). *Documentos Penitenciarios nº 30. Reincidencia Penitenciaria 2009-2019*, p. 14. https://www.interior.gob.es/opencms/es/archivos-y-documentacion/documentacion-y-publicaciones/publicaciones/publicaciones-descargables/instituciones-penitenciarias/. Recuperado el 7 de febrero de 2025.

Igualmente, se advierten otras tensiones entre los sistemas penitenciarios y los valores democráticos que condicionan el tratamiento penitenciario y el proceso de resocialización. Piénsese, por ejemplo, en la privatización completa de las prisiones llevada a cabo en algunos países generalmente del ámbito anglosajón convirtiendo la ejecución de las penas privativas de libertad en un negocio y, por lo tanto, lo importante, lo prioritario es maximizar el beneficio y no cabe duda de que las ganancias serán mayores cuanto mayor sea la tasa de encarcelamiento o el nivel de ocupación del centro penitenciario; o la privatización de determinados servicios de gestión penitenciaria: mantenimiento de los centros, alimentación o incluso la sanidad o la seguridad, reduciéndose, en general, los estándares de calidad para los empleados y los reclusos, para poder así maximizar los beneficios económicos.

Asimismo, la realidad penitenciaria pone de manifiesto claras vulneraciones a los "ideales" democráticos con el empleo excesivo de la prisión preventiva, afectando decididamente al principio de presunción de inocencia. A nivel mundial, algo más del 30%, 3,5 millones de personas, se encuentran en prisión preventiva[46]. Pero quizás lo más relevante es que este uso abusivo de la prisión preventiva no se aprecia por igual entre nacionales y extranjeros, siendo mucho mayor respecto a estos últimos. Así, a modo de ejemplo, en España, en 2023 un 11,86% de los internos nacionales (españoles) estaban en prisión provisional frente al 28,97% en el caso de los extranjeros. En 2022 las diferencias eran todavía mayores ya que la tasa de extranjeros a la espera de condena (30,24%) casi triplicaba a la de los españoles (10,74%), como aparece recogido en la siguiente tabla.

Tabla 3: Situación procesal de la población nacional y extranjera en España[47]

Situación procesal	2023		2022		2021		2020		2019	
	Españoles	Extranjeros	Españoles	Extranjeros	Españoles	Extranjeros	Españoles	Extranjeros	Españoles	Extranjeros
Preventivos	4.043	3.719	3.746	3.549	3.545	3.393	4.199	3.299	4.236	3.471
Penados	30.023	9.118	31.176	8.186	30.382	9.016	32.929	8.991	33.775	9.194
Total	34.066	12.836	34.922	11.735	33.926	12.410	37.128	12.290	38.011	12.665

En la UE el porcentaje de presos preventivos aumentó ligeramente del 18,9% al 19 % en 2022. No obstante, se observan considerables diferencias

46 UNODC (2024). *Prison Matters 2024, op. cit.*, pp. 13 y ss.

47 INSTITUCIONES PENITENCIARIAS. (2024). *Informe General 2023*, Ministerio del Interior – Secretaría General Técnica, p. 68. https://www.interior.gob.es/opencms/es/archivos-y-documentacion/documentacion-y-publicaciones/publicaciones/publicaciones-descargables/instituciones-penitenciarias/informe-general/. Recuperado el 7 de febrero de 2025.

entre los Estados miembros de la UE. Así, la tasa más elevada corresponde a Luxemburgo (48,9 %), seguido de Malta (37,9 %) y Croacia (36,9 %); mientras que los porcentajes más reducidos se registraron en Chequia (7,5 %), Bulgaria (8,5 %) y Rumanía (8,6 %)[48].

En cuanto a la tipología delictiva son los delitos contra la salud pública, en los que se integran los delitos de tráfico de drogas, los que presentan un mayor porcentaje de presos preventivos tanto en hombres (23,4%) como en mujeres (34,46%) e igualmente respecto a los penados por estos delitos tanto en hombres (16,22%) como en mujeres (26,76%).

Tabla 4: Situación procesal por tipología delictiva en España[49]

	Hombres				Mujeres			
Delito	Preventivos	%	Penados	%	Preventivas	%	Penadas	%
Contra la salud pública	1.757	23,40	5.681	16,22	184	34,46	750	26,76
Contra el patrimonio y el orden socioeconómico	1.426	18,99	12.937	36,93	73	13,67	1.178	42,03
No consta delito	983	13,09	143	0,41	108	20,22	11	0,39
Violencia de género	690	9,19	4.374	12,49	0	0,00	0	0,00
Contra el orden público	637	8,48	1.071	3,06	37	6,93	71	2,53
Homicidio y sus formas	617	8,22	2.358	6,73	61	11,42	240	8,56

Recapitulando, las tablas y datos indicados anteriormente muestran un excesivo uso de la prisión preventiva en el caso de los extranjeros y de los delitos contra la salud pública evidenciando un empleo sesgado de esta medida cautelar. No obstante, este no es el único aspecto relevante, ya que, se debe tener presente que, al menos en España, los presos preventivos, basándose en el principio de presunción de inocencia, no pueden ser clasificados en ningún grado de tratamiento (arts. 100 y ss. RP), no tienen un programa individualizado de tratamiento, sino a lo sumo un modelo individualizado de intervención (art. 20.1 RP) o no disfrutan de permisos ordinarios de salida (art. 154 RP). Aspectos que determinan que la finalidad perseguida por la prisión preventiva sea la reclusión, el mero internamiento cautelar y no la consecución de la reeducación o la reinserción social, durante el tiempo imprescindible para lograr los fines previstos, pero que, dependiendo de la

---

48 EUROSTAT (2024). *Prison statistics.* https://ec.europa.eu/eurostat/statistics-explained/index.php?title=Prison_statistics#:~:text=the%20reporting%20country—,In%202022%2C%20one%20in%20five%20prisoners%20in%20the%20EU%20had,in%202021%20(19.9%20%25). Recuperado el 7 de febrero de 2025.

49 Elaborada a partir del Informe General de 2023 de Instituciones Penitenciarias, pp. 32 y 34.

gravedad del delito, pueden implicar años de privación de libertad. Tiempo que, en ningún caso, exime de los efectos derivados de la prisionalización.

La consecución de la resocialización no dependerá exclusivamente del tratamiento penitenciario diseñado en base al delito cometido, sino de los recursos materiales y humanos que existan dentro del centro penitenciario para ejecutarlo, así como de las propias condiciones de vida que imperen en el mismo: acceso a una alimentación adecuada y suficiente, agua potable, atención médica, descanso, higiene, seguridad, etc. Diversos testimonios de presos españoles en el extranjero[50] relatan las condiciones de vida infrahumanas en las que han tenido que sobrevivir, pagando por una colchoneta, por un lugar en el que dormir, por comida, por ducharse con agua caliente, etc. Sufriendo calor extremo, sin luz natural (centros penitenciarios bajo tierra), padeciendo enfermedades, extorsiones, corrupción, discriminación, violencia, etc. En muchas ocasiones la ejecución de una pena privativa de libertad implica un elevado riesgo para la vida, no sólo por la presencia de enfermedades o la falta de atención a los problemas de salud mental que derivan en suicidios[51], sino también por la alta cifra de muertes accidentales y homicidios dolosos.

En 2022 se registraron 294 muertes en prisión por cada 100.000 reclusos[52]. En general, las muertes en prisión vienen divididas en cuatro categorías: muertes por causas naturales (como enfermedades cardíacas o complicaciones de infecciones víricas); muertes accidentales; muertes por suicidio; y muertes por homicidio doloso. Atendiendo a los datos recogidos[53], la tasa de mortalidad genérica más alta, tomando en consideración todas las causas de muerte, corresponde a los países europeos, seguidos

---

50 REVIEJO, S. F. (2024). "Españoles presos en el extranjero de quienes apenas se habla". *Público*, 21/09/2024. https://www.publico.es/sociedad/espanoles-presos-extranjero-quienes-apenas-habla-di-gracias-salir-vida-carcel.html. Recuperado el 7 de febrero de 2025; FUNDACIÓN +34 (2025). https://www.fundacionmas34.org/. Recuperado el 7 de febrero de 2025.

51 Asimismo, según los datos disponibles en 95 países de todo el mundo, en 2022 se suicidaron 34,2 reclusos de cada 100.000 reclusos, una tasa que es más de tres veces superior a la tasa bruta mundial de suicidios de 2019, que fue de 9,2 muertes por cada 100.000 habitantes de la población general, en UNODC (2024). *Prison Matters 2024, op. cit.*, p. 19.

52 Procedentes de 95 países con un claro predominio de los países europeos, UNODC (2024). *Prison Matters 2024, op. cit.*, pp. 17-20.

53 No obstante, se debe tener en cuenta que esta tasa se elabora con los datos suministrados por 95 Estados, existiendo importantes deficiencias en la aportación de datos por parte de países de África, Asia y Oceanía.

de los países asiáticos y americanos. Sin embargo, los países de América presentaron una cifra más elevada de homicidios dolosos en comparación con los países de otras regiones, con 18,3 víctimas de homicidio doloso por cada 100.000 reclusos, frente a las 2,5 muertes por homicidio por cada 100.000 reclusos en los países europeos. Esta tasa de homicidio doloso es más alta entre los reclusos que en la población general (incluidos los reclusos). Por ejemplo, Ecuador, que experimentó un rápido incremento en el número de homicidios dolosos en la población general en los últimos años, también registró la tasa más alta de homicidio doloso en prisión entre 2018 y 2022. En concreto, con un promedio de 300 reclusos víctimas de homicidio doloso por año durante ese período (2018-2022). Esta información relativa al número y tipo de muertes que se producen dentro del centro penitenciario resulta clave para conocer las condiciones presentes en el mismo. Así, la presencia de una elevada tasa de homicidios dolosos en los centros penitenciarios refleja el impacto del crimen organizado, las rivalidades entre bandas u organizaciones criminales, la corrupción o las importantes carencias en seguridad existentes en esos centros penitenciarios.

Directamente relacionado con la seguridad o las condiciones de vida en los centros penitenciarios se encuentra la sobrepoblación, un fenómeno habitual en los centros penitenciarios en todo el mundo. La sobrepoblación es una consecuencia lógica de las estrategias punitivas consistentes en la imposición de penas privativas de libertad más largas (por lo que permanecen durante más tiempo en prisión) o el abusivo empleo de la prisión preventiva. Sin duda, las condiciones de vida dentro de un centro penitenciario dependen del número de internos que lo ocupan. Así, la sobrepoblación carcelaria tan habitual en los centros penitenciarios constituye una grave violación de los derechos humanos, ya que condicionan el disfrute de derechos básicos. Evidentemente, el funcionamiento de las prisiones por encima de la capacidad prevista no es simplemente una cuestión de falta de espacio, sino que también condiciona, afectando gravemente a la calidad de la nutrición, la higiene, la salud física y mental de los reclusos, los índices de transmisión de enfermedades infecciosas, la prestación de atención a grupos vulnerables y, así como el acceso y disponibilidad de las distintas actividades y programas de tratamiento[54].

Igualmente, conviene tener en cuenta otro aspecto clave: el hacinamiento genera conflictos, favorece la violencia, provocando importantes problemas no sólo de gestión, sino también de seguridad en los centros penitenciarios.

---

[54] UNODC (2024). *Prison Matters 2024, op. cit.*, p. 32.

Pese a lo que se podría pensar la sobrepoblación carcelaria no es un fenómeno exclusivo de países en vías de desarrollo. Es más, si tenemos en cuenta los países en los que en mayor medida los españoles están cumpliendo una pena privativa de libertad, se observa claramente que la mayoría de los centros penitenciarios de los Estados alojan a un número de internos superior a la capacidad funcional, declarada o constada del mismo tanto en el marco de la UE como fuera de ella.

Tabla 5: Situación penitenciaria de los Estados con mayor presencia de españoles encarcelados[55]

Estado	Detenidos españoles en el exterior	Tasa de ocupación o de sobrepoblación	Tasa de encarcelamiento
Francia	188	129,5	118
Perú	120	237,4	289
Portugal	95	96,8	115
Alemania	88	80,1	68
Marruecos	72	158,8	267
Italia	58	120,6	105
Reino Unido (Inglaterra y Gales)	57	107,8	140
Reino Unido (Escocia)		100,9	149
Reino Unido (Irlanda del Norte)		86,2	98
Colombia	49	127,7	200
Brasil	42	135,8	408
Estados Unidos	40	86,1	541
Suiza	29	94,9	77
Ecuador	26	120,7	180
Argentina	24	120,5	268
México	14	104,5	177
Australia	13	112,2	162
República Dominicana	12	165,5	219

Se puede concluir afirmando que, sin duda, las dificultades de reinserción son mayores en los extranjeros que en los nacionales, no sólo por sus propias características, la menor presencia o incluso la ausencia del denominado arraigo o de redes de apoyo sociales y familiares que les respalden emocional y económicamente, el sentimiento de abandono, su percepción como peligrosos e indeseados, la existencia de diferencias culturales, dificultades con el idioma, etc., sino también por el trato discriminatorio del

55 Tabla elaborada a partir de los datos facilitados por Fundación +34 y Prison World List 2024.

sistema. Una aplicación justa de la ley puede y debe implicar cierta "adaptación". Puede que lo justo no sea que todos se ajusten a las mismas exigencias. Piénsese, por ejemplo, si a distintos animales (un mono, un elefante, un pez, un pingüino, un perro, etc.) se les pidiera la misma prueba: subir a un árbol. Evidentemente, no todos pueden cumplirla, por muy buena voluntad que tengan o muy buena conducta que observen en el centro penitenciario. Si un requisito es el arraigo y lamentablemente se carece de él, no se podrán acoger, por ejemplo, a los permisos de salida, imprescindibles para tener ese contacto con la realidad social que facilite la consecución de la resocialización.

4. EL TRASLADO DE INTERNOS EXTRANJEROS: ¿UNA FORMA DE LOGRAR EL FIN RESOCIALIZADOR DE LAS PENAS PRIVATIVAS DE LIBERTAD?

El traslado se puede definir como un procedimiento por el que una persona que ha cometido un delito en un país distinto al suyo de origen y que ha sido condenada a la ejecución de una pena privativa de libertad puede solicitar el traslado a su país de origen para terminar de cumplir la pena privativa de libertad impuesta.

En principio, se puede afirmar que las principales dificultades para conseguir el traslado al país de origen, a España, se encuentran fuera de la UE, puesto que, en la UE, el reconocimiento mutuo de resoluciones penales permite el traslado de presos a su país, siendo la piedra angular de la cooperación judicial en materia penal en la UE, en cuanto que la UE se erige como un espacio de libertad seguridad y justicia. En España, la Ley 23/2014, de 20 de noviembre, de reconocimiento mutuo de resoluciones penales en la Unión Europea traspone al derecho interno la Decisión Marco 2008/909/JAI implicando una importante transformación en el procedimiento del traslado.

El reconocimiento mutuo supone la aceptación y ejecución por la autoridad judicial competente de un Estado miembro de la UE de una resolución judicial adoptada por las autoridades competentes de otro Estado miembro. Esta comunicación se efectúa directamente entre las autoridades competentes sin que exista una intervención por parte de las autoridades gubernativas y la ejecución se produce generalmente de acuerdo con la normativa del Estado de ejecución.

En cuanto a su relevancia práctica, en la siguiente tabla se recogen el número de resoluciones emitidas y recibidas en España por las que se impone pena o medida privativa de libertad, desglosadas atendiendo al órgano jurisdiccional.

Tabla 6: Resoluciones por las que se impone pena o medida privativa de libertad[56]

	Emitidas									Recibidas								
	2015	2016	2017	2018	2019	2020	2021	2022	2023	2015	2016	2017	2018	2019	2020	2021	2022	2023
J. Penal	4	7	14	3	11	6	5	8	4									
Audiencias Provinciales	2	4	7	8	12	6	2	4	3									
Juzgados de Instrucción y Mixtos	0	1	1	1	1	2	0	2	5									
Juzgados de Violencia contra la	0	0	2	0	0	0	0	0	1									
J. Menores	0	2	4	0	0	0	0	0	0									
Audiencia nacional. Sala Penal	0	0	0	0	0	0	0	0	0									
Juzgados Centrales de Instrucción	0	0	0	0	0	0	0	0	0									
J. Central Penal	0		0	0	0	0	85	0	0	70	228	159	204	200	144	290	243	228
J. Central de Menores	0	0	0	0	0	0	0	0	0	0	3	0	0	0	0	0	2	1
J. Central Vigilancia Penitenciaria	2	7	6	3	4	0	13	2	2	25	68	45	27	20	18	8	4	2
J. Vigilancia Penitenciaria	85	239	148	142	157	140	117	100	66									
TOTAL	**93**	**260**	**182**	**157**	**185**	**154**	**222**	**116**	**81**	**95**	**299**	**204**	**231**	**220**	**162**	**298**	**249**	**231**

Si nos centramos en el número total aparecen fluctuaciones, más o menos coincidentes entre las emitidas y recibidas. No obstante, se trata de un mero recuento de las resoluciones emitidas y recibidas sin conocer los resultados, los países a los que se refieren, los plazos, etc.[57]. Así, si se toman en consideración los datos recogidos en el Informe General 2023 de Instituciones Penitenciarias se observa claramente que el número de traslados realizados desde España es reducido, apenas representarían un 1,5%; ya que el número de personas internas en un centro penitenciario español procedentes de países de la UE, en los que sería de aplicación la Ley 23/2014, ascendía en 2023 a 2.454 personas; sin embargo, el número de traslados efectivamente realizados desde España a países de la UE se limita a 37.

---

56 Tabla elaborada a partir de los Boletines nº 60, 72, 87, 91, 103 y 108 del CGPJ. https://www.poderjudicial.es/cgpj/es/Temas/Estadistica-Judicial/Estudios-e-Informes/Datos-de-Justicia/

57 MORÁN MARTÍNEZ, R. A. (2022). "Evaluación de la aplicación práctica de la ley de reconocimiento mutuo: algunas propuestas de modificación". *Análisis empírico y doctrinal de la Ley 23/2014 de reconocimiento mutuo de resoluciones penales*, Thomson Reuters-Aranzadi, p. 77.

Si se analizan los traslados a España de españoles encarcelados en la UE, se aprecia igualmente la reducida incidencia del procedimiento del traslado. Actualmente, la Fundación +34[58] indica que hay 449 españoles encarcelados en algún Estado miembro de la UE, la mayoría en Francia (188), Portugal (95), Alemania (88) e Italia (58) y el resto repartidos en Suecia (6), Países Bajos (4), 2 internos en Eslovaquia, Finlandia, Polonia y Rumanía y con solo 1 interno Bulgaria y Hungría. Sin embargo, el número de traslados realizados a España asciende en 2023 a 49[59]. Una cifra ligeramente superior a la de años anteriores, confirmando levemente la presencia de una tendencia al alza, exceptuando obviamente la cifra registrada en 2020 que, como consecuencia del COVID-19, se redujo considerablemente.

Tabla 7: Traslado de españoles condenados en la UE[60]

	2023	2022	2021	2020	2019
Traslados	49	47	45	17	40

Todos estos datos evidenciarían una escasa aplicación de la normativa comunitaria pese a constituirse como un pilar esencial de la cooperación judicial y considerarse la UE como un espacio de libertad, seguridad y justicia. En principio, se puede aventurar que su reducido uso se debería al solapamiento normativo existente en esta materia en la UE. Sirva, así como argumento la referencia a la normativa española.

Nuestra legislación prevé junto al reconocimiento mutuo de resoluciones que imponen penas o medidas privativas de libertad otras alternativas[61]. Así, cuando a un ciudadano nacional de un Estado miembro de la UE se le impone una pena privativa de libertad superior a un año en España resultan aplicables junto al reconocimiento mutuo de la pena privativa de libertad con traslado del preso a un centro penitenciario en su país de residencia otras tres posibilidades: primera, la expulsión administrativa por razones de orden público o de seguridad pública prevista en el art. 15 RD 240/2007; segunda, la sustitución de toda la pena de prisión impuesta por

---

58 FUNDACIÓN +34 (2025). https://www.fundacionmas34.org/. Recuperado el 7 de febrero de 2025.

59 INSTITUCIONES PENITENCIARIAS. (2024). *Informe General 2023*, pp. 86 y 87.

60 Ibidem, pp. 84-87.

61 Vid. Más ampliamente, FARALDO CABANA, P. y FERNÁNDEZ BESSA, C. (2019). "¿Fracaso del reconocimiento mutuo de resoluciones de libertad vigilada en España? Una reflexión sobre la situación de los condenados extranjeros de nacionalidad comunitaria". *Migraciones* (47), pp. 592 y ss.

la expulsión penal; y tercera, la sustitución de una parte de ella por la expulsión penal, que se ordenará cuando obtenga el tercer grado o la libertad condicional (art. 89.1 CP).

Pero, además, cuando se concede la libertad condicional se abre también un abanico de posibilidades junto al reconocimiento mutuo para su cumplimiento en el país de residencia (art. 93.1 a) Ley 23/2014), se prevé, de nuevo, la expulsión penal (art. 89.2 CP) o el cumplimiento en España.

Ante la previsión de diferentes posibilidades, parece que en España lo más aplicado es la expulsión, en principio, más versátil: aplicable a diversas situaciones, no precisa en ningún caso del consentimiento del condenado, etc.

Tabla 8: Motivos de excarcelación en España[62]

Motivos de Excarcelación	AÑOS				
	2023	2022	2021	2020	2019
Expulsión administrativa de preventivos con autorización judicial (art. 57.7 LO 4/2000)	60	50	29	9	45
Expulsión judicial por sustitución íntegra de la pena (art. 89-CP)	210	205	153	136	304
Expulsión judicial por sustitución parcial (2/3, 3/4 u otro periodo de tiempo -art. 89-CP-)	212	188	210	144	267
Expulsión judicial por sustitución condicional (grado 3º o libertad condicional -art. 89-CP-)	65	102	106	71	119
Traslado a países miembros de la Unión Europea (Ley 23/2014)	36	28	45	41	73
Traslado a otros países (Convenio de Estrasburgo 1983 y Bilaterales)	6	9	2	4	8
Libertad condicional en país extranjero (art. 197 RP)	35	47	62	75	151
Libertad provisional	3.287	3.066	2.733	2.870	3.013
Libertad por extinción de condena	3.375	3.055	2.748	3.057	3.071
Orden Europea de Detención y Entrega	547	522	478	315	511
Extradición	120	104	98	63	299
Libertad condicional en España	164	231	262	389	585
Otros	179	194	175	211	353
Total	**8.296**	**7.801**	**7.101**	**7.385**	**8.799**

No obstante, la expulsión de los condenados extranjeros se podría afirmar que defrauda a todos. El Estado renuncia a la ejecución de toda o de parte de la condena al sustituir esa ejecución de la pena privativa de libertad por la expulsión del condenado a su país de origen y prohibiéndole la entrada durante un periodo de tiempo; las víctimas del delito perciben negativamente esa falta de punibilidad; e igualmente, se ignora la necesidad de resocialización, de rehabilitación social o de la necesidad de incidir sobre las causas que motivan la comisión de los delitos. Desventajas todas ellas que no presenta el traslado resultando, por tanto, más adecuado.

Fuera de la UE, el traslado exige acudir a los convenios bilaterales firmados entre los Estados o al Convenio de Estrasburgo, de 21 de marzo de

62 Fuente: INSTITUCIONES PENITENCIARIAS. (2024). Informe General 2023, p. 74.

1983, que establece que una persona condenada en el territorio de una Parte podrá ser trasladada al territorio de otra Parte para cumplir la condena si se cumplen determinados requisitos. Algunos de los cuales dificultan su solicitud y su efectivo traslado como son la autorización del país de condena, la exigencia de sentencia firme en el Estado en el que ha sido juzgado por el delito cometido (proceso que no es automático y se dilata en el tiempo), haber pagado la responsabilidad civil derivada del delito o bien estar exonerada de ella(especialmente difícil de satisfacer si la motivación del delito es fundamentalmente económica), pero también puede verse dificultado por la exigencia del procedimiento de conversión de la condena exigido por el Estado de cumplimiento, al no estar la pena impuesta por el delito cometido reconocida en España.

En cuanto al número de traslados efectuados fuera de las fronteras de la UE, se aprecia cómo tras la pandemia, no sólo se han retomado los traslados, sino que, en el último año registrado, 2023, han aumentado considerablemente, llegando hasta 82 según los datos facilitados por el último Balance actividad consular publicado.

Tabla 9: Traslados a España de españoles condenados en el extranjero conforme al Convenio de Estrasburgo o convenios bilaterales[63]

	2023	2022	2021	2020	2019
Traslados	82	36	32	19	32

A pesar del aumento registrado, éste resulta escaso, siendo necesario valorarlo dentro de un contexto. De este modo, si se tiene presente que en 2023 el número de españoles presos en el extranjero era de 940, la realización de 82 traslados implica simplemente un 8,7%. Una cifra reducida, pero que tampoco debería sorprender si se tiene en cuenta que el número de traslados efectuados dentro de la UE a España (49). Proceso que se supone que se realiza utilizando un procedimiento más eficaz y automático sin necesidad de intervención de las autoridades gubernativas.

No obstante, existe cierto desfase. En el *Informe General 2023* de Instituciones Penitenciarias las cifras recopiladas son relativamente superiores como puede observarse en la siguiente tabla.

---

63 MINISTERIO DE ASUNTOS EXTERIORES, UNIÓN EUROPEA Y COOPERACIÓN. (2024). *Balance Actividad Consular 2023*, p. 11.

Tabla 10: Traslados a España de españoles condenados en el extranjero en 2023[64]

	Traslados
Convenio de Estrasburgo	20
Convenios bilaterales	25
Tratado Schengen	54

En los apartados anteriores se han puesto de manifiesto las necesidades y los retos específicos que plantean la ejecución de las penas privativas de libertad y su orientación hacia la consecución de la resocialización de los extranjeros. El traslado puede ser una solución adecuada para dar preferencia al fin resocializador, sobre la mera reclusión o retribución para aumentar el sufrimiento del penado por el mal causado, a la par que respeta la potestad punitiva de los Estados y cumple una función de prevención. No sólo una función de prevención especial positiva, al favorecer el logro de la reinserción social del penado, sino también general positiva (reforzando la confianza en el sistema penal y reafirmando la vigencia de las normas y la cultura del cumplimiento de la ley) y general negativa, disuadiendo a los ciudadanos de la comisión de delitos mediante el temor a la sanción penal.

Obviamente, la principal ventaja del traslado es que facilita la resocialización del interno; ya que favorece el poder mantener contacto con la sociedad en la que se va a reinsertar, evitando así el desarraigo familiar y social. Claramente posibilita el régimen de comunicaciones y visitas, los permisos ordinarios de salida, el acceso al tercer grado de tratamiento penitenciario o el régimen abierto.

Igualmente, existen otras ventajas desde un punto de vista emocional, ya que el interno puede percibir la cercanía y el apoyo de sus familiares y amigos, disminuyendo el sentimiento de fractura social o la propia sensación de abandono.

La ejecución de la pena privativa de libertad en el país de origen evita el choque cultural, se comparten manifestaciones culturales y sociales, un idioma, e igualmente disminuye la vulnerabilidad al eliminar lógicamente el carácter de extranjero y el consiguiente rechazo habitual existente hacia este colectivo. Es nacional. La condena en el país de origen facilita la integración social, reduciéndose muchas veces simplemente a la integración penitenciaria. No hay que olvidar que el cumplimiento de una pena de libertad supone

64 INSTITUCIONES PENITENCIARIAS. (2024). *Informe General 2023*, p. 84.

una pérdida de libertad, pero también de autonomía y privacidad al estar sujeto al régimen penitenciario, a un conjunto de normas dirigidas a la consecución de una convivencia pacífica y ordenada para garantizar su custodia y el tratamiento. No obstante, este último es mucho más difícil de ofertar si la pena privativa de libertad se cumple en el extranjero, sin olvidar las condiciones de vida presentes en el centro penitenciario. Sin duda, el cumplimiento de la pena en el país de origen, en España, implicará una ejecución más humanitaria de la pena privativa de libertad impuesta, al garantizar unas condiciones más dignas y favorables para el interno, ya que se facilita esa cercanía y contacto con familiares y allegados, se garantiza el respeto a los derechos humanos (mejorando las condiciones de vida relativas a la salud, alimentación, higiene, seguridad, etc.), se respetan los derechos lingüísticos y culturales de los internos, facilitando a la par la participación en programas de tratamiento penitenciario o se reducen o eliminan las situaciones de discriminación y violencia, incluso institucional, favoreciendo claramente el proceso de reeducación y reinserción social.

Igualmente, se pueden apreciar ventajas más allá de las propias para el interno que solicita su traslado al país de origen. Para los Estados que han condenado al extranjero por la comisión de un delito en su territorio, ejercen el *ius puniendi* y se cumple la función retributiva, de punir dichas conductas, pero también puede suponer un ahorro, una disminución de los costes de la actividad penitenciaria. Con el traslado, el Estado no tendrá que correr con los gastos de alimentación, sanidad, tratamiento penitenciario, etc. del extranjero condenado[65]. Además, ayudará a corregir un problema habitual y muy presente en los centros penitenciarios como es la sobrepoblación carcelaria, lo que a su vez contribuirá a mejorar la propia gestión del centro penitenciario, favorecerá el acceso a los programas de tratamiento o mejorará las condiciones de vida y de seguridad del centro penitenciario.

5. A MODO DE REFLEXIÓN FINAL

La pena no debería ser simplemente un castigo. Aun así, la pena lo es, pero todavía lo es más si se trata de una pena privativa de libertad y se cumple en un país extranjero. Desde las Constituciones se proclama la finalidad resocializadora hacia el que deben orientarse las penas privativas

---

[65] Se estima que en España cada preso cuesta aproximadamente 23.364€ anuales, siendo éste el resultado de dividir la cantidad asignada en los presupuestos generales del Estado de 2023 a la Secretaría de Instituciones Penitenciarias y dividirlo por el número de internos.

de libertad. Sin embargo, normalmente en las condiciones que se ejecutan las penas privativas de libertad no se consiguen los fines de reeducación y reinserción social pretendidos. Entonces, ¿tiene sentido una pena privativa de libertad si ésta no procura la resocialización? ¿Es lógico mantener las cárceles si sólo sirven para aumentar el dolor y la desesperación de los más desafortunados?[66] En general, aun siendo conscientes de su escasa efectividad resocializadora no se han encontrado o no se han tomado en serio las alternativas a la prisión y nos seguimos aferrando a las penas privativas de libertad como la solución a la delincuencia, especialmente respecto a la que presenta un carácter más grave.

En la actualidad, a pesar de la omnipresencia de la globalización y sus consecuencias sigue muy presente el carácter nacional o territorial del Derecho penal, así como la condición de extranjero, adoptando hacia este colectivo una actitud de cautela. No obstante, se olvida que todos somos extranjeros cuando abandonamos nuestro país y, por lo tanto, vulnerables. Todos podemos convertirnos en víctimas de la exclusión social y del sistema penal, simplemente por pertenecer a una minoría en ese otro Estado. Sin embargo, impera la visión del extranjero como delincuente. El delincuente no se percibe como víctima de la sociedad global, de las desigualdades existentes, de los grupos y organizaciones criminales o de una aplicación selectiva del sistema de justicia penal; sino como una persona peligrosa que exige una atención especial y una mayor severidad en la respuesta penal, porque se considera que se les imponen unas penas mínimas y que prácticamente entran por una puerta y salen por otra al aplicárseles los beneficios penitenciarios o que en prisión están mejor incluso que en libertad en sus países de origen.

El Derecho penal, como medio de control social, debe dar respuesta a los problemas sociales existentes, debe conciliar las estrategias de populismo punitivo imperantes (por ejemplo, tolerancia cero a las drogas), la aplicación del Derecho penal como *ultima ratio* y la consecución de la resocialización mediante la actividad penitenciaria. No obstante, el Derecho penal es un reflejo de la sociedad. De este modo, si en la sociedad están presentes estereotipos o prejuicios, éstos pasarán inevitablemente al marco jurídico. A lo largo de las páginas anteriores se ha puesto de manifiesto cómo el sistema penal discrimina a los extranjeros (pobres) y su propia actuación sirve para legitimar la idea preconcebida de que los extranjeros son delincuentes y constituyen una amenaza para la sociedad y, por lo

---

66 HASSEMER, W. y MÚÑOZ CONDE, F. (1989). *Introducción a la Criminología y al Derecho penal.* Tirant lo Blanch, p. 159.

tanto, deben ser neutralizados en aras de garantizar la seguridad de todos con un Derecho penal más severo. No obstante, frente a las estrategias de populismo punitivo se debe defender un sistema penal útil, pero también y esencialmente humano, respetuoso con los derechos humanos y realmente orientado a procurar la resocialización de los internos.

La ejecución de una pena privativa de libertad, la reclusión en un centro penitenciario no debe servir simplemente para aumentar el dolor y la desesperación de los más desafortunados, sino que ese sufrimiento debe tender a la consecución de una finalidad: la resocialización. En este sentido, el propio Beccaria[67], advertía que la atrocidad de las penas, la severidad extrema de las penas, además de ser inútil para prevenir el delito, es contraria al bien público y al propósito de la justicia. No solo va en contra de los principios de una sociedad basada en la razón y el bienestar de sus ciudadanos, sino que también contradice la justicia y los fundamentos del contrato social, ya que fomenta el miedo y la opresión en lugar de la convivencia armoniosa. En la ejecución de las penas privativas de libertad debería predominar este fin resocializador y el carácter humanitario. Por ello, es necesario ofrecer programas de tratamiento realmente individualizados, atentos a las necesidades y retos que presentan los diversos internos, destinando los recursos materiales y humanos necesarios, evitando la sobrepoblación carcelaria y como no, facilitando el traslado de los extranjeros condenados que así lo soliciten. Obviamente, no basta con la existencia de convenios que prevean la posibilidad formal del traslado de la persona condenada a su país de origen, sino facilitando su ejecución material, agilizando los plazos y favoreciendo la adaptación de la condena cuando no sea posible una ejecución continuada.

No obstante, si no se actúa sobre la etiología, si las desigualdades sociales y económicas se agravan, las personas serán vulnerables a la comisión de delitos (viendo en éstos la posibilidad de mejorar su situación) y vulnerables a las organizaciones y grupos criminales que las utilizarán para sus actividades.

6. REFERENCIAS BIBLIOGRÁFICAS

AEBI, M. F. & COCCO, E. (2024). *SPACE I —2023— Council of Europe Annual Penal Statistics: Prison populations.* Council of Europe. https://www.coe.int/en/web/prison/space.

AGNEW, R. (2011). "Dire forecast: A theoretical model of the impact of climate change on crime". *Theoretical Criminology,* 16 (1).

---

67 BECCARIA, C. (2015). *Tratado de los delitos y las penas.* Universidad Carlos III de Madrid, pp. 21 y 22.

BABIC, M., FICHTNER, J. & HEEMSKERK, E.M. (2017). "States versus Corporations: Rethinking the Power of Business in International Politics". *The International Spectator*, Vol. 52, Nº 4.

BARATTA, A. (2004). *Criminología y sistema penal.* B de f.

BECCARIA, C. (2015). *Tratado de los delitos y las penas.* Universidad Carlos III de Madrid.

BECK, U. (1998). *¿Qué es la globalización? Falacias del globalismo, respuestas a la* globalización. Paidós.

CLEMMER, D. (1958). The prison community. Rinehart & Company.

CUTIÑO RAYA, S. (2015). "Algunos datos sobre la realidad del tratamiento en las prisiones españoles". *Revista Electrónica de Ciencia Penal y Criminología* (17-11), 1-41.

DAUNIS RODRÍGUEZ, A. (2016). *Ejecución de penas en España. La reinserción social en retirada.* Comares.

DURKHEIM, E. (2009). *Las reglas del método sociológico.* Alianza.

FAIR, H. y WALMSLEY, R. (2024). *World Prison Population List* (14th edition). Core Publications. https://www.prisonstudies.org/research-publications.

FARALDO CABANA, P. y FERNÁNDEZ BESSA, C. (2019). "¿Fracaso del reconocimiento mutuo de resoluciones de libertad vigilada en España? Una reflexión sobre la situación de los condenados extranjeros de nacionalidad comunitaria". *Migraciones* (47),151-175.

GIMÉNEZ-SALINAS I COLOMER, E. y RIFÀ ROS, A. (1992). *Introducció al dret penitenciari. Teoria i práctica.* Generalitat de Catalunya.

GONZÁLEZ SÁNCHEZ, I. (2016). "La penalización de los migrantes: irregularidad y cárcel en la construcción del Estado neoliberal", *Migraciones* (39), 123-147.

GOYES, D. (2020). *Criminología verde del sur. Una ciencia para acabar con la discriminación ecológica.* Universidad Antonio Nariño. Fondo Editorial.

HASSEMER, W. y MÚÑOZ CONDE, F. (1989). *Introducción a la Criminología y al Derecho penal.* Tirant lo Blanch.

MERTON, R. K. (1987). *Teoría y estructura sociales.* Fondo de Cultura Económica.

MORÁN MARTÍNEZ, R. A. (2022). "Evaluación de la aplicación práctica de la ley de reconocimiento mutuo: algunas propuestas de modificación". *Análisis empírico y doctrinal de la Ley 23/2014 de reconocimiento mutuo de resoluciones penales.* Thomson Reuters-Aranzadi.

NACIONES UNIDAS (2015). Asamblea General, resolución 70/175, anexo, aprobado el 17 de diciembre de 2015. https://www.unodc.org/documents/justice-and-prison-reform/Nelson_Mandela_Rules-S-ebook.pdf

PASCUAL RODRÍGUEZ, E. y ETXEBARRIA ZARRABEITIA, X. (2021). "Justicia restaurativa con personas condenadas por tribunales extranjeros trasladadas a España para cumplir su condena". *Revista de Derecho Penal y Criminología.* (26), 121-154.

REVIEJO, S. F. (2024). "Españoles presos en el extranjero de quienes apenas se habla". *Público*, 21/09/2024. https://www.publico.es/sociedad/espanoles-presos-extranjero-quienes-apenas-habla-di-gracias-salir-vida-carcel.html.

TERRADILLOS BASOCO, J. M. (2020). *Aporofobia y plutofilia: La deriva jánica de la política criminal contemporánea.* J. M. Bosch.

TODOROV, T. (2007). *Nosotros y los otros.* Siglo XXI.

WHITE, R. & HECKENBERG, D. (2014). *Green Criminology.* Routledge.

ZAFFARONI, R. E. (1995). "Los objetivos del Sistema penitenciario y las normas constitucionales". *El Derecho penal hoy.* Ediciones del Puerto.

Capítulo II

El traslado de españoles condenados fuera del ámbito de la Unión Europea: especial referencia al Convenio de Estrasburgo de 21 de marzo de 1983

ALICIA GONZÁLEZ MONJE

Profesora Permanente Laboral de Derecho Procesal

Universidad de Salamanca[1]

SUMARIO: 1. INTRODUCCIÓN. 2. EL TRASLADO DE PERSONAS CONDENADAS COMO INSTRUMENTO DE COOPERACIÓN JURÍDICA INTERNACIONAL. 3. REQUISITOS PARA EL TRASLADO. 3.1. Nacionalidad. 3.2. Ejecutoriedad de la sentencia de condena. 3.3. Tiempo de condena pendiente. 3.4. La necesidad de consentir el traslado. 3.4.1. El consentimiento válidamente prestado. A) Consentimiento libre, consciente e informado. B) Consentimiento expreso. C) Consentimiento ante autoridad competente. 3.4.2. La revocación del consentimiento. 3.4.3. Excepciones a la necesidad de consentimiento. 3.5. La doble incriminación. 3.6. El acuerdo de voluntades de los Estados implicados. 4. PROCEDIMIENTOS PARA LA DETERMINACIÓN DE LA DURACIÓN DE LA PENA EN EL ESTADO DE CUMPLIMIENTO. 4.1. Procedimiento de prosecución. 4.2. Procedimiento de conversión. 5. PROCEDIMIENTO PARA EL TRASLADO. 5.1. Inicio del expediente. 5.2. Tramitación. 5.3. Terminación del expediente. 5.4. El traslado de la persona condenada. 6. CONCLUSIONES. 7. REFERENCIAS BIBLIOGRÁFICAS.

1. INTRODUCCIÓN

La realidad de los 1.053[2] ciudadanos españoles que actualmente cumplen condena en prisiones extranjeras trasciende las frías estadísticas para revelar una problemática de profundo calado humanitario. Detrás de cada

---

1 El presente trabajo es resultado del proyecto I+D+I «Instrumentos de cooperación procesal internacional para el traslado de españoles condenados a España», ref. PIC-2022-11, proyecto K213, perteneciente a la Programa I C2 (2022) de financiación de grupos de investigación. Proyectos de investigación; financiado por la Universidad de Salamanca. IP. GONZÁLEZ MONJE, A.

2 FUNDACIÓN +34. Disponible en: https://www.fundacionmas34.org/. Recuperado el 25 de febrero de 2025.

cifra hay una historia marcada por la distancia, el desarraigo y, en muchos casos, la vulneración de derechos fundamentales en entornos penitenciarios que no siempre garantizan condiciones dignas. La diversidad de los sistemas carcelarios y la disparidad en los estándares de trato a los reclusos en distintos países agravan esta situación, sumiendo a muchos en contextos de extrema precariedad y desprotección.

Las dificultades se intensifican especialmente en cárceles de Asia o Latinoamérica, donde las condiciones de vida pueden ser aún más adversas. En estas regiones, los reclusos enfrentan hacinamiento severo, falta de acceso a servicios médicos básicos, deficiencias en la alimentación y situaciones de violencia sistemática. La ausencia de un entorno cultural y lingüístico familiar incrementa la vulnerabilidad psicológica de los condenados, dificultando su adaptación y supervivencia en contextos carcelarios extremadamente hostiles.

En este escenario, el instrumento de cooperación internacional para el traslado de personas condenadas emerge no solo como una herramienta jurídica, sino también como un mecanismo esencial de protección de los derechos humanos. Su finalidad va más allá de la simple ejecución de penas en el país de origen: busca facilitar la reinserción social del condenado, atenuar los efectos del aislamiento cultural y lingüístico, y garantizar un trato más acorde con los estándares internacionales en materia de derechos penitenciarios.

El papel de la sociedad también resulta crucial en la atención a estos compatriotas. La sensibilización y el apoyo social contribuyen a visibilizar su situación y a fomentar una respuesta más solidaria y comprometida. En este contexto, organizaciones no gubernamentales como la Fundación +34 desempeñan un rol fundamental, brindando asistencia legal, apoyo psicológico y recursos básicos a los españoles encarcelados en el extranjero. Su labor complementa los esfuerzos institucionales, actuando como un puente de esperanza y acompañamiento para quienes enfrentan la dureza del sistema penitenciario lejos de su patria.

Además, es esencial considerar el impacto que esta situación tiene en las familias de los encarcelados, quienes a menudo enfrentan un profundo desconocimiento sobre el paradero, la situación legal y las condiciones de sus seres queridos. La incertidumbre, la falta de información clara y el desgaste emocional afectan gravemente a estas familias, que necesitan tanto apoyo institucional como redes de acompañamiento que les brinden orientación, contención emocional y asesoramiento legal. La atención a estas familias es un componente indispensable para abordar de forma integral la problemática de los españoles condenados en el extranjero.

Este trabajo analiza el papel del traslado de condenados como un puente entre la justicia penal internacional y la dimensión humanitaria que debe impregnar toda política penitenciaria desde el punto de vista de la cooperación jurídica internacional. A través de un enfoque crítico, se examinan los retos y oportunidades que presenta este mecanismo, centrándonos en el contexto de españoles condenados en países fuera de la Unión Europea, donde las disparidades legales y culturales son más acusadas y la necesidad de protección más urgente, todo ello bajo el paraguas del Convenio del Consejo de Europa para el traslado de personas condenadas de 1983 y los múltiples convenios bilaterales suscritos por España en la materia.

2. EL TRASLADO DE PERSONAS CONDENADAS COMO INSTRUMENTO DE COOPERACIÓN JURÍDICA INTERNACIONAL

Uno de los factores que, sin duda, ha contribuido al progresivo descenso del número de españoles presos en el extranjero es el uso de los instrumentos de cooperación jurídica internacional que posibilitan su traslado a España, donde continúan cumpliendo sus penas en las condiciones que se analizarán a continuación.

El traslado de personas condenadas es, por tanto, un instrumento de cooperación jurídica internacional en materia penal, que no podemos confundir, por ejemplo, con la extradición, en la que se produce la entrega por el Estado requerido al Estado requirente de una persona reclamada por este último, para ser enjuiciada por sus tribunales o para la ejecución de una condena impuesta por estos[3].

El objetivo del traslado que nos ocupa se centra en que una persona condenada en el extranjero sea trasladada su país de origen o de residencia, para el cumplimiento en el mismo de la pena o medida privativa de libertad impuesta por aquél.

El fundamento de esta posibilidad se encuentra en el principio de reinserción social, consagrado en el artículo 25.2 CE[4], entendiendo dicha

---

3 *Vid.*: GÓMEZ COLOMER, J. L. y BARONA VILAR, S. (2024). *Proceso Penal. Derecho Procesal III*, 4ª Ed., Valencia, Titan lo Blanch, p. 662.

4 Art. 25.2 CE: "Las penas privativas de libertad y las medidas de seguridad estarán orientadas hacia la reeducación y reinserción social y no podrán consistir en trabajos forzados. El condenado a pena de prisión que estuviere cumpliendo la misma gozará de los derechos fundamentales de este Capítulo, a excepción de los

reinserción, según MIR PUIG, como "un proceso, que hay que iniciar ya durante la ejecución de la pena, por medio del cual el sujeto establece o refuerza unos vínculos con la sociedad libre, al posibilitar que el penado extranjero pueda cumplir la pena en el Estado de su nacionalidad o residencia"[5]. Con ello se parte de la idea de que el cumplimiento de la pena en el país de origen puede favorecer la reinserción social de la persona condenada[6].

Con esa finalidad nace, en el ámbito del Consejo de Europa, el Convenio sobre el Traslado de Personas Condenadas (CTPC), hecho en Estrasburgo el 21 de marzo de 1983, ratificado por España en 1985[7]. Posteriormente, se publicará el Protocolo Adicional al Convenio sobre traslado de personas condenadas, de 18 de diciembre de 1997 y ratificado por España en 2017[8] y el Protocolo por el que se modifica el Protocolo adicional del Convenio sobre el traslado de personas condenadas, de 22 de noviembre de 2017[9], aún no ratificado por España.

Asimismo, existen varios tratados bilaterales suscritos por España y otros países[10], que responden a razones de oportunidad, teniendo en cuenta

---

que se vean expresamente limitados por el contenido del fallo condenatorio, el sentido de la pena y la ley penitenciaria. En todo caso, tendrá derecho a un trabajo remunerado y a los beneficios correspondientes de la Seguridad Social, así como al acceso a la cultura y al desarrollo integral de su personalidad".

5 MIR PUIG, C. (2013). "El traslado de personas condenadas entre países: Tratados del Consejo de Europa y Decisión Marco 2008/909/JAI, 27 noviembre 2008. Referencia al recién Anteproyecto de Ley de Reconocimiento Mutuo de Resoluciones Judiciales Penales en la Unión Europea (Aprobado por el Consejo de Ministros de 8 de febrero de 2013)", *Revista de Estudios Penitenciarios,* (2), p. 205.

6 COLMENAR LAUNES, Á. (2023). "El traslado de personas condenadas. El Convenio de Estrasburgo de 1983", *Revista del Centro de Estudios Jurídicos y de Postgrado,* (1), p. 259.

7 Instrumento de ratificación del Convenio sobre traslado de personas condenadas, hecho en Estrasburgo el 21 de marzo de 1983. *BOE* núm. 138, de 10 de junio de 1985, páginas 17478 a 1748.

8 Instrumento de ratificación del Protocolo Adicional al Convenio sobre traslado de personas condenadas, hecho en Estrasburgo el 18 de diciembre de 1997. *BOE* núm. 237, de 2 de octubre de 2017, páginas 95368 a 95377.

9 CONSEJO DE EUROPA. *Protocol amending the Additional Protocol to the Convention on the Transfer of Sentenced Persons,* de 22 de noviembre de 2017. Disponible en: https://rm.coe.int/1680730cff. Recuperado el 15 de diciembre de 2024.

10 Actualmente hay 36 convenios bilaterales suscritos, según el Prontuario de Auxilio Judicial Internacional del CGPJ. Disponible en: https://www.prontuario.org/prontuario/es/Penal/ch.Consulta.formato1/. Recuperado el 13 de enero de 2025.

que el artículo 22 del CTPC permite que dos Estados firmantes del mismo hayan suscrito además un acuerdo bilateral. En este caso, es posible la aplicación de una u otra normativa[11].

Ya en el ámbito de la Unión Europea, la Decisión Marco 909/2008/JAI, del Consejo, de 27 de noviembre de 2008, *relativa a la aplicación del principio de reconocimiento mutuo de sentencias en materia penal por las que se imponen penas u otras medidas privativas de libertad a efectos de su ejecución en la Unión Europea*[12], posibilita el traslado entre los Estados miembros de la UE[13]. Decisión Marco que es traspuesta al ordenamiento jurídico español mediante la Ley 23/2014, de 20 de noviembre, de reconocimiento mutuo de resoluciones penales en la Unión Europea, dedicando a esta materia los Títulos III y IV[14].

Centraremos nuestra exposición en el marco normativo de traslado de condenados fuera del ámbito de la UE y más concretamente en el procedimiento establecido en el Convenio de Estrasburgo de 1983, complementándolo con los convenios bilaterales suscritos por España al amparo del mismo.

Este Convenio ha sido ratificado por 70 países, de los cuales 25 no son miembros del Consejo de Europa[15], pretendiendo el establecimiento de

---

11 Art. 22 CTPC 1983.

12 UNIÓN EUROPEA. Decisión Marco 909/2008/JAI, del Consejo, de 27 de noviembre de 2008, relativa a la aplicación del principio de reconocimiento mutuo de sentencias en materia penal por las que se imponen penas u otras medidas privativas de libertad a efectos de su ejecución en la Unión Europea. *DOUE* núm. 327, de 5 de diciembre de 2008, páginas 27 a 46.

13 Con la misma finalidad encontramos la Convención Interamericana para el cumplimiento de condenas penales en el extranjero, de 6 de septiembre de 1993. Disponible en: http://www.oas.org/juridico/spanish/firmas/a-57.html. Recuperado el 27 de enero de 2025; y el Acuerdo sobre traslado de personas condenadas entre los Estados Parte del Mercosur, firmado el 16 de diciembre de 2004 y que vincula a Argentina, Brasil, Paraguay y Uruguay. Disponible en: https://www.mre.gov.py/tratados/public_web/ConsultaMercosur.aspx. Recuperado el 27 de enero de 2025. Para un análisis del mismo, *Vid.* KLEIN VIEIRA, L. (2010). "El traslado de condenados al país de origen como una nueva forma de cooperación penal internacional en el Mercosur". *Revista Da Esmese,* (14), pp. 85-132.

14 Ley 23/2014, de 20 de noviembre, de reconocimiento mutuo de resoluciones penales en la Unión Europea. *BOE* núm. 282, de 21 de noviembre de 2014.

15 CONSEJO DE EUROPA. Disponible en: https://www.coe.int/en/web/conventions/full-list?module=signatures-by-treaty&treatynum=112. Recuperado el 27 de enero de 2025.

un mecanismo sencillo, rápido y flexible[16] para el traslado de condenados a sus países de origen, donde seguirán cumpliendo la pena impuesta.

3. REQUISITOS PARA EL TRASLADO

El traslado a su país de origen de una persona condenada en el extranjero está sometido a una serie de requisitos contemplados en el artículo 3 CTPC que, como veremos a continuación, contradicen el propio espíritu de este instrumento de cooperación procesal de crear, como decíamos anteriormente, un sistema sencillo y ágil.

3.1. Nacionalidad

Se requiere, en primer lugar, ser nacional del Estado de cumplimiento[17], lo que excluye el traslado de una persona que tenga vínculos con un Estado del que no es nacional. No obstante, el CTPC deja abierta la posibilidad de que cualquier Estado pueda "definir" el término nacional a los efectos del mismo[18], recomendando a los Estados Parte que consideren esta cuestión en términos amplios para incluir la residencia habitual y que tengan en cuenta los vínculos estrechos que el condenado tenga con el Estado de cumplimiento, en particular la presencia de familiares e hijos[19].

En este sentido, Rusia amplía el traslado a los residentes permanentes, siempre que no sean nacionales del país de condena (art.1)[20].

---

16 CONSEJO DE EUROPA. *Explanatory Report to the Convention on the Transfer of Sentenced Persons*, de 21 de marzo de 1983, p. 2. Disponible en: https://rm.coe.int/16800ca435. Recuperado el 15 de diciembre de 2024.

17 En el Instrumento de Ratificación del Convenio sobre traslado de personas condenadas, hecho en Estrasburgo el 21 de marzo de 1983, España declara que "En lo que concierne al presente Convenio, España considerará como nacionales las personas que gocen de esta calidad en virtud de las normas del título I del libro I del Código Civil español".

18 Art. 3.4 CTPC 1983.

19 CONSEJO DE EUROPA. *Recommendation CM/Rec (2020)3 of the Committee of Ministers to member States concerning the practical application of the Convention on the Transfer of Sentenced Persons and the Additional Protocol thereto*, de 1 de julio de 2020. *Appendix 1*, pp. 2-4. Disponible en: https://search.coe.int/cm#{%22CoEIdentifier%22:[%2209000016809ee5b4%22],%22sort%22:[%22CoEValidationDate%20Descending%22]}. Recuperado el 17 de diciembre de 2024.

20 Art.1 Aplicación provisional del Convenio entre el Reino de España y la Federación de Rusia relativo al traslado de personas condenadas para el cumplimiento

Con relación al momento en que ha de ostentarse la nacionalidad, nada dice el CTPC. No obstante, entendemos que el momento a tener en cuenta debe ser el de la recepción de la petición de traslado, que es el mismo criterio que el Convenio contempla para calcular la pena mínima que resta por cumplir al condenado. Así parecen entenderlo la mayoría de los convenios bilaterales suscritos por España[21], donde expresamente se recoge, que el requisito de la nacionalidad concurra en el momento de presentar la solicitud, pues con ella se dará inicio al procedimiento. Sin embargo, MAPELLI CAFFARENA y GONZÁLEZ CANO critican esta opción temporal por entender que podría obstaculizar el traslado, inclinándose por el criterio de que concurra la nacionalidad en el momento del traslado[22].

Es posible que nos encontremos con españoles condenados que ostentan doble nacionalidad con el país de condena, algo frecuente en el caso de países iberoamericanos[23] con los que España tiene convenios bilaterales de traslado. En estos casos, el Informe Explicativo del Convenio entiende que no existe obstáculo para obtener el traslado en cualquiera de los dos países implicados, aplicándose a estos supuestos el criterio de la residencia[24]. Este planteamiento es lógico si entendemos que la doble nacionalidad no va a implicar el sometimiento simultáneo de una persona a la legislación de los dos países de los que es nacional, sino que sólo tendrá eficacia una de las nacionalidades adquiridas, generalmente la vinculada al domicilio, mientras la otra queda en suspenso[25]. Algunos tratados o convenios bilaterales de traslado de condenados solventan esta cuestión de forma expresa. Es el

---

de penas privativas de libertad, hecho en Moscú el 16 de enero de 1998. *BOE* núm. 45, de 21 de febrero de 1998, páginas 6262 a 6264.

21 Instrumento de ratificación del Tratado entre el Reino de España y la República Argentina sobre traslado de condenados, hecho en Buenos Aires el 29 de octubre de 1987. *BOE*, núm. 127, de 27 de mayo de 1992, páginas 18012 a 18014. En el mismo sentido, entre otros: El Salvador (art. 4.2); Arabia Saudí (art. 4.4);

22 MAPELLI CAFFARENA, B. y GONZÁLEZ CANO, I. (2001). *El traslado de personas condenadas entre países*, McGraw-Hill, p. 58.

23 Art. 11.3 CE: "Ningún español de origen podrá ser privado de su nacionalidad. El Estado podrá concertar tratados de doble nacionalidad con los países iberoamericanos o con aquellos que hayan tenido o tengan una particular vinculación con España".

24 CONSEJO DE EUROPA. *Explanatory Report to the Convention, op. cit.*, p. 9.

25 PALAO MORENO, G. (2020). "Nacionalidad y derecho internacional privado: los conflictos de nacionalidad". *Nacionalidad y Extranjería*, 4ª Ed, Tirant lo Blanch, pp. 75-76.

caso del tratado con El Salvador, donde se exige que "el condenado no esté domiciliado en el Estado de Sentencia"[26].

Otros convenios bilaterales también contemplan situaciones especiales relativas al padecimiento de enfermedades terminales o la avanzada edad del penado para autorizar el traslado por razones humanitarias[27].

3.2. Ejecutoriedad de la sentencia de condena

La sentencia de condena ha de ser firme, es decir, que contra ella no quepa recurso o se haya dejado transcurrir los plazos legales sin haberlo interpuesto en tiempo y forma[28], lo que no excluye la posible revisión de la sentencia[29].

Por otro lado, el CTPC no exige que el condenado esté ya cumpliendo la pena en el Estado de condena, por lo que puede encontrarse en situación de libertad condicional[30], permitiéndose expresamente en algunos convenios bilaterales que sea el Estado de cumplimiento el que vigile el cumplimiento de las obligaciones que tal situación pueda conllevar[31]. Lo anterior va a implicar que el traslado puede tener como objeto el cumplimiento de una pena o medida privativa de libertad en el Estado de cumplimiento, pero también comprender los regímenes de condena o libertad condicionales[32].

---

26 Instrumento de Ratificación del Tratado sobre el Traslado de Personas Condenadas entre el Reino de España y la República de El Salvador, firmado en San Salvador el 14 de febrero de 1995. *BOE*, núm. 139, de 8 de junio de 1996, páginas 18992 a 18994.

27 Art. 16.3 Tratado sobre traslado de personas condenadas entre el Reino de España y la República de Costa Rica, hecho en Madrid el 23 de octubre de 1997. *BOE* núm. 267, de 7 de noviembre de 2000, páginas 38566 a 38568.

28 Art. 207 LEC.

29 Art. 13 CTPC 1983: "Solamente el Estado de condena tendrá el derecho a decidir acerca de cualquier recurso de revisión presentado contra la sentencia".

30 MAPELLI CAFFARENA, B. y GONZÁLEZ CANO, I. "El traslado de personas condenadas...", *op. cit.*, p. 59.

31 Art. 16 Tratado sobre el Traslado de Personas Condenadas entre el Reino de España y la República de El Salvador: "El Condenado bajo régimen de condena condicional o de libertad condicional podrá cumplir dicha condena, bajo la vigilancia de las autoridades del Estado de ejecución. El Estado de ejecución adoptará las medidas de vigilancia solicitadas, mantendrá informado al Estado de sentencia sobre la forma en que se llevan a cabo y, le comunicará de inmediato el incumplimiento por parte del Condenado de las obligaciones que este haya asumido". En el mismo sentido, Argentina (art. 16).

32 Además de El Salvador (art. 16), Arabia Saudí (art. 17), Bolivia (art. 2), Cabo Verde (art. 15); Cuba (art. 19), entre otros.

El CTPC también guarda silencio sobre qué sucedería si el condenado tuviese más causas pendientes, pero lo lógico es entender que el Estado de condena no autorizará el traslado hasta que recaiga sentencia firme en todos los procedimientos. En concreto, España considera esta circunstancia un requisito para poder solicitar el traslado[33], algo que también se tiene en cuenta en algunos convenios bilaterales. A título de ejemplo, Rusia no permite el traslado si la persona tiene pendiente "alguna otra causa penal en fase de enjuiciamiento"[34]. Y Costa Rica limita el traslado a que no exista otra causa legal que impida la salida del país de la persona condenada, refiriéndose expresamente a una "solicitud de extradición hecha por un tercer Estado, que se encuentre en trámite o que haya sido acordada"[35].

En ocasiones, no es suficiente que la sentencia sea firme, pues algunos convenios bilaterales condicionan el traslado al hecho de que se hayan satisfecho por el condenado una serie de responsabilidades pecuniarias derivadas del proceso penal, como el pago de multa o las costas del proceso, además de las responsabilidades civiles derivadas del delito, o que garantice su pago[36] o exista una previa declaración de insolvencia[37]. En tales exigencias se aprecia un criterio puramente economicista que empaña los principios inspiradores de la institución que nos ocupa en lo que se refiere a la exigencia de satisfacción de multas o costas. Otra cuestión es la relativa a las responsabilidades civiles, orientada a la reparación de las consecuencias causadas por la comisión del delito a la víctima. En relación con esta cuestión, entendemos que no debemos perder de vista que el traslado de condenados, como instrumento de cooperación, tiene por objeto el cumplimiento de una pena o medida de seguridad, es decir, la responsabilidad civil no se trasfiere al Estado de cumplimiento[38] y, por lo tanto, el Estado de

---

33 MINISTERIO DE LA PRESIDENCIA, JUSTICIA Y RELACIONES CON LAS CORTES. Disponible en: https://www.mjusticia.gob.es/es/areas-actuacion/internacional/tramites-internacionales/traslado-personas-condenadas#97278. Recuperado el 22 diciembre de 2024.

34 Art. 4.1 Aplicación provisional del Convenio entre el Reino de España y la Federación de Rusia. En el mismo sentido, China (art. 3.1.b).

35 Art. 4.4 Tratado sobre traslado de personas condenadas entre el Reino de España y la República de Costa Rica.

36 Entre otros: El Salvador (art. 4.6): Argentina (art.4.6).

37 Art. 4.5 Convenio de traslado de personas condenadas a penas privativas de libertad entre el Reino de Arabia Saudí y el Reino de España, hecho *ad referéndum* en Jeddah, el 27 de mayo de 2008. *BOE* núm. 170, de 15 de julio de 2009, páginas. 59098 a 59103.

38 Así se consigna expresamente en el art. 16.2 de la Aplicación provisional del Convenio entre el Reino de España y la República de Cuba sobre ejecución de senten-

condena seguirá conservando sus competencias en materia de ejecución de la responsabilidad civil, que podrá ejercitar aun cuando ya se hubiese producido el traslado[39]. Hay que destacar que el reciente convenio suscrito con Qatar condiciona el traslado, además de a la satisfacción de costas, multas e indemnizaciones, al hecho de que se haya iniciado "un proceso judicial contra la persona condenada ante los tribunales del Estado de condena para reclamar cualquier otro derecho a importes monetarios"[40], entendiendo que en este supuesto no se está haciendo referencia a la responsabilidad civil derivada del delito, pues a ello alude el mismo artículo en otro apartado, sino a cualquier otra deuda que hubiera podido contraer el condenado.

3.3. Tiempo de condena pendiente

La condena que resta por cumplir ha de ser, al menos, de 6 meses a contar desde el día de la recepción de la petición o indeterminada (art. 3.1). El CTPC establece así un criterio temporal de mínimos, que ha sido ampliado en algunos convenios bilaterales hasta un año, aunque en casos excepcionales los Estados Parte pueden convenir un plazo inferior[41], tratando con ello de evitar el traslado para penas privativas de libertad de corta duración, que podrían suponer un coste excesivo. Esta idea es reconocida en el propio Informe Explicativo del Convenio que alude a razones de coste-eficacia del sistema que contempla. También lo justifica en la reinserción social del condenado algo que, según dicho Informe, sólo puede lograrse si la pena que resta por cumplir es lo suficientemente larga[42].

No compartimos ninguna de las razones esgrimidas para el establecimiento de una duración mínima, en la medida en que la reinserción social del condenado es un derecho que no debería ser sometido a limitación alguna. Claramente esta limitación temporal puede interpretarse como una medida para optimizar recursos y evitar traslados que impliquen un esfuerzo logístico y administrativo desproporcionado respecto al tiempo de pena

---

cias penales, hecho «ad referendum» en Madrid el 23 de julio de 1998. *BOE* núm. 267, de 7 de noviembre de 1998, páginas 36387 a 36389.

39 MAPELLI CAFFARENA, B. y GONZÁLEZ CANO, I. "El traslado de personas condenadas…", *op. cit.*, p. 63.

40 Art. 7.2 Acuerdo sobre traslado de personas condenadas a una pena de privación de libertad entre el Reino de España y el Estado de Qatar, hecho en Madrid el 24 de octubre de 2022. *BOE* núm. 101, de 25 de abril de 2024, páginas 46140 a 46144.

41 Entre otros: Argentina (art. 4.1); El Salvador (art. 4,5).

42 CONSEJO DE EUROPA. "Explanatory Report to the Convention…", *op. cit.*, p. 4.

que queda por cumplir. Sin embargo, desde la perspectiva del condenado, podría considerarse una limitación igualmente desproporcionada, pues afecta a su derecho a la reintegración social en su entorno familiar y cultural, ya que incluso un periodo breve de privación de libertad puede tener un impacto significativo en la vida del condenado si se cumple en un entorno extranjero donde las condiciones penitenciarias no son las deseables.

De hecho, el párrafo segundo del artículo 3 permite que los Estados puedan convenir el traslado, aunque la duración sea inferior al mínimo establecido, introduciendo así una flexibilización del requisito que entendemos podría aplicarse cuando las perspectivas de resocialización son favorables.

El *dies a quo* será el día de recepción de la petición de traslado por parte del Estado de condena o del Estado de cumplimiento, aunque algunos convenios bilaterales difieren este inicio al momento de la presentación de la solicitud por el Estado de cumplimiento[43].

A pesar de lo señalado, en algunos convenios bilaterales encontramos la fijación de plazos superiores al mencionado. Es el caso del convenio suscrito por España con Cabo Verde, donde se establece una pena pendiente de cumplimiento de, al menos, un año[44], mientras que, en otros, como el suscrito con Colombia, no exige duración alguna para la pena pendiente[45].

3.4. La necesidad de consentir el traslado

El consentimiento del condenado se configura como un requisito esencial para su traslado[46]. Esta exigencia encuentra su fundamento en la propia finalidad del traslado, que no es otra que la resocialización, algo que no se logrará si el interesado no consiente[47], de ahí que el artículo 7 exija que

---

43 El Salvador (art. 4.5).

44 Art. 3.1.c) Convenio sobre traslado de personas condenadas entre el Reino de España y la República de Cabo Verde, hecho "*ad referéndum*" en Madrid el 20 de marzo de 2007. *BOE* núm. 224, de 16 de septiembre de 2009, páginas 77245 a 77250. En el mismo sentido, China (art. 3.1.b); Ecuador (art. III.5).

45 Instrumento de ratificación del Tratado sobre traslado de personas condenadas entre el Reino de España y la República de Colombia, hecho "*ad referéndum*" en Madrid el 28 de abril de 1993, y Canje de Notas del 2 y 3 de febrero de 1998 relativo al apartado 3 del artículo 3 de aquél. *BOE* núm. 109, de 7 de mayo de 1998, páginas 15160 a 15162.

46 Art. 3.1 d) CTPC 1983.

47 MAPELLI CAFFARENA, B. y GONZÁLEZ CANO, I. "El traslado de personas condenadas...", *op. cit.*, p. 69: "Un traslado impuesto al condenado podrá responder

se preste voluntariamente[48]. De hecho, nuestra legislación penitenciaria potencia la participación voluntaria del interno para la consecución de los fines de la resocialización[49].

En la mayoría de los casos, dicho consentimiento se prestará por el propio condenado, pero el Convenio también contempla la prestación del mismo por un representante legal cuando "por razón de su edad o de su estado físico mental uno de los dos Estados así lo estimare necesario"[50]. Entendemos que la expresión "estado físico mental" que consta en el Instrumento de Ratificación del Convenio, obedece a una incorrecta traducción del texto original del convenio en inglés, donde se refiere a *his physical or mental condition,* de manera que la incapacidad para prestar el consentimiento también puede tener su origen en el estado físico del condenado.

En cuanto a quién debe ejercer esta representación, incluye cualquier persona debidamente autorizada por la ley para representar a la persona condenada.

3.4.1. El consentimiento válidamente prestado

En la prestación del consentimiento han de concurrir una serie de circunstancias que determinan la plena validez del mismo:

A) Consentimiento libre, consciente e informado.

En primer lugar, ha de tratarse de un consentimiento formado libre y voluntariamente, en la medida en que el mencionado artículo 7 exige que

---

a los intereses de la justicia, coincidentes o no con los del reo, pero desde luego no ofrece garantías de éxito desde las aspiraciones resocializadoras".

48 Art. 7.1 CTPC 1983: "El Estado de condena hará de forma que la persona que deba prestar su consentimiento para el traslado en virtud del artículo 3.1.d). lo haga voluntariamente y siendo plenamente consciente de las consecuencias jurídicas que de ello se deriven. El procedimiento que se siga a este respecto se regirá por la ley del Estado de condena".

49 Art. 61 LOGP: "Se fomentará que el interno participe en la planificación y ejecución de su tratamiento y colaborará para, en el futuro, ser capaz de llevar, con conciencia social, una vida sin delitos.
Serán estimulados, en cuanto sea posible, el interés y la colaboración de los internos en su propio tratamiento. La satisfacción de sus intereses personales será tenida en cuenta en la medida compatible con las finalidades del mismo". En el mismo sentido, el art. 112.1 del Reglamento Penitenciario de 1996.

50 Art. 3.1 d) CTPC 1983.

el condenado sea "plenamente consciente de las consecuencias jurídicas" del traslado. La toma de una decisión de esta trascendencia por quien está privado de libertad en un país extranjero hace necesario que disponga de toda la información posible que le permita prestar su consentimiento con las debidas garantías.

El deber de proporcionar esa información compete al Estado de condena, que no puede limitarse a informar sobre la existencia del convenio, sino que ese deber ha de extenderse también del contenido del mismo[51] y, por tanto, a las consecuencias jurídicas que el traslado va a suponer para el condenado.

Cómo se traslade esa información es algo que queda en manos del obligado a prestarla, esto es, el Estado de condena, que podrá establecer el procedimiento adecuado para ello. No obstante, el Consejo de Europa, a través de la Recomendación CM/Rec (2020)3 del Comité de Ministros a los Estados miembros sobre la aplicación práctica del Convenio sobre el Traslado de Personas Condenadas y su Protocolo Adicional, de 1 de julio de 2020[52], recogiendo lo ya dispuesto en otras recomendaciones anteriores[53], ha considerado necesario hacer una serie de recomendaciones a los Estados Parte con la finalidad de mejorar el imprescindible flujo de información, centrándose en los siguientes aspectos:

- la adecuada comprensión por el condenado de la información facilitada, para lo cual habrá de ser proporcionada en su propia lengua.
- la necesidad de conocer los efectos esperados en un traslado, especialmente lo relativo a las normas aplicables para determinar la duración de la pena que debe cumplirse, las condiciones de ejecución de la pena y las condiciones para optar a la libertad condicional.

---

51 Art. 4.1 CTPC 1983.

52 CONSEJO DE EUROPA. Recomendación CM/Rec(2020)3 del Comité de Ministros a los Estados miembros sobre la aplicación práctica del Convenio sobre el Traslado de Personas Condenadas y su Protocolo Adicional, de 1 de julio de 2020. Disponible en: https://search.coe.int/cm#{%22CoEIdentifier%22:[%2209000016809ee5b4%22],%22sort%22:[%22CoEValidationDate%20Descending%22]}. Recuperado el 22 diciembre de 2024.

53 Sustituye las Recomendaciones Rec(88)13 y Rec(92)18 sobre la aplicación práctica de la Convención sobre el Traslado de Personas Condenadas y su Recomendación Rec(84)11 relativa a la información sobre la Convención sobre el Traslado de Personas Condenadas.

- la importancia de que el privado de libertad reciba el adecuado asesoramiento que le permita obtener respuesta a las preguntas que pueda plantearse.

El suministro de información debe ser garantizado por las autoridades penitenciarias del Estado de condena, así como por los servicios consulares de los Estados de nacionalidad de las personas condenadas.

Dando un paso más, la ya citada Recomendación CM/Rec (2020)3 propone, en un Anexo 2, un modelo para proporcionar información sobre el Convenio y su contenido, explicando brevemente los requisitos que han de concurrir para el traslado[54].

Por otro lado, para lograr la plena efectividad del consentimiento, se debería facilitar por el Estado de cumplimiento una mínima información del sistema penitenciario al que quedará sometido una vez se produzca el traslado, algo a lo que no hace referencia expresa el Convenio. Garantizar que el condenado sea consciente del entorno penitenciario al que se enfrenta, refuerza el derecho a ser tratada humanamente, en los términos previstos en el artículo 10 del Pacto Internacional de Derechos Civiles y Políticos de 1996[55].

En definitiva, la información sobre el régimen penitenciario que le será de aplicación, las condiciones de la reclusión, el régimen disciplinario al que quedará sometido o el acceso a programas de rehabilitación, se considera esencial para formar el consentimiento de manera válida. Todo ello en consonancia con las *Reglas Mínimas de las Naciones Unidas para el Tratamiento de los Reclusos* (Reglas Nelson Mandela)[56].

Este enfoque refuerza el carácter humanitario y cooperativo de los traslados internacionales de personas condenadas, alineándose con los principios fundamentales del derecho internacional.

---

54 CONSEJO DE EUROPA. *Appendix 2 to Recommendation CM/Rec(2020)3,* op. cit., pp. 5-6.

55 Instrumento de Ratificación de España del Pacto Internacional de Derechos Civiles y Políticos, hecho en Nueva York el 19 de diciembre de 1966. *BOE* núm. 103, de 30 de abril de 1977, páginas 9337 a 9343.

56 Regla 54. UNODC. *Reglas mínimas para el tratamiento de los reclusos* adoptadas por el Primer
Congreso de las Naciones Unidas sobre Prevención del Delito y Tratamiento del Delincuente, celebrado en Ginebra en 1955, y aprobadas por el Consejo Económico y Social en sus resoluciones 663C (XXIV) de 31 de julio de 1957 y 2076 (LXII) de 13 de mayo de 1977. Disponible en: https://www.unodc.org/documents/justice-and-prison-reform/Nelson_Mandela_Rules-S-ebook.pdf. Recuperado el 2 enero de 2025.

B) Consentimiento expreso

En segundo lugar, compartimos con MAPELLI CAFFARENA y GONZÁLEZ CANO la idea de que el consentimiento ha de ser expreso[57].

La posibilidad de admitir un consentimiento tácito parece chocar con la necesidad de que el Estado de condena facilite al Estado de cumplimiento "una declaración en la que conste el consentimiento para el traslado"[58], algo que entendemos hace clara referencia a la plasmación por escrito del consentimiento prestado expresamente[59]. Esta interpretación, sin duda, ofrece una mayor seguridad jurídica a todo el procedimiento, pues permite constatar que se cumplen todos y cada uno de los presupuestos inherentes al consentimiento válido del condenado.

C) Consentimiento ante autoridad competente

Nada dice el Convenio ante esta cuestión, limitándose a señalar que el procedimiento para la prestación del consentimiento se regirá por la ley del Estado de condena[60], a diferencia del traslado de condenados en el ámbito de la Unión Europea, donde sí se prevé que se recabe previamente el consentimiento del condenado ante la autoridad judicial competente[61].

Aunque el Convenio no lo exige de forma explícita, en la práctica se considera recomendable que el condenado cuente con asistencia letrada que le asesore sobre las implicaciones del traslado, tanto en términos de ejecución de la pena como de derechos fundamentales. Y, además, con un intérprete si es necesario, para garantizar que comprende perfectamente la información, especialmente si no domina el idioma del Estado de condena.

3.4.2. La revocación del consentimiento

Aunque nada dice el Convenio al respecto, entendemos que el consentimiento, en cuanto acto voluntario, podría ser revocado por el privado de

---

57 MAPELLI CAFFARENA, B. y GONZÁLEZ CANO, I. "El traslado de personas condenadas...", *op. cit.*, p. 103. Así se recoge también en algunos convenios bilaterales suscritos por España: El Salvador (art. 5.2); Argentina (art. 5.2); Costa Rica (art. 5.2).

58 Art. 6.2.c) CTPC 1983.

59 Así se recoge expresamente en el art. 4.2 del Tratado sobre traslado de personas condenadas entre el Reino de España y la República de Colombia.

60 Art. 7 CTPC 1983.

61 Art. 67 Ley 23/2014, de 20 de noviembre, de reconocimiento mutuo de resoluciones penales en la Unión Europea.

libertad y que dicha revocación podría tener lugar en cualquier momento del procedimiento anterior al efectivo traslado, con los mismos requisitos que se exigen para su prestación. Esta situación sí ha sido contemplada por el Consejo de Europa, que recomienda a los Estados Parte establecer un plazo razonable a partir del cual no pueda procederse a la revocación, así como un plazo mínimo de 12 meses para poder volver a solicitar el traslado tras una previa retirada por el condenado de su preceptivo consentimiento. Estas recomendaciones se han plasmado en algunos convenios bilaterales, como es el caso del suscrito con Brasil, donde expresamente se señala que "eI consentimiento no podrá ser revocado después de la aceptación del traslado por el Estado receptor"[62].

Consideramos que la revocación del consentimiento no puede limitarse temporalmente, en la medida en la que nos encontramos ante un instituto basado en la solicitud del propio condenado, expresando así su voluntad de ser trasladado. Estas limitaciones obedecen, una vez más, a la optimización de recursos, en la medida en que los traslados implican la coordinación entre múltiples actores. Además de obviar los posibles cambios de circunstancias a los que puede enfrentarse la persona condenada, como cambios en el sistema penitenciario del Estado de condena, problemas de salud o dificultades familiares, realidades a las que una eventual limitación en la revocación del consentimiento impediría adaptarse.

En definitiva, restringir o eliminar la revocabilidad del consentimiento supone un desafío delicado entre la seguridad jurídica, la eficiente cooperación internacional y el respeto de los derechos fundamentales.

El Estado de cumplimiento está facultado, en virtud de lo dispuesto en el artículo 7.2 CTPC, a verificar que concurren en la prestación del consentimiento los requisitos necesarios. Esta labor se atribuye al representante consular u otro funcionario designado de dicho Estado, aunque nada se señala sobre la necesidad de que el consentimiento se preste con asistencia de abogado.

3.4.3. Excepciones a la necesidad de consentimiento

El Protocolo Adicional al Convenio sobre traslado de personas condenadas de 1997, prevé dos supuestos en los que no se exige el consentimiento del condenado:

---

62 Art. V.6 Instrumento de Ratificación del Tratado sobre traslado de presos entre el Reino de España y la República Federativa del Brasil, hecho en Brasilia el 7 de noviembre de 1996. *BOE* núm. 84, de 8 de abril de 1998, páginas 11832 a 11833.

– Personas evadidas del Estado de condena: esta posibilidad implica que el condenado se fuga del Estado de condena antes de cumplir esta o durante el cumplimiento de la misma y entra voluntariamente en su Estado de origen.

En este caso, no podemos hablar estrictamente de un "traslado", puesto que el condenado no se haya en el territorio del Estado de condena. No obstante, el Protocolo ha querido dar una solución a estas situaciones, evitando así una posible impunidad, y para ello prevé que el Estado de condena solicite al de origen del condenado que se encargue del cumplimiento de la condena, pudiendo este incluso proceder a la detención o adopción de cualquier otra medida que asegure la permanencia del mismo en el territorio del Estado hasta que se resuelva la solicitud[63].

Entendemos que, si se opta por la detención o cualquier otra medida cautelar que implique privación de libertad, el tiempo pasado bajo la misma debe ser abonado a la persona condenada al que le reste por cumplir de la condena impuesta. Así se deduce del último inciso del párrafo segundo del artículo 2 cuando señala que "La situación penal de la persona condenada no se verá agravada como consecuencia del tiempo pasado en custodia en aplicación del presente apartado"[64].

– Supuestos en los que procede la expulsión o deportación del condenado o cualquier otra medida que impida que, una vez puestos en libertad, puedan permanecer en el territorio del Estado de condena[65]. En estos casos, el Estado de condena puede solicitar al de cumplimiento que dé su conformidad al traslado sin el consentimiento de la persona condenada,

---

63 Art. 2 Protocolo Adicional al Convenio sobre personas condenadas: "1. Cuando un nacional de una Parte que hay sido objeto de una condena definitiva dictada en el territorio de otra Parte trate de sustraerse al cumplimiento o a la continuación del cumplimiento de la condena en el Estado de condena, refugiándose en el territorio de la primera Parte antes de haber cumplido la condena, el Estado de condena podrá solicitar a la primera Parte que se encargue del cumplimiento de la condena.
2. A petición de la Parte requirente, la Parte requerida podrá, antes de recibir los documentos justificativos de la solicitud o en espera de la decisión relativa a esta solicitud, proceder a la detención de la persona condenada o tomar cualquier otra media encaminada a garantizar que ésta permanezca en el territorio en espera de una decisión relativa a la solicitud".

64 Art. 2.2 Protocolo Adicional al Convenio sobre personas condenadas de 1997.

65 De todos los países que han ratificado el Protocolo Adicional, algunos han excluido, mediante declaración, la aplicación de esta modalidad de traslado. Es el caso de Bélgica, Irlanda, Rusia y Turquía.

aunque para ello tendrá que tener en cuenta la opinión del condenado, debiendo aportar el Estado de condena una declaración en que así conste dicha opinión.

Se plasma así el derecho a ser oído de la persona condenada, pero nada dice el Protocolo sobre cómo ha de valorarse una opinión del condenado contraria al traslado o simplemente qué sucedería en caso de que el mismo se negase a manifestar dicha opinión. Por otro lado, el Informe Explicativo del Protocolo Adicional de 1997[66] se limita a entender que a este caso sería de aplicación la posibilidad de verificar el consentimiento que prevé el artículo 7.2 del CTPC anteriormente aludido.

Hay que tener en cuenta, además, que este traslado queda sujeto al principio de especialidad, de manera que el condenado no podrá ser procesado, condenado, ni detenido para la ejecución de una pena o de una medida de seguridad, ni se le podrá imponer ninguna otra restricción de su libertad, por hechos anteriores a su traslado que no estén relacionados con la condena que dio lugar a dicho traslado. No obstante, la aplicación de este principio tiene dos excepciones:

a) si el Estado de condena lo autoriza por tratarse de una infracción por la que podría solicitarse la extradición según su legislación o cuando quedaría excluida la misma sólo por razón de la cuantía de la pena.

b) Cuando el condenado, habiendo tenido la oportunidad de hacerlo, no haya salido del territorio del Estado de cumplimiento en el plazo de 45 días tras su liberación definitiva, o cuando haya regresado a dicho territorio después de haberlo abandonado.

Este Protocolo Adicional ha sido objeto de reforma por el *Protocolo por el que se modifica el Protocolo adicional del Convenio sobre el traslado de personas condenadas,* de 22 de noviembre de 2017[67], no habiendo sido ratificado aún por España. Esta reforma, según su Preámbulo, se aborda con el objetivo de modernizar y mejorar el Protocolo adicional, teniendo en cuenta la evolución de la cooperación internacional en materia de traslado de personas condenadas desde su entrada en vigor de aquél.

---

66 CONSEJO DE EUROPA. *Explanatory Report to the Additional Protocol to the Convention on the Transfer of Sentenced Persons,* de 18 de diciembre de 1997, punto 26, p. 4. Disponible en: https://rm.coe.int/16800ccde8 Recuperado el 3 de enero de 2025.

67 Disponible en: https://rm.coe.int/1680730cff. Recuperado el 3 de enero de 2025.

En este contexto, se da una redacción más precisa al artículo 2, empezando por su propio título, referido en el Protocolo de 1997 a "Personas evadidas del Estado de condena", pasando ahora a tener una mayor precisión terminológica al hacer referencia a "Personas que hayan abandonado el Estado sentenciador antes de haber completado la ejecución de su condena". Además, prevé que una vez recaída sentencia firme, el Estado de condena podrá pedir al Estado de la nacionalidad del condenado que se haga cargo de la ejecución de la sentencia, cuando concurra alguna de las siguientes circunstancias:

a. cuando el nacional haya huido o haya regresado de otro modo al Estado de su nacionalidad teniendo conocimiento de que hay un proceso penal pendiente contra él en el Estado sentenciador; o

b. cuando el nacional haya huido o haya regresado de otro modo al Estado de su nacionalidad teniendo conocimiento de que se ha dictado sentencia en su contra.

Con esta nueva redacción se añade a la anterior las situaciones en las que la persona, sujeta a una sentencia firme, no huye del Estado de condena, sino que se desplaza al país de su nacionalidad al no existir restricción alguna que lo impida.

Respecto al artículo 3, se da una mejor redacción al número 1 del mismo, pero sin variar sustancialmente su contenido, limitándose a plasmar la misma idea de una manera más clara y sucinta[68]. La modificación de este precepto se centra en la declaración en la que figura la opinión del condenado sobre su traslado y que el Estado de condena ha de proporcionar al de cumplimiento incluyendo la posibilidad, tras la nueva redacción, que dicha declaración contenga la negativa de la persona condenada a dar su consentimiento.

Por otro lado, las excepciones al principio de especialidad, que ya preveía el Protocolo de 1997 en este precepto, se someten a nuevos plazos temporales, imponiendo la reforma un plazo de 30 días, en lugar de 45,

---

68 Art. 3.1 Protocolo por el que se modifica el Protocolo adicional del Convenio sobre el traslado de personas condenadas, 2017: "A petición del Estado de condena, el Estado de cumplimiento podrá, con sujeción a lo dispuesto en este artículo, aceptar el traslado de una persona sentenciada sin su consentimiento, cuando la sentencia o una decisión administrativa dictada sobre ella incluya una orden de expulsión o deportación o cualquier otra medida como resultado de la cual esa persona ya no podrá permanecer en el territorio del Estado sentenciador una vez que sea puesta en libertad". Traducción propia.

desde la puesta en libertad del condenado para entender que éste no ha abandonado el territorio del Estado de cumplimiento. La mayor novedad radica en prever un plazo máximo para tomar la decisión de aplicar o no el principio de especialidad, colocándolo en 90 días después de la recepción de la solicitud de autorización del Estado de condena al traslado, salvo que proporcione una justificación razonada para la demora.

Las modificaciones introducidas en el artículo 3 del Protocolo Adicional, sin duda, refuerzan las garantías procesales de la persona condenada objeto de traslado, especialmente en aquellos supuestos en los que este se lleva a cabo sin su consentimiento. No obstante, hubiese sido deseable un mayor desarrollo normativo sobre la forma en la que el condenado debe manifestar su opinión o la ausencia de esta, así como, sobre todo, en relación con los criterios que han de regir su valoración por parte del Estado de cumplimiento. ¿Debe primar, en todo caso, el objetivo de la reinserción social del condenado, incluso en contra de su voluntad? Estas son, a nuestro juicio, las cuestiones que adquieren una relevancia capital en este ámbito.

Además, al referirse el Protocolo —tanto en su versión original de 1997 como en la reforma de 2017— al concepto de "opinión" en contraposición al de "consentimiento", se sugiere que dicha manifestación del condenado no está sujeta a los mismos requisitos de validez que se exigen para el consentimiento, en particular, el de ser plenamente consciente de las consecuencias jurídicas del traslado, lo que puede derivar en decisiones que no reflejan plenamente la voluntad del afectado ni consideran adecuadamente sus circunstancias personales, familiares o sociales. Al excluir, por tanto, la posibilidad de consentir, se cuestiona seriamente la propia idea de resocialización como fundamento de este instituto jurídico, lo que refuerza la conclusión de que no nos encontramos propiamente ante supuestos de traslado en los términos previstos por el propio Convenio de Estrasburgo.

El Informe Explicativo del Protocolo Adicional de 1997 justifica la excepción de consentimiento en el supuesto de condenados evadidos del Estado de condena (artículo 2), argumentando que es el propio condenado quien, con su huida, se ha situado voluntariamente fuera del ámbito de aplicación del Convenio, al haber frustrado deliberadamente el proceso judicial en el que estaba incurso. Esta conducta se interpreta como un consentimiento implícito a permanecer en el territorio del Estado de su nacionalidad. Sin embargo, el Protocolo guarda silencio respecto a la excepción prevista para el traslado de personas condenadas que son objeto de una medida de expulsión o deportación (artículo 3), lo que deja sin una justificación equivalente a una excepción que resulta, si cabe, aún más controvertida[69].

En definitiva, las excepciones a la exigencia de consentimiento del condenado para su traslado desvirtúan la esencia de este mecanismo hasta el punto de asimilarlo, en estos casos, a un supuesto de extradición o expulsión del territorio del Estado de condena, lo que altera su naturaleza jurídica y sus fundamentos legitimadores.

Sería deseable una reforma que no solo precise el modo en que debe recabarse y valorarse la opinión del condenado, sino que también refuerce las garantías procesales en estos casos. Siguiendo un enfoque más garantista abogamos por introducir mecanismos de control judicial para evaluar la proporcionalidad del traslado sin consentimiento.

3.5. La doble incriminación

El artículo 3.1.e) CTPC exige que "los actos u omisiones que hayan dado lugar a la condena deberán constituir infracción penal con arreglo a la ley del Estado de cumplimiento". Para que se cumpla la condición de doble responsabilidad penal no es necesario que el delito sea exactamente el mismo en virtud de la legislación del Estado de cumplimiento y la legislación del Estado de condena. Puede haber diferencias en la redacción y la calificación jurídica. No obstante, la idea básica ha de ser que los elementos constitutivos esenciales del delito deben ser comparables en virtud de la legislación de ambos Estados[70].

Aunque esta es la regla general, algunos convenios bilaterales imponen limitaciones al traslado por la naturaleza del delito cometido. Es el caso de Bolivia, que impone como condición que "el delito no sea político o de índole estrictamente militar"[71].

---

69 Nada aporta sobre esta cuestión el *Explanatory Report to the Protocol amending the Additional Protocol to the Convention on the Transfer of Sentenced Persons.*

70 Esta interpretación amplia del principio de doble incriminación se recoge, con distintas redacciones, en varios convenios bilaterales suscritos por España. Así, a título de ejemplo, el art. 4.1 del Tratado con Argentina, de 1987 exige que "Que los actos u omisiones que han dado lugar a la sentencia penal sean también punibles en el Estado de cumplimiento aunque no exista identidad en la tipificación"; y el art. 4.1 del Tratado con El Salvador, de 1995, alude a la doble incriminación "aunque no exista identidad en la redacción de la norma, pero que los elementos del tipo sean iguales".

71 Art. 5.2 Instrumento de ratificación del Tratado entre España y Bolivia sobre transferencia de personas condenadas, firmado en Madrid el 24 de abril de 1990. *BOE*

3.6. El acuerdo de voluntades de los Estados implicados

El Estado de condena y el Estado de cumplimiento han de estar de acuerdo en el traslado, con lo que en realidad se exige un triple consentimiento, un acuerdo de voluntades entre los dos Estados implicados y el propio condenado.

La confluencia de las tres voluntades refleja un delicado equilibrio entre los intereses estatales y los derechos individuales. Esta configuración responde tanto a la lógica de la soberanía estatal como a la necesidad de proteger los derechos fundamentales del condenado, pero también plantea algunas tensiones y desafíos.

Aunque el triple consentimiento refuerza las garantías formales, en la práctica puede suponer un obstáculo para la eficacia del mecanismo de traslado. La necesidad de alcanzar un acuerdo entre tres partes puede generar situaciones de bloqueo por motivos políticos, administrativos o jurídicos. Quizá el desafío esté en encontrar fórmulas que flexibilicen este sistema sin sacrificar la protección de derechos, por ejemplo, mediante mecanismos de control judicial que puedan intervenir cuando el bloqueo del traslado carezca de justificación razonable o cuando la negativa de uno de los Estados vulnere principios fundamentales de derechos humanos.

4. PROCEDIMIENTOS PARA LA DETERMINACIÓN DE LA DURACIÓN DE LA PENA EN EL ESTADO DE CUMPLIMIENTO

Una de las cuestiones nucleares del procedimiento de traslado consiste en determinar la duración de la pena que el condenado habrá de cumplir en su país de origen, para lo que el convenio regula dos procedimientos, pudiendo optar cada Estado, en el momento de la ratificación, por uno u otro[72], si bien se recomienda tener debidamente en cuenta las dificultades que la exclusión de uno de los procedimientos podría entrañar para la aplicación del Convenio o para el funcionamiento del procedimiento de traslado[73].

Por un lado, se prevé la prosecución del cumplimiento de la pena impuesta en el Estado de condena y por otro, la conversión de esa condena

---

núm. 128, de 30 de mayo de 1995, páginas 15674 a 15676. En el mismo sentido, Colombia (art. 4.3).

72 Art. 9.1 CTPC 1983.

73 CONSEJO DE EUROPA. Anexo 1 Recomendación CM/Rec (2020)3, *op. cit.*

en una sanción del propio Estado de cumplimiento que sustituya a la del Estado de condena.

La opción por uno u otro procedimiento por parte del Estado de cumplimiento tiene que ser comunicada al Estado de condena antes del traslado, si éste así se lo solicita[74].

4.1. Procedimiento de prosecución

En el procedimiento de prosecución, regulado en el artículo 10 del Convenio, el Estado de cumplimiento ejecutará la pena impuesta por el Estado de condena, sin que sea posible hacer modificación alguna que pueda afectar a la naturaleza y duración[75] de la misma.

Como excepción a lo señalado, si la pena impuesta por el Estado de condena es incompatible, por su naturaleza o duración, con la legislación del Estado de cumplimiento[76], este último puede "adaptar" mediante resolución judicial o administrativa la pena impuesta a la que correspondería imponer por la misma conducta delictiva aplicando su legislación penal[77]. De este modo, el Estado de cumplimiento continúa ejecutando la condena impuesta en el Estado de condena, pero lo hace de conformidad con los requisitos de su propio sistema penal.

Como límites a esta posibilidad, el artículo 10.2 establece los siguientes:

a) la pena adaptada debe parecerse lo máximo posible a la impuesta por el Estado de condena en cuanto a su naturaleza, y

b) no puede agravar por su naturaleza o duración la impuesta en el Estado de condena.

c) no puede exceder del máximo previsto por la ley del Estado de cumplimiento.

---

74 Art. 9.2 CTPC 1983.

75 La duración significa que la pena que se ha de cumplir en el Estado de cumplimiento, a reserva de cualquier decisión posterior de ese Estado sobre, por ejemplo, la libertad condicional o la remisión, corresponde al monto de la pena original, teniendo en cuenta el tiempo cumplido y cualquier remisión obtenida en el Estado de condena hasta la fecha de traslado.

76 Art. 10.2 CTPC 1983.

77 *Vid.* NISTAL BURÓN, J. (2019). "La 'adaptación' de una condena para su cumplimiento en España cuando ha sido impuesta por un tribunal extranjero. Criterio del Tribunal Supremo y su encaje dentro del nuevo marco legal europeo". *Revista de Derecho Migratorio y Extranjería,* (51), 13-30.

Este es el procedimiento elegido por nuestro país en el momento de ratificar el CETPC.

La cuestión ahora es determinar cuándo una pena es incompatible con nuestro ordenamiento jurídico por su naturaleza o duración, algo que ha perfilado especialmente nuestra jurisprudencia. Realmente es más sencillo hablar de incompatibilidad cuando nos referimos a la naturaleza de la pena, pues el criterio se encuentra claramente en el artículo 15 CE, que prohíbe las penas inhumanas o degradantes[78].

Más dificultades plantea la determinación de esa incompatibilidad en la duración misma de la pena, pues el CTPC no concreta la duración incompatible que podría dar lugar a la adaptación. Sobre esta cuestión, ha señalado la Sentencia del Tribunal Supremo de 17 de octubre de 2013 que "(...) ni puede afirmarse que solo quedan fuera del ámbito de esta cláusula de excepción de la adaptación punitiva la prisión perpetua, ni tampoco cabe irse al extremo contrario para entender que cualquier diferencia en exceso de una pena privativa de libertad impuesta por un país extranjero en comparación con la que se establece en el nuestro determina una modificación automática del quantum punitivo.

En el primer caso se incurriría en una interpretación reduccionista y ajena a la esencia del principio de proporcionalidad que impone nuestro texto constitucional en la aplicación de las penas. Y en la segunda opción asimilaríamos el procedimiento y el sistema de "prosecución" al de "conversión", y equipararíamos así la ejecución de una sentencia extranjera a las adaptaciones de penas que se hacen habitualmente en nuestros tribu-

---

78 STC 65/1986, de 22 de mayo (TOL79.611): "la calificación de una pena como inhumana o degradante depende de la ejecución de la pena y de las modalidades que ésta reviste, de forma que por su propia naturaleza la pena no acarree sufrimientos de una especial intensidad (penas inhumanas) o provoquen una humillación o sensación de envilecimiento que alcance un nivel determinado, distinto y superior al que suele llevar aparejada la simple imposición de la condena. Tales consideraciones fueron claramente expresadas por el Tribunal Europeo de Derechos Humanos, en su Sentencia de 25 de abril de 1978 (caso Tyrer), al interpretar el art. 3 del Convenio Europeo para la Protección de los Derechos Humanos, y son plenamente aplicables a la interpretación del art. 15 de la Constitución, que coincide literalmente con aquél, de acuerdo con lo establecido en el art. 10.2 de la Constitución, según el cual, «las normas relativas a los derechos fundamentales y a las libertades que la Constitución reconoce se interpretarán de conformidad con la Declaración Universal de Derechos Humanos y los Tratados y Acuerdos internacionales sobre las mismas materias ratificados por España», entre los que se cuenta el mencionado Convenio Europeo". FJ 4º.

nales cuando entra en vigor una reforma legislativa favorable al reo y se revisan las sentencias ya firmes"[79]. Haciendo referencia al criterio de la proporcionalidad en el ámbito penal, añade que "la incompatibilidad de una sentencia extranjera con nuestro sistema jurídico en el ámbito de la duración de una pena ha de acogerse solo en aquellos casos en que la diferencia cuantitativa de la pena sea notablemente elevada, de modo que la haga sustancialmente dispar", algo que habrá de analizarse en cada caso concreto, "atendiendo para ello al bien jurídico tutelado, a la gravedad de su menoscabo y a la cuantía punitiva impuesta en la sentencia que se ejecuta"[80]. Si bien entiende que una pena que supere el doble de lo previsto en nuestro Código Penal podría considerarse que colisiona con el mencionado principio de proporcionalidad[81].

El criterio cuantitativo de que la pena impuesta en el Estado de condena supere "el doble" de la que correspondería imponer en España ha prevalecido en nuestra jurisprudencia hasta que ha sido cuestionado por la reciente Sentencia del Tribunal Constitucional 81/2022, de 27 de junio[82]. Sin ánimo de ser exhaustivos, pues es analizada en otra de las publicaciones de esta obra, señalar que el recurso de amparo resuelto por el Alto Tribunal fue interpuesto contra la STS 619/2020, de 18 de noviembre, por la que se desestima el recurso de casación interpuesto contra el auto de la Sala de lo Penal de la Audiencia Nacional de 27 de noviembre de 2019, que acordó la desestimación de la solicitud de revisión de la condena impuesta a la recurrente por el Tribunal Superior de lo Penal núm. 11 de Bakirköy (Turquía). Entre otros, el motivo de la desestimación se basó en que la pena impuesta no puede considerarse como incompatible con las penas previstas para el mismo tipo delictivo en nuestro país pues, aunque es superior a la que cabría imponer en España, no resulta desproporcionada al no sobrepasar el doble de la pena que pudiera imponerse en nuestro territorio. El Tribunal Constitucional analiza el alcance de los términos "desproporcionada" e "incompatible" para poner de manifiesto que el artículo 10 del Convenio en ningún momento utiliza el primer término, sino

---

79 STS 820/2013, de 17 de octubre FJ 2º (TOL4.008.120)

80 Ibid., FJ 3º.

81 Con relación a la incompatibilidad por su duración, tenemos el ejemplo del Auto de la Sala de lo Penal de la AN 40/2017, de 2 de noviembre de 2018, en el cual se procede a la adaptación de la condena a una ciudadana española condenada en Turquía por tráfico de drogas a una pena de 25 años y 125 días de prisión, por transportar 640 gramos de cocaína, teniendo en cuenta que, según el CP español, por la misma conducta podría imponerse como máximo 6 años de prisión.

82 STC 81/2022, de 27 de junio (TOL9.136.488)

solamente el segundo, que debe ser entendido como "una discordancia objetiva entre penas"[83]. Señala expresamente que "la resolución no explica por qué se utiliza este parámetro ponderativo del «doble» de la pena que, además, tampoco asegura su desproporción —que se considera solo como «muy probable»—, ni el motivo por el que un determinado porcentaje expuesto a modo de «ejemplo» se convierte a la postre en el elemento definitivo. Con ello se introduce un criterio que, por su carácter eventual o hipotético, no puede satisfacer el principio de seguridad jurídica, inherente a la legalidad como garantía del derecho a la libertad. El criterio empleado, además, conduce a la aparente paradoja de que, cuanto más grave y, por tanto, desproporcionada sea la pena impuesta en el Estado de condena, más posibilidades existen de que sea adaptada a la legislación de nuestro país"[84].

En definitiva, la compatibilidad de la duración de la pena supone para el Alto Tribunal comparar la pena impuesta por el Estado de condena y la prevista por el Estado de cumplimiento "para ese mismo supuesto y en sus mismas circunstancias. Y, a partir de este punto de partida, emitir un razonamiento lógico que deberá llevar a una decisión final sobre si aquella condena es o no compatible en duración con la del Código penal español", de manera que, si de este razonamiento el tribunal llega a la conclusión de que la pena impuesta es incompatible, no tendrá más remedio que proceder a su adaptación.

Sin duda, esta sentencia obliga a los tribunales ordinarios competentes en esta materia a hacer un esfuerzo que se traduzca en una motivación reforzada de este tipo de resoluciones, huyendo de criterios subjetivos y apriorísticos que vulneran principios esenciales como el de legalidad y seguridad jurídica, teniendo en cuenta que lo que está en juego es, nada más y nada menos, que el derecho fundamental a la libertad.

4.2. Procedimiento de conversión

En el procedimiento de conversión[85], regulado en el artículo 11 del Convenio, se aplicará el procedimiento previsto por la legislación del Estado de cumplimiento, es decir, el Estado de cumplimiento convierte la condena mediante un procedimiento judicial o administrativo, en una de-

---

83 STC 81/2022, de 27 de junio (TOL9.136.488)

84 ídem

85 El Informe Explicativo del Convenio denomina a este procedimiento "exequatur". CONSEJO DE EUROPA. "Explanatory Report to the Convention...", *op. cit.*, p. 4.

cisión de dicho Estado, que sustituya así la sanción impuesta en el Estado de condena por la sanción que proceda para la misma infracción en el Estado de cumplimiento.

Optar por el procedimiento de conversión, supone someterse a una serie de límites impuestos por el propio Convenio:

- Los hechos fijados en la sentencia dictada por el Estado de condena vinculan al Estado dc cumplimicnto, alcanzando tanto a los elemen tos objetivos como autoría y resultados, como a los subjetivos como el dolo.
- No se puede convertir una pena privativa de libertad en una sanción pecuniaria. Ello obedece a que este instituto jurídico se aplica a personas condenadas que se encuentran privadas de libertad. No obstante, esta limitación no alcanzaría a la conversión de una pena privativa de libertad en una sanción no pecuniaria como, por ejemplo, penas de inhabilitación privación de derechos o prohibiciones.
- Se abonará o descontará de la pena a cumplir el tiempo ya cumplido en el Estado de condena. Este abono incluye no sólo la prisión preventiva, sino el tiempo de privación de libertad sufrido durante la detención, así como la eventual detención que pudiera decretar un tercer Estado que deba autorizar el tránsito del condenado por su territorio[86]. El propio artículo 11 prevé la posibilidad de que el condenado trasladado pueda permanecer detenido o privado de libertad mientras se sustancia el procedimiento de conversión[87]. Teniendo en cuenta que el plazo de detención en España no puede exceder de 72 horas[88] y que previsiblemente la decisión judicial sobre la conversión sobrepasará el mismo, lo habitual en este supuesto será acordar la prisión provisional[89] y el posterior abono de la misma al tiempo de cumplimiento, aunque se podría adoptar cualquier

---

86 Art. 16 CTPC 1983.

87 Art. 11.2 CTPC 1983: "Cuando el procedimiento de conversión tenga lugar después del traslado de la persona condenada, el Estado de cumplimiento mantendrá detenida a dicha persona o tomará otras medidas con el fin de garantizar su presencia en el Estado de cumplimiento hasta la terminación de dicho procedimiento".

88 Art. 17 CE.

89 Como señalan Mapelli Caffarena y González Cano, esta posibilidad es viable en la medida en que "aún no estamos formalmente ante una sentencia plenamente ejecutiva en el Estado de cumplimiento...". MAPELLI CAFFARENA, B. y GONZÁLEZ CANO, I. "El traslado de personas condenadas...", *op. cit.*, p. 81.

otra medida que garantice la presencia del trasladado en el Estado de cumplimiento, a la espera de la resolución del procedimiento.

- No podrá agravarse la situación del condenado, es decir, no podrá convertirse la pena impuesta por el Estado de condena en una pena más gravosa en el Estado de cumplimiento, tanto desde el punto de vista de la naturaleza de la pena como de su propia duración. Además, tampoco será de aplicación una eventual sanción mínima que el Estado de cumplimiento pudiera prever para el delito o delitos cometidos por la persona trasladada.

Hay que señalar que España ha excluido expresamente la aplicación del procedimiento de conversión en el momento de la ratificación del Convenio de Estrasburgo[90].

5. PROCEDIMIENTO PARA EL TRASLADO

5.1. *Inicio del expediente*

El Convenio no ha recogido de manera expresa pronunciamiento alguno sobre la legitimación para solicitar el traslado, pero se deduce de manera implícita que esta corresponde al propio condenado, en la medida en que, por un lado, el artículo 2.2 contempla la posibilidad de que el condenado exprese su deseo de ser trasladado a cualquiera de los dos Estados implicados; y, por otro, el artículo 4.2, al regular la información que el Estado de condena deberá facilitar al de cumplimiento, señala que dicha información se deberá proporcionar "si el condenado hubiere expresado al Estado de condena su deseo de ser trasladado en virtud del presente Convenio".

La legitimación activa, por tanto, aparece clara y en consonancia con la necesidad de que el condenado consienta el traslado.

El Informe Explicativo del Convenio señala que la persona condenada no puede presentar por sí misma la solicitud formal de traslado, algo que corresponde al Estado de condena o al Estado de cumplimiento[91]. Lo anterior ha de entenderse en el sentido de que serán las propias autoridades competentes en cada Estado (Ministerios de Justicia) los que deben aceptar o no dar curso a la solicitud planteada por el condenado. Al contemplar

---

90 Instrumento de ratificación del Convenio sobre traslado de personas condenadas, hecho en Estrasburgo el 21 de marzo de 1983. *BOE* núm. 138, de 10 de junio de 1985, p. 1748.

91 *Explanatory Report to the Convention, op. cit.*, p. 6.

un procedimiento en el que el acuerdo de voluntades de los Estados implicados es preceptivo, la solicitud del traslado corresponde bien al Estado de condena, bien al Estado de cumplimiento[92], a los que se atribuye, por tanto, la iniciativa de poner en marcha el procedimiento[93].

Por otro lado, el Ministerio de Justicia español prevé, en la información sobre este tema, que también pueda solicitarse el traslado por un familiar del penado, aunque sin especificar el grado de parentesco. En este último caso, se exige que el penado ratifique su deseo de ser trasladado mediante documento firmado por él/ella[94]. En el muy reciente convenio bilateral suscrito por España con Qatar, se contiene una previsión mucho más explícita en esta materia al señalar que si la persona condenada "no fuera capaz de expresar por escrito su interés en ser trasladada, podrá solicitar el traslado su representante legal, su cónyuge o un familiar de hasta cuarto grado"[95].

Como requisitos formales el Convenio prevé que tanto las solicitudes de traslado, como las respuestas a las mismas, deban realizarse por escrito y entre Ministerios de Justicia, aunque los Estados pueden declarar que utilizarán otras formas de transmisión como, por ejemplo, la vía diplomática (párrafo 3)[96].

En España, la autoridad central ante la que debe solicitarse el traslado es el Ministerio de Justicia, en concreto, la Subdirección General de Cooperación Jurídica Internacional, bien por correo ordinario, bien por fax[97].

España ha previsto un modelo de solicitud estandarizado[98] en el que no se requieren más datos que los correspondientes a la filiación del penado,

---

92 Art. 2.3 CTPC 1983.

93 MAPELLI CAFFARENA, B. y GONZÁLEZ CANO, I. "El traslado de personas condenadas...", *op. cit.*, p. 85.

94 MINISTERIO DE LA PRESIDENCIA, JUSTICIA Y RELACIONES CON LAS CORTES. Disponible en: https://www.mjusticia.gob.es/es/areas-actuacion/internacional/tramites-internacionales/traslado-personas-condenadas#97278. Recuperado el 5 enero de 2025.

95 Art. 6.5 Acuerdo sobre traslado de personas condenadas a una pena de privación de libertad entre el Reino de España y el Estado de Qatar.

96 Art. 5 CTPC 1983.

97 MINISTERIO DE LA PRESIDENCIA, JUSTICIA Y RELACIONES CON LAS CORTES. Disponible en: https://www.mjusticia.gob.es/es/areas-actuacion/internacional/tramites-internacionales/traslado-personas-condenadas#97278. Recuperado el 5 de enero de 2025.

98 MINISTERIO DE JUSTICIA. Disponible en: https://www.mjusticia.gob.es/es/AreaInternacional/TramitesInternacionales/Documents/Modelo%20solicitud.pdf. Fecha de última consulta: 5 de enero de 2025.

designación del país por el que ha sido condenado, último lugar de residencia en España, datos del familiar o amigo en España y fecha y firma del solicitante.

5.2. Tramitación

Lo primero que debemos destacar es la ausencia de un procedimiento reglamentado para el traslado, siguiéndose, por analogía, el previsto para la extradición en su fase gubernativa.

Lo habitual, en la práctica, es que un funcionario de la Oficina Consular de España[99] en el país de que se trate visite a la persona privada de libertad (una vez que este lo autoriza) y en esa visita le proporcione información, entre otras cuestiones, de la existencia o no de un convenio de traslado[100]. Realizada la solicitud de traslado por parte del privado de libertad, la Oficina Consular la remitirá a la Subdirección General de Asuntos Jurídicos Consulares y ésta, a su vez, al Ministerio de Justicia español.

De manera que, una vez recibida la solicitud de traslado, se procederá a la apertura del correspondiente expediente, dando inicio a la tramitación del mismo con la solicitud o recepción de la documentación justificativa de los requisitos expuestos en el artículo 3.

En concreto, el Estado de condena o el Estado de cumplimiento, dependiendo de a quién haya comunicado el condenado su deseo de ser trasladado, se deben proporcionar información relativa a "nombre, fecha y el lugar de nacimiento del condenado; en su caso, la dirección en el Estado de cumplimiento; una exposición de los hechos que hayan originado la condena; y la naturaleza, la duración y la fecha de comienzo de la condena"[101]. En este sentido, España requiere la "sentencia o sentencias firmes que deba cumplir el solicitante en España, la liquidación de la condena, los textos legales que establezcan el delito y la pena que le ha sido impuesta

---

99 DEFENSOR DEL PUEBLO. "La situación de los presos españoles en el extranjero". Anexo I Orden Circular número 3252 de 15 de julio de 2003 sobre españoles detenidos y presos en el extranjero, 2015, p. 69.

100 Así consta expresamente en la información sobre la asistencia que prestan los Servicios Consulares españoles en el extranjero. Disponible en: https://www.exteriores.gob.es/Consulados/houston/es/ServiciosConsulares/Paginas/index.aspx?scca=Emergencia+Consular&scco=Estados+Unidos&scd=155&scs=Detenidos. Recuperado el 5 de enero de 2025.

101 Art. 4.3 CTPC 1983.

dicho país, así como cualquier otro informe que pueda ser relevante para el traslado"[102].

No obstante, el Prontuario de Auxilio Judicial Internacional del Consejo General del Poder Judicial ofrece una información más detallada, señalando que España exige, además del "testimonio de la sentencia con expresión de su firmeza, testimonio de la liquidación de condena, testimonio del cumplimiento de las responsabilidades civiles o auto de insolvencia, en su caso, y muy especialmente, testimonio del consentimiento del interesado, expresado ante la autoridad judicial"[103]. Entendemos imprescindible la necesidad de unificar la información en la materia a fin de ofrecer una mayor seguridad jurídica al procedimiento.

Por otro lado, el Estado de condena debe facilitar la documentación recogida en el artículo 6 CTPC y relativa a los siguientes extremos:

a) Una copia certificada conforme de la sentencia y de las disposiciones legales aplicadas;

b) La indicación de la duración de la condena ya cumplida, incluida la información referente a cualquier detención preventiva, remisión de pena u otra circunstancia relativa al cumplimiento de la condena. En este punto, España, como hemos visto, exige la remisión de la liquidación de condena, lo que permitiría comprobar el requisito de la duración mínima de la condena que aún quede por cumplir (art. 3).

c) Una declaración en la que conste el consentimiento para el traslado a que se refiere el artículo 3, 1, d); y

d) Cuando proceda, cualquier informe médico o social acerca del condenado, cualquier información sobre su tratamiento en el Estado de condena y cualquier recomendación para la continuación de su tratamiento en el Estado de su cumplimiento.

---

102 MINISTERIO DE LA PRESIDENCIA, JUSTICIA Y RELACIONES CON LAS CORTES. "Solicitudes de Traslado a España de españoles Condenados en el Extranjero". Disponible en: https://www.mjusticia.gob.es/es/areas-actuacion/internacional/tramites-internacionales/traslado-personas-condenadas/solicitudes-traslado-espana. Recuperado el 5 de enero de 2025.

103 CONSEJO GENERAL DEL PODER JUDICIAL. Prontuario de Auxilio Judicial Internacional. Disponible en: https://www.prontuario.org/portal/site/prontuario. Recuperado el 5 de enero de 2025.

En algunos convenios bilaterales se amplía la información anterior. Es el caso del suscrito por España con Arabia Saudí, cuyo artículo 7.1. a) establece la necesidad de que se remitan documentos relativos a los "Datos de identidad del condenado. En el caso de Arabia Saudí, nombre del condenado, nombre del padre, nombre del abuelo y nombre de la familia, fecha y lugar de nacimiento, nombre de la madre, y si es posible fotocopia del pasaporte, fotografía y huellas dactilares del condenado. En el caso de España, nombre y apellidos del condenado, nombre del padre y de la madre, fecha y lugar exacto de nacimiento, y si es posible, fotocopia del pasaporte, fotografía y huellas dactilares del condenado"[104].

Dadas las dificultades que entraña un procedimiento de estas características, cualquiera de los Estados puede solicitar al otro, información sobre la documentación mencionada anteriormente incluso antes de presentar una solicitud de traslado o de decidir si acepta o no el traslado solicitado[105]. Con ello se evitaría dar inicio al procedimiento de traslado cuando existan dudas sobre si se cumplen todas las condiciones requeridas para el mismo, por ejemplo, si el Estado de cumplimiento quisiera comprobar que la persona condenada consiente al traslado.

Por otro lado, MAPELLI CAFFARENA y GONZÁLEZ CANO entienden que a esta información debería añadirse la relativa a la aplicación del principio de especialidad y a la inexistencia en el Estado de cumplimiento "de sentencia firme o procedimiento pendiente por los mismos hechos enjuiciados en el Estado de condena"[106].

En este punto hay que destacar la previsión hecha en el web del Ministerio de Justicia relativa a la exclusión de cualquier documentación[107] que sea enviada por el propio condenado, familiares del mismo o incluso su abogado, admitiéndose únicamente lo remitido por la autoridad central designada por el Estado de condena. Con ello se refuerza la concepción de que nos encontramos ante un procedimiento eminentemente administrativo entre los dos Estados implicados.

---

104 Art. 9.1 Convenio de traslado de personas condenadas a penas privativas de libertad entre el Reino de Arabia Saudí y el Reino de España.

105 Art. 6.3 CTPC 1983.

106 MAPELLI CAFFARENA, B. y GONZÁLEZ CANO, I. "El traslado de personas condenadas..." *op. cit.*, p. 90.

107 Sí se admite que el propio condenado que solicita el traslado o un familiar del mismo envíe al Ministerio de Justicia español un certificado de nacimiento, a fin de acreditar la nacionalidad española del condenado. Entendemos que, si esto no ocurriese, el Ministerio va a recabar dicha certificación del Registro Civil.

Por otro lado, habíamos señalado que una de las cuestiones que omitía el Convenio de Estrasburgo para garantizar que el penado entendía las consecuencias jurídicas del traslado era la de la obligación de informarle sobre el sistema penitenciario al que quedará sometido en el Estado de cumplimiento.

Pues bien, en el caso de España, el Ministerio de Justicia prevé que se facilite al condenado la información sobre la forma de cumplimiento de la condena extranjera en España[108], la cual se contiene en un documento creado al efecto, de aplicación al ámbito del Convenio de Estrasburgo y al de los Convenios bilaterales suscritos en la materia. En dicho documento, además de destacar cuál es el procedimiento seguido por el Estado español en estos casos, se contienen los principales preceptos que la Ley Orgánica General Penitenciaria dedica a la clasificación penitenciaria, así como los artículos del Código Penal que regulan la libertad condicional. Es, en todo caso, información muy relevante sobre las consecuencias jurídicas del traslado. Siempre pensamos en un español condenado en el extranjero, en este caso en un país fuera de la UE, a España, donde las condiciones de nuestros establecimientos penitenciarios son sensiblemente superiores a los de las prisiones asiáticas o latinoamericanas, por poner un ejemplo. Ello responde, como sostiene González Cano, "a la convicción, entendemos que injustificada, de que el traslado no sólo va a beneficiar sino incluso privilegiar al penado"[109]. A pesar de partir de esta premisa, entendemos que el conocimiento de las consecuencias jurídicas del traslado y el régimen penitenciario al que se va a someter es importante no sólo a la hora de prestar un consentimiento libre, consciente y expreso por parte del condenado, como ya hemos sostenido anteriormente, sino también para que el Estado de condena pueda acceder al traslado[110]. Sin embargo,

---

108 MINISTERIO DE LA PRESIDENCIA, JUSTICIA Y RELACIONES CON LAS CORTES. "Información sobre la forma de cumplimiento de la condena extranjera en España". Disponible en: https://www.mjusticia.gob.es/es/AreaInternacional/TramitesInternacionales/Documents/Informaci%C3%B3n%20sobre%20forma%20de%20cumplimiento%20en%20Espa%C3%B1a.pdf. Recuperado el 5 de enero de 2025.

109 MAPELLI CAFFARENA, B. y GONZÁLEZ CANO, I. *El traslado de personas condenadas, op. cit.*, p. 50.

110 El art. V.8 del Tratado sobre traslado de presos entre el Reino de España y la República Federativa del Brasil prevé que el Estado de condena facilite una "exposición detallada del comportamiento del preso en prisión, a efectos de determinar si el mismo puede gozar de los beneficios previstos en la legislación del Estado receptor".

la información suministrada sigue siendo escasa, al no haber referencia, por ejemplo, a los derechos del condenado como interno del centro penitenciario ni cuáles serán las primeras actuaciones a su llegada al centro. En este sentido, el Consejo General de la Abogacía Española ha elaborado un documento que da respuesta a las cuestiones anteriores de una manera clara y concisa[111] y que, a nuestro juicio, debería ser incorporado a la información a suministrar a la persona condenada desde el primer momento en que se le informa sobre la posibilidad del traslado[112].

No obstante, lo expuesto anteriormente, nuestro país no se limita a informar sobre cómo será la ejecución de la condena, aunque sea someramente, sino que, junto con la solicitud de traslado, exige la remisión de un acuse de recibo, firmado por el penado, donde declare que ha leído dicho documento informativo y entiende las consecuencias del traslado[113].

Una vez recibida toda la documentación en España, se elevará el expediente al Consejo de Ministros para que autorice o no el traslado.

Hay que destacar que no hay propiamente un derecho al traslado por el mero hecho de cumplirse los requisitos exigidos para el mismo, sino que estamos ante una decisión facultativa de los Estados implicados, donde debe concurrir la voluntad de ambos en este sentido.

Tampoco se prevé en el CTPC que la denegación de la solicitud de traslado deba motivarse de alguna manera, precisamente por la ausencia de obligación de cumplir una solicitud de traslado[114]. Sin embargo, también encontramos convenios donde se exige, en caso de denegación de la solicitud, que el Estado de condena tenga que razonar la misma, especificando si la denegación se fundamenta en un requisito de fondo o de forma, pues

---

111 CONSEJO GENERAL DE LA ABOGACÍA ESPAÑOLA. "Cómo se cumplen las condenas de privación de libertad en el Estado español", 2019, Disponible en: https://www.abogacia.es/conocenos/fundacion/areas-trabajo/atencion-a-presos-espanoles-en-el-extranjero/presos-espanoles-en-el-extranjero/. Recuperado el 5 de enero de 2025.

112 Algunos convenios bilaterales hacen recomendaciones que tienen en cuenta estos aspectos, por ejemplo: Colombia, Brasil, Bolivia, Argentina, Nicaragua, Panamá, Paraguay, México, Venezuela, Costa Rica, Cuba.

113 MINISTERIO DE LA PRESIDENCIA, JUSTICIA Y RELACIONES CON LAS CORTES. Disponible en: https://www.mjusticia.gob.es/es/AreaInternacional/TramitesInternacionales/Documents/Acuse%20de%20recibo%20informaci%C3%B3n%20sobre%20forma%20de%20cumplimiento.pdf Recuperado el 5 de enero de 2025.

114 CONSEJO DE EUROPA. "*Explanatory Report to the Convention...*", *op. cit.*, p. 3.

en este último caso, se prevé que el condenado pueda subsanar el error u omisión[115].

Por otro lado, no se contempla parámetro alguno para acordar la procedencia del traslado por parte de quien debe decidir el mismo, si bien numerosos convenios bilaterales hacen referencia a una serie de criterios a tener en cuenta para tomar dicha decisión, centrados, fundamentalmente, en la probabilidad de que el traslado contribuya a la reinserción social que este instrumento de cooperación procesal persigue[116]. Para ello se valorarán, por un lado, cuestiones relativas a las circunstancias del hecho, tales como el tipo y gravedad del delito que motivó la condena, así como la existencia de antecedentes penales y, por otro, las relativas al propio condenado, como sus condiciones de salud o edad. Del mismo modo, se prevé que se tengan en cuenta la existencia de los vínculos que pueda tener, por diversos motivos[117], con la vida social del Estado de cumplimiento[118].

Como regla general no se prevé ninguna causa de denegación del traslado. No obstante, el convenio bilateral suscrito entre España y Egipto establece la posibilidad de denegar el traslado si este menoscaba la soberanía, seguridad, orden público u otros intereses esenciales de cualquiera de los dos Estados implicados[119]. Y en el reciente acuerdo con Qatar se introduce un precepto en el que se enumeran determinadas causas que deberán suponer en todo caso la denegación del traslado[120]. Se hace referencia, además de la ya señalada en el convenio con Egipto, por un lado, la relativa a que la ejecución en el Estado de cumplimiento difiera "de manera

---

115 Art. 6.3 Tratado sobre el traslado de personas condenadas entre el Reino de España y la República de El Salvador, 1995.

116 A título de ejemplo, Brasil exige que se examinen los factores que puedan contribuir a la reinserción antes de tomar la decisión del traslado (art. V.5). Y Colombia requiere que se tome en cuenta "la gravedad de los delitos, sus características y especialmente si se ha cometido con ayuda de una organización delictiva, las posibilidades de reinserción, la edad y salud del condenado, su situación familiar, su disposición a colaborar con la Justicia y la satisfacción de las responsabilidades pecuniarias respecto a las víctimas (art. 10.2).

117 Residencia, presencia en el territorio, relaciones familiares.

118 Art. 3.3 Instrumento de ratificación del Tratado entre el Reino de España y la República Argentina sobre traslado de condenados, 1987. En el mismo sentido: El Salvador (art. 3.3).

119 Art. 6 del Convenio entre el Reino de España y la República Árabe de Egipto sobre traslado de personas condenadas, firmado en El Cairo el 5 de abril de 1994. *BOE* núm. 151, de 26 de junio de 1995, páginas 19189 a 19191.

120 Art. 7 Acuerdo sobre traslado de personas condenadas a una pena de privación de libertad entre el Reino de España y el Estado de Qatar.

significativa" a cómo sería la ejecución en el Estado de condena; y por otro, se exige que el Estado de cumplimiento presente un compromiso de no indultar al condenado, algo totalmente novedoso y no contemplado en ningún otro convenio bilateral.

Una vez que el Consejo de Ministros autoriza el traslado, lo comunicará al Ministerio de Justicia del Estado de cumplimiento, a la Sala de lo Penal de la Audiencia Nacional[121], a la Dirección General de Instituciones Penitenciarias y a la Dirección General de Policía (Servicio de INTERPOL).

Como puede apreciarse, el papel de la Sala de lo Penal de la Audiencia Nacional se limita a la ejecución y, si procede, la adaptación de la pena impuesta por el tribunal extranjero en España, a través de la apertura del llamado "Expediente Judicial Internacional", limitándose la intervención judicial en el expediente de traslado a estas actuaciones[122].

5.3. Terminación del expediente

Una vez que ambos Estados acuerdan el traslado de la persona condenada, surgen determinadas consecuencias de esta decisión. En el Estado de condena se suspenderá el cumplimiento de la condena, no pudiendo "hacer que se cumpla la condena cuando el Estado de cumplimiento considere el cumplimiento de la condena como terminado"[123].

A pesar de ello, el Estado de cumplimiento debe informar al Estado de condena de las vicisitudes del cumplimiento de la misma, tales como las relativas a la extinción de la responsabilidad penal o la evasión del con-

---

121 Art. 65.2 LOPJ: "La Sala de lo Penal de la Audiencia Nacional conocerá: De los procedimientos penales iniciados en el extranjero, de la ejecución de las sentencias dictadas por Tribunales extranjeros o del cumplimiento de pena de prisión impuesta por Tribunales extranjeros, cuando en virtud de un tratado internacional corresponda a España la continuación de un procedimiento penal iniciado en el extranjero, la ejecución de una sentencia penal extranjera o el cumplimiento de una pena o medida de seguridad privativa de libertad, salvo en aquellos casos en que esta Ley atribuya alguna de estas competencias a otro órgano jurisdiccional penal".

122 PÉREZ ARNALDO, L (2021). "La extranjería en prisión. Estudio jurídico desde la perspectiva resolicalizadora", *Ministerio del Interior. Secretaría General de Instituciones Penitenciarias*, p. 97. Disponible en: https://www.interior.gob.es/opencms/pdf/archivos-y-documentacion/documentacion-y-publicaciones/publicaciones-descargables/instituciones-penitenciarias/La_extranjeria_en_prision_PVK_126220478_web.pdf. Recuperado el 1 de febrero de 2025

123 Art. 8 CTPC 1983.

denado, pudiendo remitir un informe si así se lo solicitase el Estado de condena[124].

A su vez el Estado de condena debe informar al de cumplimiento de cualquier decisión que suponga dejar sin efecto el carácter ejecutorio de la condena[125], tales como el indulto, total o parcial, la amnistía o la conmutación de la pena[126] o la rescisión de la sentencia a través de un recurso de revisión[127]. En algunos convenios bilaterales se da un paso más en esta materia, condicionando el indulto, amnistía o conmutación de la pena por parte del Estado de cumplimiento al previo consentimiento del Estado de condena[128].

5.4. El traslado de la persona condenada

El traslado físico del condenado corresponde a INTERPOL, sin que esté previsto plazo alguno para llevarlo a cabo. Lo habitual es que las partes acuerden la fecha y lugar de entrega[129], y también que se aproveche algún vuelo para repatriar a más de un condenado, lo que retrasa, sin duda, la efectividad del traslado[130].

El artículo 17.5 atribuye los gastos de ese traslado al Estado de cumplimiento, exceptuando los gastos que se produzcan exclusivamente en el Estado de condena. Ello implica que los Estados implicados no podrán reclamarse entre sí los gastos ocasionados por el traslado, pero el Estado de cumplimiento sí podrá repercutir al condenado el costo total o parcial del traslado[131]. El Estado de cumplimiento asume así prácticamente la totalidad de los gastos del traslado, lo que ha sido considerado como una suerte

---

124 Art. 15 CTPC 1983.

125 Art. 14 CTPC 1983.

126 Art. 12 CTPC 1983.

127 Art. 13 CTPC 1983.

128 Art. 11 Convenio sobre traslado de personas condenadas entre el Reino de España y la República de Cabo Verde.

129 Art. 9.1 Convenio de traslado de personas condenadas a penas privativas de libertad entre el Reino de Arabia Saudí y el Reino de España.

130 MONTERO PÉREZ DE TUDELA, E. (2015). "Las medidas repatriativas en el ámbito penitenciario: especial mención al traslado de personas condenadas a la luz de las nuevas reformas legislativas". *La Ley Penal*, (115), p. 10.

131 CONSEJO DE EUROPA. *Explanatory Report to the Convention, op. cit.*, p. 12.

de "compensación" al Estado de condena "por la limitación al ejercicio de un derecho de soberanía estatal"[132].

En el curso del traslado del condenado es posible que sea necesario trasladar al mismo por el territorio de un tercer Estado, considerándose esta modalidad como un traslado en tránsito y al que el CTPC dedica una regulación exhaustiva en el artículo 16. Distingue si el tercer Estado por el que se va a realizar el tránsito es o no un Estado Parte del mismo. En el primer caso, impone la obligación de conceder las solicitudes de tránsito siempre que se produzca una doble condición: la solicitud de tránsito debe ser hecha por otro Estado contratante y ese Estado debe haber acordado con otro Estado contratante o con un tercer Estado el traslado de la persona condenada.

A pesar de la existencia de esta obligación, existen dos causas de denegación de la solicitud de tránsito:

a) si la persona trasladada es uno de sus propios nacionales, o

b) si el delito por el que se ha impuesto la condena no es un delito tipificado en su propia legislación.

En el segundo caso, es decir, si la petición de tránsito se realiza por un tercer Estado que no ha suscrito el Convenio, la obligación anterior se transforma en una decisión facultativa, de manera que una solicitud de tránsito puede concederse si el tercer Estado solicitante ha acordado con otro Estado contratante el traslado de la persona condenada.

6. CONCLUSIONES

El análisis del mecanismo de cooperación para el traslado a España de personas condenadas que cumplen sus penas en el extranjero nos muestra un procedimiento farragoso, extremadamente lento y con carencias importantes en la salvaguarda de los derechos de las personas condenadas, puestas de manifiesto a lo largo de este trabajo.

Por un lado, no existe un derecho al traslado, aunque se cumplan todos los requisitos exigidos para el mismo. Es decir, no se configura como un derecho subjetivo del condenado, sino como una medida de cooperación internacional que depende fundamentalmente de la voluntad soberana de

---

132 MAPELLI CAFFARENA, B. y GONZÁLEZ CANO, I. *El traslado de personas condenadas, op. cit.*, p. 53.

los Estados implicados, reduciendo la decisión del traslado a una cuestión puramente política o administrativa, donde la intervención judicial en España queda circunscrita a la determinación de la pena a cumplir una vez autorizado el traslado.

El traslado de personas condenadas es, en esencia, un mecanismo de cooperación internacional donde la voluntad soberana de los Estados prevalece sobre la autonomía del individuo. Sin embargo, esta configuración no puede interpretarse en términos absolutos, ya que el respeto a los derechos fundamentales actúa como límite a la discrecionalidad estatal.

Esta realidad invita a reflexionar sobre si el actual sistema de traslados responde adecuadamente a su finalidad resocializadora o si, por el contrario, debería evolucionar hacia un modelo más garantista para el condenado. Aunque el traslado de personas condenadas se concibe como un mecanismo de cooperación jurídica internacional, su finalidad humanitaria, orientada a la reinserción social, debería situar al condenado en una posición más central dentro del proceso.

Actualmente, las decisiones sobre traslados suelen adolecer de cierta discrecionalidad y una insuficiente transparencia. En este sentido, ni siquiera encontramos cifras oficiales de españoles condenados en el extranjero, pues el Ministerio de Asuntos Exteriores sólo las facilita previa solicitud.

Un modelo centrado, por tanto, en los derechos de la persona condenada debería prever mecanismos de control judicial que permitieran recurrir decisiones denegatorias. El condenado debería poder impugnar la negativa de un Estado a autorizar el traslado si considera que la decisión es arbitraria, desproporcionada o vulnera sus derechos fundamentales, para lo cual sería esencial que tanto el Estado de condena como el de cumplimiento tuvieran el deber de motivar sus decisiones, explicando los criterios jurídicos y fácticos que han llevado a aceptar o rechazar un traslado.

Por otro lado, se observa una preocupante ausencia total de plazos, ni para la tramitación del expediente ni para el traslado efectivo por Interpol una vez autorizado este, a pesar de que el Consejo de Europa recomienda introducir fechas límite para la toma de decisiones e incluso informar al condenado cuando en su solicitud concurran circunstancias particulares que dificulten la misma e incidan en la demora del procedimiento.

La demora en conseguir efectivamente el traslado lastra la eficacia de este instrumento de cooperación internacional y genera un escenario de incertidumbre para la persona condenada, que puede enfrentar largos períodos de espera sin saber cuándo (o si) se materializará su traslado. Esto afecta directamente al derecho a la seguridad jurídica, que exige previsibilidad en la actuación de las autoridades pero, además e igual de importante, tiene un indeseado impacto psicológico, pues la incertidumbre prolongada puede tener efectos negativos en la salud mental del condenado, que permanece en un "limbo jurídico" sin fecha definida para su traslado (a diferencia de lo que ocurre en el traslado de condenados dentro del ámbito de la UE, donde se fija un plazo máximo de 90 días para la resolución y 30 días para el traslado).

Esta situación implica también la falta de mecanismos de control efectivos sobre la actuación de las autoridades competentes. Sin plazos, no hay parámetros objetivos para evaluar si la administración está actuando con la debida diligencia. De manera que, las autoridades pueden demorar indefinidamente los procedimientos sin consecuencias jurídicas claras, lo que implica una ausencia de responsabilidad institucional.

Estos indeseables efectos podrían paliarse con una serie de medidas de sencillo cumplimiento, como pudieran ser el establecimiento de plazos máximos para cada fase del procedimiento, tanto en la tramitación administrativa del expediente como en la ejecución material del traslado (por ejemplo, 90 días para resolver la solicitud y 60 días adicionales para el traslado efectivo); incluir mecanismos de prórroga justificados, pero siempre sujetos a control judicial o administrativo; garantizar el acceso a recursos efectivos, permitiendo al condenado impugnar retrasos injustificados ante un tribunal o autoridad independiente.

En definitiva, sería necesario incorporar la supervisión judicial para asegurar que la administración actúa con la debida diligencia y respeto por los derechos fundamentales.

Un modelo más garantista como el que proponemos debería evaluar los traslados no solo desde una perspectiva jurídica, sino también en función de su impacto real en la resocialización del condenado. Para ello se considera necesario realizar una evaluación individualizada de cada caso, de manera que, antes de autorizar o denegar un traslado, los Estados analicen las condiciones personales, familiares y sociales del condenado para determinar qué entorno favorece mejor su reinserción, algo que sólo hemos observado en algunos convenios bilaterales suscritos por España.

En la misma línea es necesaria la existencia de programas de apoyo post-traslado. No basta con trasladar al condenado; es necesario garantizar que recibirá un seguimiento adecuado, acceso a programas de rehabilitación, apoyo psicológico y oportunidades para la integración en la sociedad del Estado de cumplimiento.

En conclusión, el desafío es encontrar un modelo que no sacrifique la cooperación internacional ni la soberanía de los Estados, pero que coloque a la persona condenada en el centro del proceso, garantizando su participación efectiva, la protección de sus derechos fundamentales y el cumplimiento del objetivo de su reinserción social.

7. REFERENCIAS BIBLIOGRÁFICAS

COLMENAR LAUNES, Á. (2023). "El traslado de personas condenadas. El Convenio de Estrasburgo de 1983", *Revista del Centro de Estudios Jurídicos y de Postgrado,* (1), 257-271.

CONSEJO DE EUROPA. *Explanatory Report to the Additional Protocol to the Convention on the Transfer of Sentenced Persons,* de 18 de diciembre de 1997. https://rm.coe.int/16800ccde8

CONSEJO DE EUROPA. *Explanatory Report to the Convention on the Transfer of Sentenced Persons,* de 21 de marzo de 1983. https://rm.coe.int/16800ca435

CONSEJO DE EUROPA. *Protocol amending the Additional Protocol to the Convention on the Transfer of Sentenced Persons,* de 22 de noviembre de 2017. https://rm.coe.int/1680730cff

CONSEJO DE EUROPA. *Recommendation CM/Rec (2020)3 of the Committee of Ministers to member States concerning the practical application of the Convention on the Transfer of Sentenced Persons and the Additional Protocol thereto,* de 1 de julio de 2020. *Appendix* 1. https://search.coe.int/cm#{%22CoEIdentifier%22:[%2209000016809ee5b4%22],%22sort%22:[%22CoEValidationDate%20Descending%22]}

CONSEJO GENERAL DE LA ABOGACÍA ESPAÑOLA. "Cómo se cumplen las condenas de privación de libertad en el Estado español", 2019. https://www.abogacia.es/conocenos/fundacion/areas-trabajo/atencion-a-presos-espanoles-en-el-extranjero/presos-espanoles-en-el-extranjero/

DEFENSOR DEL PUEBLO (2015). "La situación de los presos españoles en el extranjero". Anexo I Orden Circular número 3252 de 15 de julio de 2003 sobre españoles detenidos y presos en el extranjero.

GÓMEZ COLOMER, J. L. y BARONA VILAR, S. (Coords.), (2024). *Proceso Penal. Derecho Procesal III,* Tirant lo Blanch.

KLEIN VIEIRA, L. (2010). "El traslado de condenados al país de origen como una nueva forma de cooperación penal internacional en el Mercosur". *Revista Da Esmese,* (14), 85-132. https://revistaejuse.tjse.jus.br/revistaejuse/index.php/revista_da_ejuse/article/view/291

MAPELLI CAFFARENA, B. y GONZÁLEZ CANO, I. (2001). *El traslado de personas condenadas entre países,* Madrid, McGraw-Hill.

MIR PUIG, C. (2013). "El traslado de personas condenadas entre países: Tratados del Consejo de Europa y Decisión Marco 2008/909/JAI, 27 noviembre 2008. Referencia al recién Anteproyecto de Ley de Reconocimiento Mutuo de Resoluciones Judiciales Penales en la Unión Europea (Aprobado por el Consejo de Ministros de 8 de febrero de 2013)", *Revista de Estudios Penitenciarios,* (2), 199-217.

MONTERO PÉREZ DE TUDELA, E. (2015). "Las medidas repatriativas en el ámbito penitenciario: especial mención al traslado de personas condenadas a la luz de las nuevas reformas legislativas". *La Ley Penal,* (115).

NISTAL BURÓN, J. (2019). "La 'adaptación' de una condena para su cumplimiento en España cuando ha sido impuesta por un tribunal extranjero. Criterio del Tribunal Supremo y su encaje dentro del nuevo marco legal europeo". Revista de Derecho Migratorio y Extranjería, (51), 13-30.

PALAO MORENO, G. (2020). "Nacionalidad y derecho internacional privado: los conflictos de nacionalidad". *Nacionalidad y Extranjería,* 4ª Ed., Tirant lo Blanch.

PÉREZ ARNALDO, L. (2021). "La extranjería en prisión. Estudio jurídico desde la perspectiva resocializadora", *Ministerio del Interior. Secretaría General de Instituciones Penitenciarias.*

UNODC. *Reglas mínimas para el tratamiento de los reclusos adoptadas por el Primer Congreso de las Naciones Unidas sobre Prevención del Delito y Tratamiento del Delincuente,* celebrado en Ginebra en 1955, y aprobadas por el Consejo Económico y Social en sus resoluciones 663C (XXIV) de 31 de julio de 1957 y 2076 (LXII) de 13 de mayo de 1977. https://www.unodc.org/documents/justice-and-prison-reform/Nelson_Mandela_Rules-S-ebook.pdf

Capítulo III

Análisis jurídico de los problemas prácticos del traslado de españoles condenados a España

NURIA PÉREZ MELEGO
Abogada de la Fundación +34

SUMARIO: 1. INTRODUCCIÓN. 2. HE SIDO CONDENADO POR UN TRIBUNAL EXTRANJERO A UNA PENA PRIVATIVA DE LIBERTAD: ¿PUEDO CUMPLIRLA EN ESPAÑA?. 3. YA SE HA COMPLETADO EL EXPEDIENTE DE TRASLADO: ¿AHORA QUÉ?. 4. DE LA TEORÍA A LA PRÁCTICA: ANÁLISIS DE CASOS CONCRETOS. 5. REFLEXIONES FINALES. 6. REFERENCIAS BIBLIOGRÁFICAS.

1. INTRODUCCIÓN

Antes de abordar la problemática jurídica, que suponen los procedimientos de traslados de españoles condenados a prisión en el extranjero, me vais a permitir una mención especial a modo agradecimiento a la Fundación +34.

Para aquellos que no la conozcan la Fundación +34 es una organización sin ánimo de lucro que desde el año 2014 lleva ayudando, de forma absolutamente desinteresada, a cerca de 5.000 de españoles en situación de necesidad en el extranjero. La Fundación +34 ayuda a cualquier español en situación de necesidad en el extranjero, se encuentre o no preso. No es de extrañar que sea la población española reclusa, la que se encuentra en mayor situación de necesidad, y por ello son a los que dedicamos nuestros mayores esfuerzos. Tengo que reconocer que +34, además de permitirme conocer a gente maravillosa, me ha dado, muchos de los momentos más enriquecedores de mi vida en penales que nunca se me hubiera pasado por la cabeza pisar.

Mi primer contacto con la Fundación +34 fue una absoluta casualidad, cuando el 18 de febrero de 2016 llamó mi atención un artículo en el periódico El Mundo[1] que relataban el hallazgo de un español, desaparecido

[1] EL MUNDO. SIMÓN. P. "Hallado preso en Perú un español que creían muerto", 18 de febrero de 2016. Disponible en: https://www.elmundo.es/sociedad/2016/02/18/56c49e6f22601d460d8b45fe.html

hacía más de 4 años y que creían muerto, en una prisión de Perú, Sarita Colonia. Gracias a una de las visitas de la Fundación a esa prisión pudieron contactar con su familia y darle el paradero de su hijo. Me llamó tanto la atención la problemática que rodeaba la situación no sólo del preso, sino también de su familia, y la ayuda prestada por esta organización, que no dudé en ofrecerme como voluntaria. Desde entonces, he podido adentrarme en el mundo de las prisiones extranjeras, en la problemática que conlleva las grandes diferencias de penas para un mismo delito existente entre los países, y la lenta burocracia que existe para el traslado de estos españoles a España para el cumplimiento de la condena cerca de sus familiares.

Mi escasas visitas a los penales en distintos países, comparándolo con todos los penales que ha pisado mi colega Javier Casado[2], a quien siempre agradeceré que me permitiera formar parte de este maravilloso proyecto y a quien tantas familias se encuentran eternamente agradecidas, me ha permitido ver de primera mano las terribles condiciones en las que cumplen condena muchos españoles, las problemáticas que genera no tener una representación letrada adecuada, no conocer el idioma ni el sistema judicial de ese país, así como el desconocimiento de los familiares ante tal dramática situación. Las historias que conocemos de primera mano nos obligan a seguir trabajando en esta área, para intentar aliviar o dar un "rayito de esperanza" en este duro proceso. Como decimos siempre, no pretendemos que no cumplan su condena, sino que ese cumplimiento se lleve a efecto respetando unos derechos fundamentales mínimos que deben garantizarse a cualquier persona.

2. HE SIDO CONDENADO POR UN TRIBUNAL EXTRANJERO A UNA PENA PRIVATIVA DE LIBERTAD: ¿PUEDO CUMPLIRLA EN ESPAÑA?

La primera cuestión que se plantea cuando un español es condenado en un país extranjero a una pena privativa de libertad se centra en iniciar los trámites para poder cumplir esa condena en una prisión española. Tanto los requisitos exigidos para el cumplimiento de estas sentencias privativas de libertad en España, como los trámites para conseguir el traslado, varían en función del país de condena, como a continuación veremos.

2 Director de la Fundación +34. Dirige la Fundación desde sus inicios en el año 2011 y es la persona que más cárceles ha visitado en todo el mundo.

Existen unos requisitos generales, que se tienen que dar en todos los supuestos, para que se pueda solicitar ese cumplimiento en España de la condena extranjera. Estos requisitos son los siguientes:

a) Que el condenado sea nacional español

b) Que exista sentencia firme de condena.

Este requisito genera cierta problemática en la práctica, ya que en la mayoría de las ocasiones son los propios enjuiciados los que deciden renunciar a la celebración de un juicio justo y con plenas garantías, en el ánimo de obtener una sentencia firme de condena lo más pronto posible. Así, la mayoría de los españoles se conforman con la pena solicitada por el Juez sentenciador, renunciando a cualquier actividad probatoria que pudiera aliviar los años de condena. Con ello consiguen acelerar los plazos para iniciar los trámites de traslado, que siempre conllevan cierta demora, como luego veremos.

La dificultad de muchos de nuestros españoles para costear los honorarios de abogados privados o particulares en países extranjeros también obliga a que renuncien a la celebración de un juicio con todas sus garantías, aceptando la condena propuesta, prácticamente, sin asistencia letrada ni asesoramiento jurídico completo (no todos los países cuentan con asistencia jurídica gratuita, o lo que aquí conocemos como abogados de oficio), situación que genera grave indefensión.

Partimos de la base de que la mayoría de los españoles condenados en el extranjero, hablamos del 81% de los españoles que ingresan en cárceles extranjeras y que asiste Fundación +34, son delincuentes primarios, personas sin antecedentes penales, que nunca han pisado un centro penitenciario y que precisamente la carencia de ingresos los lleva a cometer su primer delito cuando les ofrecen miles de euros por transportar una maleta con droga, por ejemplo. Como podemos imaginar, ese español sin trabajo y sin capacidad económica alguna, no dispone de medios para hacer frente a los honorarios de un abogado cuando son detenidos en el extranjero, viendo, así, desde el primer momento de su detención, privado su derecho de defensa que consagra el artículo 24 de la Constitución Española.

c) Que resten por cumplir al menos 6 meses de condena

d) Que tanto el condenado, como el estado de condena y el estado de cumplimiento consientan el traslado

e) Que los hechos cometidos por los que ha sido condenado sean considerados ilícito penal en el estado que se pretende el cumplimiento.

Como comentábamos, los trámites para los expedientes de traslado varían en función del país de condena. En el caso de que el Estado de condena pertenezca a la Unión Europea, tendremos que acudir a Ley 23/2014 de 20 de noviembre, de reconocimiento mutuo de resoluciones penales en la Unión Europea, que regula la Orden Europea de Detención y Entrega (coloquialmente llamada OEDE[3]). La Ley 23/2014 adapta la normativa española a las disposiciones del marco europeo sobre cooperación judicial en materia penal, facilitando la entrega de personas entre los Estados miembros para fines de enjuiciamiento o ejecución de penas. Básicamente una OEDE es una resolución judicial emitida por un Estado miembro, que requiere a otro Estado miembro, para que le haga entrega de una persona con el fin de que cumpla condena en el Estado de destino o para su enjuiciamiento.

Los trámites a los que se enfrenta el español condenado en un país miembro de la Unión Europea son muchos más sencillos que si nos encontramos ante un Estado no miembro de la Unión Europea. Como digo, acudiremos a la Ley 23/2014 para conocer esa tramitación, siendo la Sección de Instrucción del Tribunal Central de Instancia[4], antiguo Juzgado Central de Instrucción, el órgano jurisdiccional competente para llevar a cabo esta tramitación de traslado. Será el Juez el que recabe toda la documentación necesaria relativa al penado, así como el consentimiento del mismo y del Estado de condena.

El artículo 81 de la citada Ley detalla de forma clara y precisa los pasos de este trámite, incluyendo en el mismo precepto las posibles causas de denegación[5].

---

3 Instrumento creado por la Decisión Marco del Consejo de la Unión Europea, de 13 de junio de 2002 (2002/584/JAI) para facilitar el traslado. Incorporada al derecho español: Ley 3/2003 de 14 de marzo, sobre la orden europea de detención y entrega (Norma derogada por la disposición derogatoria única de la Ley 23/2014, de 20 de noviembre. Ref. BOE-A-2014-12029); y la Ley Orgánica 2/2003, de 14 de marzo, complementaria de la anterior. Decisión Marco 2008/909/JAI relativa a la aplicación del principio de reconocimiento mutuo de sentencias en materia penal por las que se imponen penas u otras medidas privativas de libertad a efectos de su ejecución en la Unión Europea.

4 Desde la reforma introducida por Ley Orgánica 1/2025, de 2 de enero, de medidas en materia de eficiencia del Servicio Público de Justicia. *BOE* núm. 3, de 03/01/2025.

5 Art. 81 Ley 23/2014, de 20 de noviembre, de reconocimiento mutuo de resoluciones judiciales penales en la Unión Europea: "1. Dentro de los cinco días siguientes a la recepción del certificado, se dará traslado al Ministerio Fiscal para que en el

En el caso de que el Estado de condena no sea miembro de la Unión Europea, tendremos que acudir al convenio firmado por el Estado en este sentido. El Convenio de Estrasburgo para el traslado de personas condenadas, de fecha 21 de marzo de 1983, está ratificado por 64 países del Consejo de Europa y por otros 18 países no miembros. Con lo cual, si nos encontramos ante un país de condena que ha ratificado el Convenio de Estrasburgo, acudiremos a este instrumento legal para conocer los trámites y requisitos de condena.

En el caso de que sea un país que no haya ratificado el Convenio de Estrasburgo de 1983 tendremos que acudir al convenio bilateral suscrito con España para este fin. En la actualidad hay más de 30 países que han firmado convenios bilaterales con España precisamente para regular estos trámites de traslado[6]. Existen también países africanos en los que no existe convenio bilateral firmado con España, resultando de esta forma inviable la materialización del traslado. El último país con el que España ha firmado convenido bilateral en esta materia es Qatar, publicado en Qatar el pasado

---

plazo de diez días se pronuncie sobre la procedencia del reconocimiento y la ejecución de la resolución.
2. El Juez Central de lo Penal comprobará si concurre alguna causa de denegación del reconocimiento o de la ejecución, y también si el consentimiento del condenado ha sido prestado, salvo que el mismo no sea necesario en virtud de la legislación del Estado de emisión. En todo caso, no será necesario el consentimiento del condenado cuando:
a) Sea español y resida en España.
b) Vaya a ser expulsado a España una vez puesto en libertad en el Estado de emisión sobre la base de una orden de expulsión o traslado contenida en la sentencia o en una resolución judicial o administrativa derivada de la sentencia.
c) Se haya fugado o haya regresado a España por la condena dictada o por el proceso penal seguido en el Estado de emisión.
3. El Juez Central de lo Penal resolverá mediante auto en el plazo de otros diez días el reconocimiento de la resolución condenatoria o su denegación.
En todo caso, en el plazo de noventa días el auto motivado que reconozca o deniegue la ejecución deberá ser firme y se remitirá, en su caso, al Juez Central de Vigilancia Penitenciaria para que se ejecute la pena o medida privativa de libertad.
4. En el auto se determinará el período total de privación de libertad que haya de cumplirse en España, deduciendo exclusivamente del mismo el que ya se haya cumplido en el Estado de emisión o el que proceda en virtud del tiempo que haya permanecido el condenado en prisión preventiva o cualquier otra medida restrictiva de su libertad que, adoptada por la autoridad del Estado de emisión, fuese computable.

6 Disponible en: https://www.mjusticia.gob.es/es/AreaInternacional/TramitesInternacionales/Documents/Convenios%20Multilaterales%20o%20Bilaterales.pdf

25 de abril de 2024[7], no habiéndose materializado aún el único expediente de traslado que se encuentra iniciado entre España y Qatar.

Como avanzaba, la tramitación del expediente de traslado con estos países, no pertenecientes a la Unión Europea, se torna más complicada. A continuación, explicaré de forma resumida las fases por las que pasa el expediente de traslado:

1) La solicitud se inicia a instancia del condenado a través de las Oficinas Consulares. Éstas deben remitir inmediatamente la documentación a la Subdirección General de Asuntos Jurídicos Consulares, que la hará llegar a continuación al Ministerio de Justicia.
2) El Ministerio de Justicia se encarga de recopilar toda la información necesaria del país en el que se encuentra la persona condenada. Esta documentación a priori consistirá en:
    a) Sentencia firme de condena (debidamente traducida)
    b) Liquidación de condena (debidamente traducida)
    c) Textos legales que recojan el delito por el que ha sido condenado (debidamente traducidos en caso de ser necesario)
    d) Autorización del país en el que ha sido condenado
    e) Consentimiento del condenado al traslado
3) Reunida la documentación, el Ministerio de Justicia somete la autorización de traslado al Consejo de Ministros, y una vez obtenida esa aprobación se comunica al interesado, a la Audiencia Nacional, al país de condena y a la Interpol, que es quien materializa el traslado físico de la persona privada de libertad.

Todo español que es trasladado desde una prisión extranjera ingresa por primera vez en el Centro Penitenciario de Soto del Real (Madrid). Una vez allí, el condenado regulará su estancia en prisión en lo que a permisos, solicitud de tercer grado se refiere, etc..., conforme a la Ley Orgánica 1/1979, de 26 de septiembre, General Penitenciaria y al Real Decreto 190/1996, de 9 de febrero, por el que se aprueba el Reglamento Penitenciario, como el resto de los presos que cumplen condena en prisiones españolas.

---

7 Acuerdo sobre traslado de personas condenadas a una pena de privación de libertad entre el Reino de España y el Estado de Qatar, hecho en Madrid el 24 de octubre de 2022. *BOE* núm. 101, de 25 de abril de 2024, páginas 46140 a 46144.

3. YA SE HA COMPLETADO EL EXPEDIENTE DE TRASLADO: ¿AHORA QUÉ?

Una vez la persona condenada consigue el traslado a España, se enfrenta a otro de los aspectos más problemáticos en estas situaciones como son las grandes diferencias entre países, en lo que a las penas impuestas por el mismo delito se refiere. A continuación, unos ejemplos que nos dan una visión muy clara de ello:

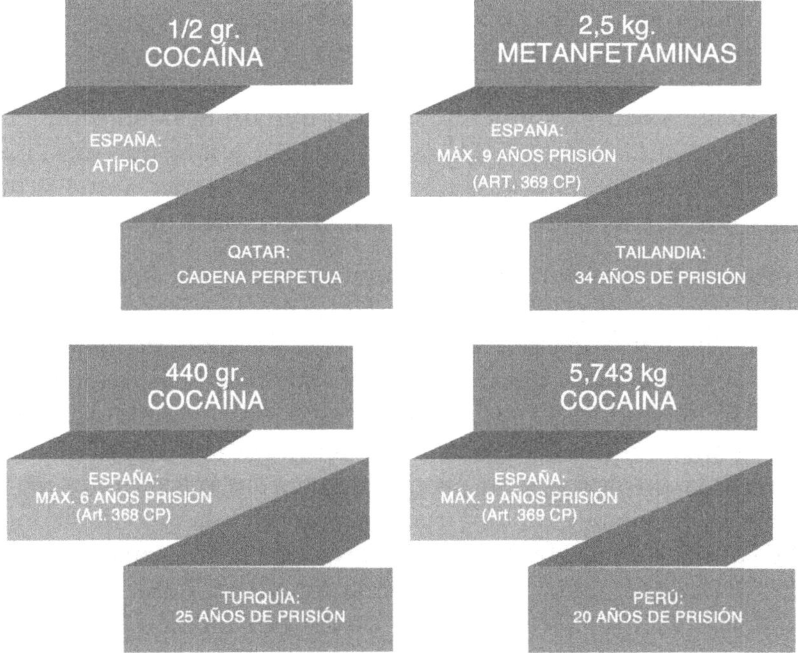

Asumiendo la realidad de las diferencias punitivas para un mismo delito existente entre los diferentes países, el Convenio de Estrasburgo de 1983 de Traslado de personas condenadas concede, en su artículo 9, a los países adheridos dos opciones en lo que al cumplimiento de las penas se refiere: "1. Las autoridades competentes del Estado de cumplimiento deberán:

a) Bien hacer que prosiga el cumplimiento de la pena inmediatamente o sobre la base de una resolución judicial o administrativa, en las condiciones enunciadas en el artículo 10;

b) O bien convertir la condena, mediante un procedimiento judicial o administrativo, en una decisión de dicho Estado, que sustituya así la sanción impuesta en el Estado de condena para la misma infracción del Estado de cumplimiento para la misma infracción, en las condiciones enunciadas en el artículo 11"[8].

En definitiva, el citado instrumento ofrece a los países que lo ratifican dos vías: optar por el principio de prosecución de la condena contemplado en el art. 10, (que les obliga a cumplir la pena impuesta por el país de condena) o por el principio de adaptación de la condena recogido en el art. 11, (lo cual les permite adaptar de forma automática la pena impuesta por el Estado de condena a la que le correspondería según el estado de cumplimiento).

Qué duda cabe que el principio de prosecución, por el que España, ya adelanto ha optado, facilita en gran medida el consentimiento del Estado de condena al traslado. Es mucho más fácil que un Estado acepte el traslado de un español condenado bajo su soberanía, si sabe que va a cumplir la condena impuesta, aunque sea fuera de sus fronteras, a que si por el contrario sabe que su condena será modulada a la baja si acepta el traslado.

No obstante lo anterior, el propio convenio plantea una excepción a esos países que opten por el principio de prosecución, como es el caso de España: "Sin embargo, si la naturaleza o la duración de dicha sanción fueren incompatibles con la legislación del Estado de cumplimiento o si la legislación de dicho Estado lo exigiere, el Estado de cumplimiento podrá adaptar, mediante resolución judicial o administrativa, dicha sanción a la pena o medida prevista por su propia ley para las infracciones de igual naturaleza. Dicha pena o medida corresponderá en la medida de lo posible, en cuanto a su naturaleza, a la impuesta por la condena que haya de cumplir. No podrá agravar por su naturaleza o por su duración la sanción impuesta en el Estado de condena ni exceder del máximo previsto por la ley del Estado de cumplimiento"[9].

Es decir que, pese a optar por el principio de prosecución para aquellos casos en los que la naturaleza o duración de dicha sanción resultan incompatibles con la legislación del Estado de cumplimiento, éste podrá adaptar esa pena a su propia legislación, permitiendo así una reducción de la condena impuesta; ahora bien, con el límite de no poder superar nunca el máximo previsto por la ley del Estado de cumplimiento para ese delito.

---

8 Instrumento de ratificación del Convenio sobre traslado de personas condenadas, hecho en Estrasburgo el 21 de marzo de 1983. *BOE* núm. 138, de 10 de junio de 1985, pp. 17478 a 1748.

9 Art. 10.2 Convenio de Estrasburgo de 1983.

Si bien es cierto que la excepción que plantea el convenio es clara, el término "incompatible" no tanto, y como ocurre en el mundo jurídico, la imprecisión de este término ha conllevado la necesidad de que la jurisprudencia concrete y determine qué se entienden por "incompatible", y en qué casos procede esa adaptación y en cuáles no.

Como veremos a continuación, el desarrollo del término "incompatible" también ha tenido su evolución, existiendo sentencias pioneras del Tribunal Supremo que lo definía en un sentido, para finalmente y de forma muy reciente el Tribunal Constitucional se pronuncie poniendo algo de "cordura" a la discusión.

En este sentido, el Tribunal Supremo desarrolló el término incompatible en sus primeras sentencias en el año 2013, en su sentencia 820/2013, de 17 de octubre, en la que venía a definir el término incompatible de una forma "cuanto menos peculiar ". Digo peculiar porque al margen de recoger que se entendían incompatibles "penas que por su elevada cuantía contradigan el principio de proporcionalidad penal" y remitirnos a cada caso concreto para valorar la incompatibilidad o no (lo cual no terminaba de aclarar lo abstracto de la cuestión) utilizó un "ejemplo" como criterio para fijar en qué casos podíamos entender que una pena era incompatible. Decía textualmente: "Ha de estarse, pues, a cada caso concreto (...) sin que en principio quepa fijar cuantías concretas, aunque todo indica que, por ejemplo, una pena que supere el doble de la fijada en el Código del país de cumplimiento ha de entenderse que es muy probable que colisione con el principio de proporcionalidad que acoge un sistema penal "[10].

Más tarde en el año 2020, manteniendo el argumento anterior, el Tribunal Supremo en su sentencia 619/2020, de 18 de noviembre (Recurso Casación núm.: 10152/2020) rechazó la adaptación de condena de una española condenada en Turquía a 15 años y 37 días de prisión por transportar 2.888 gramos de cocaína. Ilícito que en España hubiera sido condenada a un máximo de 9 años de prisión en atención a lo previsto en el artículo 369 del Código Penal. En esta ocasión, el Tribunal Supremo consideraba que la pena de prisión de 15 años no resultaba incompatible, al no superar el doble de la pena máxima que pudiera haberle sido impuesta en nuestro país (utilizando ese "ejemplo" al que me refería anteriormente y de que en mi opinión derrumba cualquier principio de seguridad jurídica). Extracto

---

[10] STS 820/2013 de 17 de octubre (TOL4.008.120)

a continuación las partes de la sentencia que considero reflejan mejor el argumento de nuestro más alto Tribunal[11]:

"En una consideración más concreta de los hechos en los que se asentó la condena sometida a evaluación, los mismos serían incardinables en el artículo 368 del Código Penal en su modalidad de sustancias que causan grave daño a la salud, y concurriendo la agravante específica de perpetrarse la acción sobre cantidades de droga de notoria importancia, del artículo 369.5.° del mismo texto legal. De este modo, la pena prevista en nuestro país para un delito que se consumara aquí de manera semejante, iría de 6 años y 1 día de prisión a 9 años, además de una multa que se concretaría del tanto al cuádruplo del valor de la droga incautada o del beneficio que el autor hubiera podido obtener con su conducta. Haciendo abstracción de que el penado no ha soportado la pena económica acumulada que en nuestro país se contempla; dado que en la sentencia no se describen hechos que entrañen condicionamientos normativos de la condena en los términos expresados en los artículos 66 y 68 del Código Penal se concluye que la pena impuesta se sitúa por debajo del doble de la que resultaría imponible en España, elemento de evaluación al que se une que el acusado mostró su conformidad con la sanción ante el Tribunal de enjuiciamiento, y solicitó después su ejecución en España conforme al sistema de prosecución que nos es propio."

Añadiendo que, "conforme a lo argumentado en la jurisprudencia citada, en este caso, no existe desproporción penológica, ya que la pena máxima a imponer en nuestro ordenamiento jurídico es la de 9 años de prisión, por lo que la impuesta de 15 años y 37 días no supera el doble de la misma, y por tanto no se puede entender que sobrepasa de forma muy desmesurada el marco punitivo señalado en nuestro Código Penal. Por tanto, ante la obligación asumida por la recurrente de continuar el cumplimiento íntegro de la condena en España, es obligado atenerse a los condicionamientos penológicos y exigencias de política criminal reinantes en el país de comisión, con las consecuencias punitivas que le asignan".

Pues bien, la española objeto de la sentencia analizada, recurrió al Tribunal Constitucional interponiendo recurso de amparo, el cual fue resuelto mediante la sentencia 81/2022, de 27 de junio (recurso de amparo 6071-2020) estimando el mismo y consiguiendo así la adaptación de su condena de prisión. El Tribunal Constitucional en esta resolución, que a mi juicio podría calificar de "brillante", tanto por su claridad como por

---

11 STS 619/2020, de 18 de noviembre (TOL8.226.036)

su contundencia y lógica utilizada, critica entre otros aspectos la falta de seguridad jurídica que existe cuando el Tribunal Supremo utiliza el parámetro del "doble" como criterio para determinar la incompatibilidad, sin que argumente por qué acude al "doble" y no al "triple" o a otro parámetro cuantitativo.

En concreto, el Alto Tribunal señala que "La resolución no explica por qué se utiliza este parámetro ponderativo del "doble" de la pena que, además, tampoco asegura su desproporción, ni el motivo por el que un determinado porcentaje expuesto a modo de Ejemplo" se convierte a la postre en el elemento definitivo. (...) criterio que no puede satisfacer el principio de seguridad jurídica"[12].

También el tribunal hace una reflexión, en mi opinión muy acertada. El Tribunal Supremo en su sentencia hace alusión a que la condenada ya tuvo una reducción de la pena por "buen comportamiento" en prisión, justificando así la falta de necesidad de mayor adaptación. Sin embargo, el Tribunal Constitucional da la vuelta a ese argumento, afirmando que siguiendo ese criterio estaríamos "penalizando" de algún modo la buena conducta de la condenada, ya que, de no haber tenido ese buen comportamiento, no habría tenido esa reducción y sí que habría correspondido entonces la adaptación, al haber sido la pena a comparar superior. Expresamente señala que "El criterio empleado, además, conduce a la aparente paradoja de que, cuanto más grave y, por tanto, desproporcionada sea la pena impuesta en el Estado de condena, más posibilidades existen de que sea adaptada a la legislación de nuestro país. En el presente caso, según se desprende de la sentencia dictada por el Juzgado de lo Penal núm. 11 de Bakirköy, obrante en las actuaciones, la pena inicialmente impuesta era la de dieciocho años de prisión, que fue reducida hasta los quince años «teniendo en cuenta el estado y el comportamiento de la imputada después del delito y durante el proceso del juicio [y] los efectos posibles de la pena sobre el imputado». Por lo tanto, la sentencia tuvo en cuenta la conducta de la recurrente después de cometido el delito, así como los efectos de una pena de esa gravedad para moderar la duración de la condena. De no haber sido así, la pena impuesta hubiera alcanzado los dieciocho años de prisión, lo que habría supuesto el doble de la pena máxima imponible en España. Es decir, que si la penada hubiera mostrado una conducta negativa, la pena hubiera sido de mayor gravedad y, ante esa hipotética situación, siguiendo el criterio mantenido en la resolución impugnada, se hubiera

---

12 STC 81/2022, de 27 de junio (TOL9.136.488)

adaptado la pena hasta los nueve años de prisión y, en consecuencia, se habría producido una reducción significativa de la condena.

En definitiva, la incompatibilidad prevista en la norma, es decir, la discordancia objetiva entre penas se convierte —según la resolución impugnada— en una comparativa porcentual de su duración de la que se hace depender un criterio valorativo de carácter más subjetivo que conduce, de manera ineludible, a que una ciudadana española cumpla en España una pena que, en ningún caso, sería imponible en nuestro país. De esta forma, las características de razonabilidad y seguridad inherentes al principio de legalidad han quedado considerablemente diluidas".

Al hilo de este análisis, me planteo una cuestión que, aunque *a priori* pueda resultar alarmante, creo que en la práctica tiene mucho sentido. Viendo el desarrollo del concepto "incompatible", parece mucho más factible conseguir una adaptación de condena cuando nos enfrentemos ante una condena mayor que a una próxima a la que hubiera tenido en España. Entonces, puede resultar una motivación para aquel español que se enfrenta a una condena en el extranjero y duda sobre una posible conformidad con la pena impuesta, contando, como argumento a favor de esa conformidad, con una la mayor probabilidad de adaptación de la condena si finalmente es condenado a una pena superior.

4. DE LA TEORÍA A LA PRÁCTICA: ANÁLISIS DE CASOS CONCRETOS

A través de los siguientes casos reales podremos ver la práctica real de esta "adaptación excepcional", a la que se enfrentan los españoles que pretenden cumplir en España una condena extranjera.

1. Auto Audiencia Nacional 12/3/2020 (Expediente Judicial Internacional 49/2017)
   - Condenada en Turquía a 25 años de prisión por transportar más de 1.407 gr de cocaína)
   - España acepta la adaptación

La española condenada en este caso fue sentenciada en Turquía a 25 años de prisión por transportar 1.407 gr de cocaína, ilícito que en España supondría una pena máxima de 9 años de prisión. En esta ocasión vemos que la desproporción, en lo que a la duración de la pena se refiere, es más que evidente, pues la pena a la que ha sido condenada supera con creces el doble de la pena máxima en España. Por ello la Audiencia Nacional acepta la adaptación solicitada apreciando esa diferencia importante, tal y como recoge en el auto que extractamos a continuación: "Dos son las premisas que recoge el artículo 10 de la Convención Europea sobre el Traslado de Personas Condenadas: la primera de ellas es que el Estado de cumplimento no puede por regla general modificar, alterar, o sustituir la pena, que ha sido impuesta por el Estado de condena; pues dicha actuación supondría un ataque a la soberanía de dicho Estado, sin embargo en el presente caso se observa una diferencia importante entre la condena impuesta en el país de origen y la que correspondería imponer en España a la vista de los hechos probados de la sentencia objeto de ejecución, por lo que en el caso concreto procedería revisar dicha sentencia para su adaptación al Código Penal Español".

2. Auto de la Audiencia Nacional 26 de noviembre de 2021 (Expediente Judicial Internacional 0000003/2021):
   - Condenado en andorra a 7 años prisión y expulsión país durante 25 años por transportar 190 pastillas de MDMA y 3 kg de hachís
   - España acepta la adaptación de la pena de prisión

Este caso particular reviste de un interés especial, pues si bien es cierto que la pena máxima prevista en España para este delito no difiere tanto de la impuesta en Andorra (7 años versus 6 que hubiera sido la condena máxima en España) la Audiencia Nacional centra su atención en la doble sanción impuesta por un mismo delito, pues además de la pena de prisión le impone la expulsión del país por 25 años. Como de forma acertada contempla la Audiencia, habida cuenta de que la pena de expulsión sólo puede ser ejecutada por el país de condena, España entiende que hay una incompatibilidad desde el punto de vista de las sanciones impuestas, no ya por la duración de las mismas, y por ello acuerda la adaptación a 4 años de prisión. Expresamente señala en su Fundamento Jurídico quinto: "Sin embargo, como hemos avanzado más arriba, la sanción impuesta comprende también la expulsión por 25 años del Estado de condena, siendo esta una pena únicamente admisible en nuestro derecho como sustitutiva total o parcial de una pena de prisión, lo que no acontece en la sanción impuesta por el tribunal andorrano de condena (art 89 CP), que es pena principal.

Desde esta perspectiva sí estimamos que se produce una situación de incompatibilidad de sanciones merecedora de una adaptación de penas. La pena de expulsión por 25 años es claro que resulta intocable para este tribunal ya que la ejecución de la misma sigue competiendo al Estado del

Principado, por lo que la adaptación, que estimamos necesaria, debe operar sobre la duración de la pena privativa de libertad."

3. Auto Audiencia Nacional de fecha 30 de septiembre de 2020. (Expediente Judicial Internacional 0000052 /2017)

   - Condenada en Venezuela a 15 años prisión por transportar 6 kilos y 700 gr de cocaína

   - España rechaza la adaptación

En esta ocasión, la adaptación de esta española fue rechazada por la Audiencia Nacional al no apreciarse esa incompatibilidad necesaria para ello. Debemos fijarnos en la fecha de la resolución, 30 de septiembre de 2020, fecha en la que aún no se había dictado la sentencia del Tribunal Constitucional de 27 de junio de 2022. Desde mi punto de vista, de haberse pronunciado ya el Tribunal Constitucional en el momento en que la Audiencia Nacional resolvió este caso, el resultado hubiera sido diferente. En esta ocasión la Audiencia utiliza el "famoso ejemplo" del doble de la pena máxima en España, rechazado por el Tribunal Constitucional como argumento para denegar la adaptación. La resolución establece: "Es importante ver que en nuestro derecho además sería acreedor de una multa que se concretaría del tanto al cuádruplo del valor de la droga incautada o del beneficio que el autor hubiera podido obtener con su conducta. Haciendo abstracción de que la penada no ha soportado la pena económica acumulada que en nuestro país se contempla (...)." Añadiendo que, "(...) se concluye que la pena impuesta en Venezuela se sitúa por debajo del doble de la que resultaría imponible en España, los 9 años, elemento de evaluación importante junto con la solicitud de la penada de su traslado a España para proseguir el cumplimiento de la condena impuesta en Venezuela".

4. Auto Audiencia Nacional de fecha 21 de diciembre de 2023. (Expediente Judicial Internacional 0000030 /2012)

   - Condenada en Cuba a 15 años prisión por transportar 3 kg de cocaína

   - España rechaza la adaptación

Una ciudadana española ha visto rechazada la adaptación solicitada por otro de los problemas a los que nos enfrentamos, la disparidad de criterios entre países contenida en los diferentes convenios bilaterales suscritos para el traslado de personas condenadas. Como hemos visto, las condiciones para la materialización de los traslados difieren también en función de los pactos acordados entre países en los convenios bilaterales suscritos en este sentido. Aquí vemos el ejemplo de Cuba, país con el que España suscribió convenio bilateral el 23 de julio de 1998[13] y en el que no se contempla la posibilidad de la adaptación de la condena, como vemos en el artículo 12.2 de ese texto internacional: "1. El cumplimiento de la condena en el Estado de cumplimiento se ajustará a las leyes de ese Estado.

2. En la ejecución de la condena, el Estado de cumplimiento:

a) Estará vinculado por la naturaleza jurídica y la duración de la pena".

Este es el motivo por el que la Audiencia Nacional, el pasado 21 de diciembre de 2023 se ve obligada a denegar la adaptación solicitada, al señalar que "La posibilidad que tuvo esta sala de adaptar la pena impuesta por el tribunal turco se basaba en la aplicación del Convenio citado y del principio de proporcionalidad, así como la posibilidad existente en el artículo 83 de la Ley de reconocimiento Mutuo de 23 de noviembre de 2014, no existiendo ninguna norma legal que lo prohibiera, cosa que insistimos, en que es diferente en el caso de Cuba en el que no se permite esta adaptación al no prever el Acuerdo ninguna excepción o matización al principio de prosecución directo o estricto".

5. Auto Audiencia Nacional de fecha 25 de marzo de 2024. (Expediente Judicial Internacional 0000039 /2022)
   - Condenado en Marruecos a 12 años prisión por un delito de trata seres humanos vs (inmigración irregular)
   - España acepta la adaptación

Lo interesante de este supuesto es el análisis que la Audiencia Nacional realiza de los elementos del tipo de delito de trata de seres humanos previsto en nuestro Código Penal, versus los previstos para el delito de inmigración irregular por nuestros textos legales. La Audiencia no centra su argumentación en la duración de la condena, sino en la calificación jurídica que en Marruecos se hace de los hechos cometidos, algo realmente interesante. Todo ello para concluir que no se dan los elementos del tipo exigidos por nuestro Código Penal en el artículo 177 bis, sino los elementos del tipo de inmigración irregular previsto en el artículo 318 bis 1.3 de nuestro texto legal, y por ello merece la adaptación de la condena que supone una reducción de 4 años de prisión.

---

[13] Aplicación provisional del Convenio entre el Reino de España y la República de Cuba sobre ejecución de sentencias penales, hecho «ad referendum» en Madrid el 23 de julio de 1998. *BOE*, núm. 267, de 7 de noviembre de 1998, páginas 36387 a 36389.

Se señala expresamente que "En el caso que nos ocupa, en la sentencia dictada por las autoridades judiciales marroquíes, no se recoge ninguna de las finalidades que el artículo 177 bis CP exige para su consideración como tal. Así: a) Imposición de trabajos o de servicios forzados, la esclavitud o prácticas similares (...) b) la explotación sexual, incluyendo la pornografía C) la explotación para realizar actividades delictivas d) la extracción de sus órganos corporales e) la celebración de matrimonios forzados".

Concluyendo que "Por lo tanto, cabe convenir como hace el Ministerio Fiscal, que nos encontramos ante un delito equivalente al previsto en el código Penal Español, en los artículos 318 bis 1. 3, con la aplicación de los subtipos agravados (organización criminal y puesta en peligro de la vida de las personas), lo que determina la imposición de una pena de ocho años de privación de libertad (...) que implica una rebaja de cuatro años en relación con la impuesta por las autoridades judiciales marroquíes, (12 años), siendo por tanto respetuosa con las previsiones contenidas en el convenio aplicable".

6. Auto Audiencia Nacional de fecha 29 de noviembre de 2023. (Expediente Judicial Internacional 0000019 /2021)
   - Condenado en Hong Kong a 14 años y 10 meses prisión por delito de tráfico de drogas
   - España acepta la adaptación

De nuevo en este caso la Audiencia acude en primer lugar al convenio bilateral suscrito entre España y China, publicado en el BOE el 20 de junio de 2013, para confirmar que en él se contemple la viabilidad de adaptación de la condena, recogiendo esa posibilidad en su artículo 10 apartado 2: "No obstante, si la categoría o duración de la condena impuesta por el Estado de condena resulta incompatible con la legislación del Estado de cumplimiento, éste podrá convertir la condena a la que se encuentre prevista por su legislación interna para un delito similar. En tal caso, serán de aplicación las siguientes condiciones:

a) el Estado de cumplimiento estará vinculado por la calificación de los hechos indicados por la sentencia del Estado de condena;

b) el Estado de cumplimiento no podrá convertir una pena privativa de libertad en una pena pecuniaria; c) la condena así convertida deberá, por su naturaleza y en la medida de lo posible, corresponderse con la sentencia dictada por el Estado de condena; d) la conversión no podrá agravar la condena impuesta por el Estado de condena, ni exceder la duración máxima de la pena aplicable a un delito similar de acuerdo con las leyes del Estado de cumplimiento; e) la conversión no estará limitada por la duración mínima de la pena aplicable a un delito similar prevista en la legislación del Estado de cumplimiento; y f) el tiempo que el condenado haya permanecido privado de libertad en el Estado de condena será deducido. (...)"[14].

Estando contemplada la posibilidad de adaptación en el convenio bilateral suscrito entre ambos países, la Audiencia Nacional advierte de la disparidad entre las penas que confirman la incompatibilidad necesaria y acepta la adaptación solicitada a una pena de prisión de 6 años, señalando que "(...)en nuestra legislación hubieran merecido un apena máxima de 6 años de prisión, por lo que, la "compatibilidad" de la duración de la pena a que se refiere en primer lugar la citada sentencia evidentemente no puede ser apreciada".

7. Condenado en Qatar a cadena perpetua (expediente en tramitación)
   - Detenido el 15 julio de 2015
   - Condenado en Qatar a cadena perpetua por delito de tráfico de drogas

Este joven español, de 38 años, fue detenido en el 2015 y finalmente condenado en Qatar a cadena perpetua por tráfico de drogas. Al margen de la paradoja de que colaboró activamente para localizar el alijo de droga que la policía buscaba, y que por razones que aún a día de hoy desconocemos, pasó de testigo a principal acusado, su caso reviste especial complejidad.

En primer lugar, porque cuando la madre de este español, *MADRE CORAJE*, en mayúsculas donde las haya, se puso en contacto con la Fundación para conocer los trámites de traslado de su hijo a España, trasladándonos su impotencia al ver las terribles condiciones en las que su hijo estaba cumpliendo condena, tuvimos que comunicarle que no existía convenio bilateral de traslado entre España y Qatar, por lo que el traslado en ese momento se tornaba inviable.

Desde entonces, marzo de 2018, su madre y la Fundación + 34 impulsaron la firma de ese convenio bilateral que permitiera el traslado de Tamer

---

14 Acuerdo entre España y la Región Administrativa Especial de Hong Kong de la República Popular de China sobre traslado de personas condenadas, hecho en Madrid el 15 de noviembre de 2012. *BOE*, núm. 147, de 20 de junio de 2013, páginas 46448 a 46452.

a España para cumplir su condena. No ha sido nada fácil, pues durante el periodo que se ha tardado en conseguir la firma entre ambos países, de un convenio para el traslado de personas condenadas, hemos pasado por pandemias, crisis migratorias, cambios de gobierno, repetición de elecciones, y un sinfín de adversidades políticas y en las diferentes administraciones públicas que esa madre tiene "clavadas", porque demoraban aún más los días que Tamer tenía que seguir cumplimiento condena en condiciones absolutamente infrahumanas.

Tras 6 años, en los que este español y su familia han atravesado por una montaña rusa de ilusiones y desilusiones, finalmente, el pasado 25 de abril de 2024, fue publicado en el BOE el Acuerdo sobre traslado de personas condenadas a una pena de privación de libertad entre el Reino de España y el Estado de Qatar, hecho en Madrid el 24 de octubre de 2022[15].

En toda la tramitación del convenio ha estado muy presente la necesidad de incluir la posibilidad de adaptación de la condena, en caso de que sea incompatible en los términos que hemos visto, y en su artículo 12 contempla expresamente esa posibilidad: "1. El Estado de cumplimiento quedará vinculado por la naturaleza jurídica y la duración de la condena impuesta por el Estado de condena.

2. No obstante, si la naturaleza o la duración de dicha condena fueran incompatibles con la legislación del Estado de cumplimiento, o si esta última exigiera otra cosa, el Estado de cumplimiento podrá, mediante resolución judicial y en la medida en que sea posible, adaptar la condena a la pena o medida prevista por su propia legislación para infracciones similares.

3. Cuando la condena se adapte a la legislación del Estado de cumplimiento, no podrá ser más grave, ni por su naturaleza ni por su duración, que la impuesta en el Estado de condena, ni exceder del máximo previsto por la legislación del Estado de cumplimiento".

El 20 de mayo de 2024 este español firmó en prisión, en la visita del Cónsul de la Embajada de España en Doha, la solicitud de traslado a España. A la fecha de la redacción de estas páginas continúa la tramitación de este, estando pendiente aún que España termine de recabar cierta documentación que dispone el Estado de condena.

---

15 Acuerdo sobre traslado de personas condenadas a una pena de privación de libertad entre el Reino de España y el Estado de Qatar, hecho en Madrid el 24 de octubre de 2022. BOE, núm. 101, de 25 de abril de 2024, páginas 46140 a 46144.

Todos los que conocemos de cerca este caso sabemos las dificultades y "calamidades" que este español ha padecido en estos casi 10 años que se encuentra cumpliendo condena. Su deterioro físico y mental ha sido enorme, y el sacrificio que su familia, y en especial su madre, han hecho durante todos estos años, es indescriptible. Ni una sola vez ha dejado su madre de ir a visitar a su hijo a prisión, igual que tampoco hay una sola puerta que haya dejado de llamar pidiendo ayuda para su hijo (aunque haya tenido que cruzarse el mundo entero para ello o reunirse con cónsules, embajadores, diputados, ministros o defensores del pueblo). Los que hemos tenido la suerte de conocerla, sabemos esta cruda realidad y lo duro que es "mantenerse en pie" y seguir poniendo esa "buena cara" a su hijo cuando acude a visitarle para que no pierda nunca la esperanza, aunque en su interior las fuerzas escaseen.

5. REFLEXIONES FINALES

Las familias son las principales víctimas de esta situación. Qué duda cabe que el condenado es el que padece en sus propias carnes la dureza de las condiciones de muchas cárceles extranjeras, el hacinamiento y falta de higiene, el hambre, la falta de alimentación equilibrada, las palizas en muchas ocasiones por su condición de extranjero, las extorsiones, y un sinfín de calamidades que no tendríamos páginas para describir...

Sin embargo, es la familia la que lucha desde fuera para que se puedan aliviar todas esas deficiencias, las que empeñan en muchas ocasiones todo su patrimonio cuando les dan una mínima esperanza de defensa en el proceso judicial, las que viven con ese anhelo de si podrán volver a verle "sano y salvo", aunque sea detrás de unos "barrotes", y las que se enfrentan a un desconocimiento absoluto cuando su familiar es detenido fuera de nuestras fronteras.

Cuando comencé a visitar a los españoles en prisiones extranjeras pude disfrutar de lo que siempre llamo unos de los mejores momentos que esta profesión me ha brindado, y espero que siga haciéndolo, ese agradecimiento tan grande que recibimos de los españoles que visitamos simplemente ofreciéndoles una sencilla conversación en español, ese brillo que por unos minutos consigues ver en sus ojos tras la tristeza evidente que les inunda, hace que valga la pena los miles y miles de kilómetros recorridos para llegar a esas prisiones.

La gratitud de los condenados y de sus familias hace que se mantenga en pie el espíritu de lucha de la Fundación +34, pese a los escasos recursos con los que contamos y a las negativas que en muchas ocasiones tenemos de algunas administraciones públicas que hacen "oídos sordos" a un problema real que existe.

Es cierto que se trata, en su mayoría, de personas condenadas que han cometido un delito, y que deben pagar por ello, pero no podemos pasar por alto que, además de esa condición de condenado, tienen en primer lugar la condición de "personas", y por ello debemos luchar para que se les garantice unos derechos fundamentales que recoge nuestra Constitución Española y todos los Tratados Internacionales existentes. Un sevillano que cumplió condena en el Penal "Ancón 2", en Perú, cuando regresó a España dijo en una entrevista que le hicieron una frase que resume muy bien lo que pretendo transmitir "*he sido preso pero soy humano, la sociedad tiene que entender que hemos cometido errores consciente o inconscientemente, pero somos humanos*"[16].

Desde la Fundación +34 siempre intentaremos aliviar estas terribles situaciones, en las que muchos de españoles se ven envueltos, y por eso, el lema de la fundación es y será siempre *NUNCA OLVIDADOS*.

6. REFERENCIAS BIBLIOGRÁFICAS

Acuerdo entre España y la Región Administrativa Especial de Hong Kong de la República Popular de China sobre traslado de personas condenadas, hecho en Madrid el 15 de noviembre de 2012. *BOE*, núm. 147, de 20 de junio de 2013, páginas 46448 a 46452.

Acuerdo sobre traslado de personas condenadas a una pena de privación de libertad entre el Reino de España y el Estado de Qatar, hecho en Madrid el 24 de octubre de 2022. *BOE*, núm. 101, de 25 de abril de 2024, páginas 46140 a 46144.

Aplicación provisional del Convenio entre el Reino de España y la República de Cuba sobre ejecución de sentencias penales, hecho «ad referendum» en Madrid el 23 de julio de 1998. *BOE*, núm. 267, de 7 de noviembre de 1998, páginas 36387 a 36389.

CANAL SUR. "La tortura del sevillano Andrés, en el Penal Ancón 2: una cabeza humana para jugar al fútbol". Disponible en: https://www.canalsur.es/multimedia.html?id=2112289

EL MUNDO. SIMÓN. P. "Hallado preso en Perú un español que creían muerto", 18 de febrero de 2016. Disponible en: https://www.elmundo.es/sociedad/2016/02/18/56c49e6f22601d460d8b45fe.html

---

16 CANAL SUR. "La tortura del sevillano Andrés, en el Penal Ancón 2: una cabeza humana para jugar al fútbol". Disponible en: https://www.canalsur.es/multimedia.html?id=2112289

Instrumento de ratificación del Convenio sobre traslado de personas condenadas, hecho en Estrasburgo el 21 de marzo de 1983. *BOE* núm. 138, de 10 de junio de 1985, páginas 17478 a 1748.

Ley 23/2014, de 20 de noviembre, de reconocimiento mutuo de resoluciones judiciales penales en la Unión Europea. *BOE* núm. 282, de 21/11/2014.

MINISTERIO DE JUSTICIA. Convenios de traslado de personas condenadas. Disponible en: https://www.mjusticia.gob.es/es/AreaInternacional/TramitesInternacionales/Documents/Convenios%20Multilaterales%20o%20Bilaterales.pdf

Capítulo IV

La ejecución de sentencias penales de condena privativa de libertad en el espacio judicial europeo[1]

LORENZO M. BUJOSA VADELL
Catedrático de Derecho Procesal
Universidad de Salamanca

1. INTRODUCCIÓN

En los últimos veinticinco años la Unión Europea, por lo que se refiere a la cooperación procesal, ha profundizado en la senda de la internacionalización que ya había sido apuntada por CAPPELLETTI[2] como uno de

---

1 Esta publicación es resultado del Proyecto "Instrumentos de cooperación procesal internacional para el traslado de españoles condenados a España", Programa IC2 (2022) de financiación de grupos de investigación. Proyectos de Investigación. Universidad de Salamanca. IP: GONZÁLEZ MONJE, A.

2 CAPPELLETTI, M. (1978) "Appunti per una fenomenologia della giustizia nel XX secolo", *Rivista Trimestrale di Diritto e Procedura Civile,* vol. 4, dicembre, pp. 1413-1414.

los rasgos principales de la fenomenología de la justicia durante el siglo XX. El punto de inflexión[3] fue una de las reformas que periódicamente modificaron los textos fundamentales; en concreto el Tratado de Ámsterdam[4], firmado el 2 de octubre de 1997. Uno de sus puntos clave se dirigió a desarrollar esta organización de especial integración como un Espacio de Libertad, Seguridad y Justicia. Más en concreto, se introducía una nueva redacción del Título VI del Tratado de la Unión Europea dedicado a la regulación de la cooperación policial y judicial en materia penal. Era el artículo K.3 el que preveía una acción en común, entre otros fines, para "la facilitación y aceleración de la cooperación entre los ministerios y las autoridades judiciales o equivalentes competentes de los Estados miembros en relación con las causas y la ejecución de resoluciones".

En pocos años, empujados en algún momento por las circunstancias aciagas del terrorismo y de la criminalidad organizada, se presentaron numerosos planes, programas e iniciativas, que avanzaron de manera sorprendente, sobre todo si tenemos en cuenta que estamos tratando de materias muy cercanas al núcleo duro de la soberanía nacional y, por tanto, con evidentes dificultades para que las autoridades correspondientes adoptaran las decisiones políticas necesarias para ceder a órganos supranacionales el ejercicio de potestades constitucionales en el ámbito procesal penal.

Pero lo cierto es que han sido numerosos los instrumentos normativos que se han llegado a promulgar, dirigidos bien a la armonización de las garantías mínimas entre los Estados miembros, bien directamente a simplificar y profundizar en las vías de cooperación procesal penal. Entre estas últimas, algunas persiguen el mero reconocimiento de resoluciones judiciales como verdaderas expresiones de la potestad jurisdiccional de otros Estados miembros, con implicaciones transfronterizas, mientras que otras van más allá pues su finalidad es además la ejecución de lo ordenado en la resolución de que se trate según su contenido concreto.

Entre estas últimas, algunas se refieren a decisiones adoptadas a lo largo de un proceso de declaración penal, que —por lo menos parcialmente— deben ser cumplidas en Estados distintos a aquel en que se está desarrollan-

---

3 FLETCHER, M; LÖÖF, R; GILMORE; B. (2008). *EU Criminal Law and Justice,* Elgar European Law, Cheltenham, UK – Northampton, MA, USA, p. 103.

4 Tratado de Ámsterdam por el que se modifican el Tratado de la Unión Europea, los Tratados constitutivos de las Comunidades Europeas y determinados actos conexos. DOUE C 340, de 10 de noviembre de 1997, pp. 1-144.

do el proceso: la orden europea de detención y entrega[5], la orden europea de vigilancia[6], la orden europea de investigación[7], ... Otras, las que más nos interesan, son sentencias firmes de condena que, por razones diversas, tienen que hacerse cumplir, incluso de manera coactiva, en otro Estado miembro, como las que se refieren a sanciones pecuniarias[8], a decomisos[9], a restricciones de derechos[10] o, como las que atraerán nuestra atención en las páginas que siguen: las condenas privativas de libertad. Por último, todavía debemos ser conscientes de que también en la fase de ejecución penal caben decisiones judiciales que pueden precisar del reconocimiento y ejecución en otros Estados, por ejemplo, cuando haya suspensiones condicionales de la condena cuyas medidas de vigilancia deban llevarse a cabo en otro Estado miembro[11].

---

5 Decisión Marco 2002/584/JAI, del Consejo, de 13 de junio de 2002, relativa a la orden de detención europea y a los procedimientos de entrega entre Estados miembros (DOCE núm. 190, de 18 de julio de 2002, pp. 1-20), con las modificaciones introducidas por la Decisión Marco 2009/299, de 26 de febrero (DOUE núm. 81, de 27 de marzo de 2009, pp. 24-36) y por la Directiva 2023/2843, de 13 de diciembre de 2023 (DOUE núm. 2843, de 27 de diciembre de 2023, pp. 1-13).

6 Decisión Marco 2009/829/JAI, del Consejo, de 23 de octubre de 2009 relativa a la aplicación, entre Estados miembros de la Unión Europea, del principio de reconocimiento mutuo a las resoluciones sobre medidas de vigilancia como sustitución de la prisión provisional (DOUE núm. 294, de 11 de noviembre de 2009).

7 Directiva 2014/41/CE del Parlamento Europeo y del Consejo, de 3 de abril de 2014, relativa a la orden europea de investigación en materia penal (DOUE núm. 130, de 1 de mayo de 2014).

8 Decisión Marco 2005/214/JAI del Consejo, de 24 de febrero de 2005, relativa a la aplicación del principio de reconocimiento mutuo de sanciones pecuniarias (DOUE núm. 76, de 22 de marzo de 2005, pp. 16-30).

9 Reglamento (UE) 2018/1805, del Parlamento Europeo y del Consejo, de 14 de noviembre de 2018, sobre el reconocimiento mutuo de las resoluciones de embargo y decomiso (DOUE núm. 303, de 28 de noviembre de 2018).

10 Así, por ejemplo, el Convenio 98/C 216/01, establecido sobre la base del artículo K.3 del Tratado de la Unión Europea, sobre las decisiones de privación del derecho de conducir (DOCE C 216 de 10 de julio de1998). También de manera más general, Decisión Marco 2008/947/JAI del Consejo, de 27 de noviembre de 2008, relativa a la aplicación del principio de reconocimiento mutuo de sentencias y resoluciones de libertad vigilada con miras a la vigilancia de las medidas de libertad vigilada y las penas sustitutivas (DOUE núm. 337, de 16 de diciembre de 2008, pp. 102-122), por cuanto se refiere al reconocimiento mutuo de penas sustitutivas, entendiendo por pena sustitutiva "la pena que no constituye ni una pena privativa de libertad, ni una medida privativa de libertad, ni una sanción pecuniaria, y que impone una obligación o instrucción" (art. 2.4).

11 *Vid.* la Decisión Marco citada en la nota anterior.

Las obvias limitaciones de espacio y la temática de esta obra colectiva nos obligan a concentrar nuestra atención en el examen de los avances en las cuestiones que se plantean respecto a la ejecución de sentencias privativas de libertad y a los eventuales traslados de condenados. Pero en esta, como en otras vertientes, la Unión Europea no partía de cero. Como bien sabemos, todos los Estados miembros de la Unión Europea son, a su vez, miembros del Consejo de Europa, y en esta organización internacional encaminada a promover la democracia, los valores de justicia y el respeto de los derechos humanos y las libertades fundamentales, desde hace varios decenios ya se había trabajado para elaborar tratados internacionales multilaterales que permitieran una comunicación más fluida en orden a permitir reconocer la validez internacional de sentencias penales y el traslado de condenados de un Estado a otro.

Sin embargo, es conveniente resaltar que estamos hablando nada menos de que la manifestación probablemente más importante, y desde luego la más lesiva, en el ejercicio de la jurisdicción de un determinado Estado va a poder ser ejecutada —por tanto, hecha cumplir coactivamente— por las autoridades de otro Estado en virtud de unos determinados valores que son compartidos. Estamos, por tanto, en un estadio bastante avanzado de la evolución de la cooperación procesal penal.

2. LOS ANTECEDENTES EN EL CONSEJO DE EUROPA

Al margen de los supuestos en que existe un mero reconocimiento de sentencias penales de otro Estado, sea para evitar un nuevo enjuiciamiento del mismo sujeto por los mismos hechos, sea para tener en cuenta las condenas que puedan haber recaído respecto de la misma persona por otros hechos distintos a efectos de la determinación de la pena en un nuevo proceso, centramos nuestro análisis en la consideración de las sentencias de condena a la privación de libertad para su cumplimiento forzoso[12] en otros ordenamientos y conviene resaltar que la necesidad de su regulación ya había sido contemplada en algunos de los tratados internacionales aprobados en el seno del Consejo de Europa.

12 Sobre la naturaleza jurisdiccional de la ejecución penal, *vid.* GONZÁLEZ CANO, M.ª I., *La ejecución de la pena privativa de libertad,* Tirant lo Blanch, Valencia, 1994, pp. 71 y ss. Y PEITEADO MARISCAL, P. (2000). *La ejecución jurisdiccional de condenas privativas de libertad,* Edersa. Madrid, pp. 51 y ss.

En primer lugar, el Convenio europeo sobre el valor internacional de las sentencias penales, núm. 70, de 1970[13], regula estas cuestiones, con amplitud, pero también con complejidad. En el informe explicativo de este Convenio se destaca que las consideraciones acerca de la soberanía nacional, que tradicionalmente ha servido de base para justificar la territorialidad de las competencias legislativas y judiciales en materia penal, no deberían impedir ya el reconocimiento de sentencias extranjeras, dada la confianza mutua entre los Estados miembros del Consejo de Europa, el desarrollo de la criminalidad en la sociedad moderna y la necesidad de combatirla a través de una colaboración transfronteriza.

Las dificultades planteadas para la interpretación y la aplicación de este Convenio obligaron al Consejo de Europa a elaborar un nuevo texto con una regulación más simple, con un contenido más limitado y un procedimiento más rápido para obtener el reconocimiento de sentencias penales extranjeras. Es el Convenio sobre el traslado de personas condenadas, núm. 112, de 1983[14]. Este texto ha sido complementado por dos Protocolos Adicionales, uno de 1997[15] y el segundo, que enmienda el anterior, de 2017[16].

Es oportuno señalar que no siempre la transmisión de la ejecución de una sentencia penal a otro Estado conlleva el traslado de condenados, pues es posible que éstos se encuentren ya en el ámbito territorial del Estado donde se pretende el cumplimiento de la condena. De este modo la transmisión de la ejecución puede ser útil para los casos en que ya se esté cumpliendo condena por otra causa en otro país o, sobre todo, para superar los inconvenientes ante las denegaciones de extradición principalmente por motivos de nacionalidad: si no se concede su extradición por lo menos que se comprometa el Estado a ejecutar la resolución penal en sus propios centros penitenciarios.

---

13 *Vid.* https://www.coe.int/en/web/conventions/full-list?module=treaty-detail&treatynum=070

14 *Vid.* https://www.coe.int/en/web/conventions/full-list?module=treaty-detail&treatynum=112.
Este convenio vincula a cuarenta y cinco Estados del Consejo de Europa, pero —y aquí hubo una importante novedad— también a veinticinco Estados de todos los restantes continentes.

15 *Vid.* https://www.coe.int/en/web/conventions/full-list?module=treaty-detail&treatynum=167

16 *Vid.* https://www.coe.int/en/web/conventions/full-list?module=treaty-detail&treatynum=222

En este sentido, por tanto, el reconocimiento y ejecución de sentencias aparece como una institución complementaria a la extradición. Pero es preciso resaltar también la diferencia entre la extradición de condenados y el traslado de condenados porque realmente son dos instituciones completamente distintas: la primera tiene la finalidad de que se cumpla la condena en el Estado que emitió la sentencia, mientras que el traslado de condenados persigue el cumplimiento de la condena en un país distinto a aquél en que fue dictada, por el arraigo que pueda tener el condenado en ese país, en principio concretado en el criterio de la nacionalidad, y flexibilizado en algunos convenios en favor del criterio de la residencia habitual.

3. EL PRINCIPIO DE RECONOCIMIENTO MUTUO COMO CLAVE DE BÓVEDA DE LA COOPERACIÓN JUDICIAL EN LA UNIÓN EUROPEA

Como antes recordamos, el llamado "tercer pilar" de la Unión Europea institucionalizó la cooperación judicial en materia penal, sobre todo a partir del artículo 31 del Tratado de la Unión. Pero en ese contexto, pronto se planteó la necesidad de superar las normas elaboradas en el seno del Consejo de Europa en favor de una cooperación más estrecha, más eficaz y más rápida, basada en el principio de la confianza mutua entre los Estados miembros en un espacio de libertad, seguridad y justicia para los ciudadanos.

Con precedentes en el Consejo Europeo de Cardiff en 1998 y en el Plan de Acción del Consejo y la Comisión del mismo año, el gran impulso político vino tras la reunión del Consejo Europeo en Tampere (Finlandia) los días 15 y 16 de octubre de 1999, en la que esta materia fue declarada la piedra angular de la cooperación judicial entre los Estados de la Unión. En concreto, se afirmó que un mejor reconocimiento mutuo de las resoluciones y sentencias judiciales y la necesaria aproximación de las legislaciones facilitaría la cooperación entre autoridades y la protección de los derechos individuales[17]. Para ello se solicitó al Consejo y a la Comisión que adoptaran un programa de medidas para llevar a la práctica el principio de reco-

---

17 VAN BALLEGOOIJ, W. (2015). *The nature of Mutual Recognition in European Law. Re-examining the notion from an individual rights perspective with a view to its further development in the criminal justice area,* Intersentia, Cambridge, UK, p. 356: "Mutual recognition entails a *process* of recognizing and giving effect to factual and legal situations established in other Member States, That process contributes to free movement but does not guarantee it. The reason for that is that certain exceptions to free movement also find their direct origins in the a*ims* of the European Union's

nocimiento mutuo, entre ellas el estudio de los aspectos del Derecho procesal en los que se considerara necesario contar con unas normas mínimas comunes para facilitar el desarrollo y la profundización de la cooperación procesal penal en el espacio europeo de justicia[18].

Un verdadero "Espacio judicial europeo" en una auténtica "Unión Europea" parece que debería exigir asimilar la sentencia procedente de otra jurisdicción a la emanada de órganos jurisdiccionales del propio Estado de ejecución. Sería, así pues, una manifestación más del principio de reconocimiento mutuo, por el cual, en términos generales, una vez adoptada una resolución por un juez en el ejercicio de sus facultades oficiales en un Estado miembro, en la medida que esa resolución tenga implicaciones extranacionales, debía ser automáticamente aceptada por todos los demás Estados miembros, y surtir los mismos efectos o, al menos efectos similares.

En realidad, pronto se constató que este principio era más un objetivo, alcanzable más bien a largo plazo, que una realidad construida a golpe de nuevo acto normativo de la Unión Europea. Es innegable que cada una de las Decisiones Marco promulgada en este contexto ha supuesto avances hacia ese objetivo[19]. Sin embargo, los problemas, las discusiones y las restricciones, aún respecto a las normas en plena aplicación y, por tanto, ya traspuestas a los diversos Estados miembros, fueron llamativas —y no sólo respecto a actos procesales provenientes de Estados miembros con escasa tradición democrática—. No son recelos del todo injustificados[20]; en particular, es importante el aseguramiento del respeto a los derechos procesales penales[21] en

---

internal market and Area of Freedom, Security and Justice, notably compliance with the rule of law and non-economic interests…".

18 PÉREZ MARÍN, M.A. (2013). *La lucha contra la criminalidad en la Unión Europea. El camino hacia una jurisdicción penal común,* Atelier, Barcelona, pp. 111 y ss, habla de tres dimensiones en el Espacio Judicial Europeo: la primera relativa a los efectos de la normativa penal europea en los ordenamientos jurídicos internos; la segunda como refuerzo de la cooperación de los Estados frente a la criminalidad transnacional, y la tercera, con intentos más decididos hacia una integración penal europea.

19 WEYEMBERG, A. (2022). "Historia de la cooperación", *Manual de Derecho procesal penal europeo* (Ed. Roberto E. Kostoris), Marcial Pons, Madrid, pp. 243-245, destaca "el carácter evolutivo y dinámico de la cooperación penal".

20 *Vid.* SCHÜNEMANN, B. (2006). "¿Peligros para el Estado de Derecho a través de la europeización de la administración de justicia penal?", *El Derecho procesal penal en la Unión Europea. Tendencias actuales y perspectivas de futuro* (Coords. T. Armenta Déu, F. Gascón Inchausti y M. Cedeño Hernán), Madrid, pp. 19-36.

21 En este sentido, DE HOYOS SANCHO, M. (2008). "Armonización de los procesos penales, reconocimiento mutuo y garantías esenciales", en DE HOYOS SANCHO, M. (Coord.), *El proceso penal en la Unión Europea: garantías esenciales,* Lex Nova, Va-

los procesos a los que han puesto fin las sentencias condenatorias cuyo reconocimiento y ejecución[22] por otro Estado miembro se pretende para que funcionen de la manera más fluida posible los principios de equivalencia y confianza mutua[23].

4. EL RECONOCIMIENTO MUTUO DE LAS SENTENCIAS PRIVATIVAS DE LIBERTAD

En el ámbito de la Unión Europea, a partir de los dos convenios del Consejo de Europa ya mencionados, se concluyeron diversos textos relacionados con la materia que estamos tratando: el Acuerdo relativo a la aplicación entre los Estados miembros de las Comunidades Europeas del Convenio del Consejo de Europa sobre traslado de personas condenadas, de 1987, en aplicación provisional en España desde 1994[24], o el Convenio sobre la ejecución de las condenas penales extranjeras, de 1991. También el Convenio de aplicación del Acuerdo de Schengen[25] anteriormente había previsto la "transmisión de la ejecución de sentencias penales" (arts. 67-69). Pero nos interesa particularmente el examen de la Decisión Marco 2008/909/JAI, del Consejo, de 27 de noviembre de 2008[26].

En efecto, es la Decisión Marco "relativa a la aplicación del principio de reconocimiento mutuo de sentencias en materia penal por las que se imponen penas u otras medidas privativas de libertad a los efectos de su ejecución en la Unión Europea" (en adelante, la DM 2008/909/JAI), que será objeto de análisis en las páginas que siguen, pues es la que definió la regulación vigente, tras las correspondientes transposiciones de los Estados miembros en sus respectivos ordenamientos internos[27].

---

lladolid, pp. 68-74, se refiere al" juez nacional como garante directo e indirecto de los derechos fundamentales".

22 Específicamente, sobre la vigencia de las garantías procesales en la ejecución penal, NAVARRO VILLANUEVA, C. (2002). *Ejecución de la pena privativa de libertad,* J.M. Bosch Editor, Barcelona, pp. 265 y ss.

23 *Vid.* DE JORGE MESAS, L.F. (2016). *Reconocimiento de las resoluciones penales en la Unión Europea,* Tirant lo Blanch, Valencia, pp. 60 y ss.

24 BOE de 31 de mayo de 1996.

25 BOE de 5 de abril de 1994.

26 DOUE L 327, de 5 de diciembre de 2008.

27 El artículo 11 DM 2008/909/JAI estableció que "Los Estados miembros adoptarán las medidas necesarias para el cumplimiento de la presente Decisión Marco a más tardar el 5 de diciembre de 2011".

4.1. Objetivo y ámbito de aplicación de la Decisión Marco

Como preveían los convenios citados anteriormente, el objetivo de esta norma europea es "establecer las normas con arreglo a las cuales un Estado miembro, para facilitar la reinserción social del condenado, reconocerá una sentencia y ejecutará la condena" (art. 3.1 DM 2008/909/JAI)[28]. Por tanto, la finalidad directa de esta Decisión Marco es la prevención especial positiva del condenado, en la línea la previsión del artículo 25.2 CE. Además, se plantea un ámbito de aplicación amplio, pues se contemplan tanto los casos en que el condenado se encuentre en el Estado de emisión de la sentencia y deba cumplir la condena en otro Estado distinto, para lo cual se exigirá el traslado del condenado[29], como también los casos en que el condenado se encuentra ya en el Estado de ejecución, para lo cual lo único que deberá trasmitirse es la sentencia y los documentos complementarios[30].

Por otro lado, el artículo 3, en su apartado tercero establece que la "presente Decisión Marco solo se aplicará al reconocimiento de sentencias y a la ejecución de condenas en el sentido de la presente Decisión Marco"[31]. Se trata, en realidad, de excluir del ámbito de aplicación de esta norma la ejecución de otro tipo de penas o consecuencias accesorias de la condena, que tienen sus propias disposiciones específicas: básicamente, la ejecución

---

28 Como afirma GIUFFRIDA, C. (s/f). "El reconocimiento mutuo como instrumento para reinsertarse en la sociedad: Las decisiones marco Nº 2008/909/JAI, Nº 2008/947/JAI y Nº 2009/829 JAI", *Retos actuales de la cooperación procesal penal en la Unión Europea* (Coords. José Manuel Cortés Martín y Florentino-Gregorio Ruiz Yamuza, Dykinson, Madrid, p. 127, este mecanismo de transferencia simplificado se basa en la presunción de que el lugar de origen de la persona condenada es el lugar donde posee vínculos sociales, familiares, culturales y lingüísticos, pero no excluye la posibilidad de que se prueben vínculos con otro lugar.

29 Se hace evidente, pues, la relación directa que el reconocimiento y ejecución de sentencias de condena privativas de libertad puede tener con la orden europea de detención y entrega cuando se trata obviamente de la entrega de condenados.

30 La preocupación a la que nos referíamos acerca de la necesidad de evitar que los reconocimientos y ejecuciones de condenas supongan la convalidación de infracciones de disposiciones fundamentales aparece reflejada en el apartado cuarto del artículo 3 DM 2008/909/JAI, pues se viene a subrayar que no caben interpretaciones de este acto normativo que tengan el efecto de modificar la obligación de respetar los derechos fundamentales y los principios fundamentales del artículo 6 del Tratado de la Unión Europea.

31 Sobre el concepto y características de la resolución penal, *vid. El reconocimiento mutuo de resoluciones penales definitivas en la Unión Europea,* Colex, Madrid, 2006, pp. 57-58.

de sanciones pecuniarias y la de resoluciones de decomiso. Por tanto, si se trata de ejecutar una sentencia compleja, en el sentido de que contiene penas o consecuencias accesorias de diversa naturaleza cada tipo de sanciones penales tendrá su cauce de cooperación propio, tal y como cada una de ellas tiene su propia regulación diferenciada. Además, debe deducirse de ello que la inejecución de alguna de esas sanciones de otra naturaleza no puede conllevar la imposibilidad de transmitir la sentencia a efectos de que se cumpla coactivamente la privación de libertad declarada en ella[32].

4.2. Competencia

Debe recordarse, en primer lugar, el principio de relación directa entre órganos jurisdiccionales que es común a la mayoría de los instrumentos de cooperación procesal penal entre los Estados miembros de la Unión Europea y, en consecuencia, sin necesidad de intervención alguna por parte de las conocidas como Autoridades centrales.

La determinación del órgano competente para este instrumento de reconocimiento mutuo, como es lógico, se deja a las normas de transposición de los Estados miembros y, por tanto, en nuestro caso a la Ley 23/2014, de 20 de noviembre. Desde la perspectiva de la Unión Europea, sin embargo, se prevé que cada Estado tiene la obligación de comunicar la autoridad o autoridades que la respectiva legislación nacional haya concretado, tanto cuando actúe como Estado de emisión, como cuando lo haga como Estado de ejecución.

Por su parte, la Secretaría General del Consejo tiene también algunas funciones de interés: principalmente las de transmitir a los Estados miembros y a la Comisión las notificaciones o declaraciones que se hayan formulado respecto a la exigencia de consentimiento en determinados casos (art 4.7 DM 2008/909/JAI); o, por otro lado, respecto a la exigencia de traducción a la lengua oficial del Estado de ejecución o a otras (art. 23.1 y 3 DM 2008/909/JAI)[33].

---

32 *Vid.* con detalle, la Comisión de la Comisión titulada *Manual sobre el traslado de condenados y penas privativas de libertad en la Unión Europea.* DOUE C 403/2, de 29 de noviembre de 2019.

33 La información sobre los datos de contacto de las autoridades de ejecución competentes en los Estados miembros están en el Atlas Judicial en la página web de la Red Judicial Europea: https://www.ejn-crimjust.europa.eu/Ejn2021/AtlasChooseCountry/EN.

4.3. Criterios para la transmisión

La decisión de transmitir una sentencia con el fin de obtener su reconocimiento y ejecución en otro Estado miembro está sometida a unos criterios de legalidad que se establecen en el artículo 4 DM 2008/909/JAI con una notable complejidad[34].

Si se nos permite una esquematización de tales criterios, conviene partir de la constatación de que la autoridad competente debe adoptar su decisión sobre la autorización o no de la transmisión de la sentencia sobre la base de facilitar la reinserción social del condenado. Este es el punto central de la regulación de la DM 2008/909/JAI.

Recuérdese, por otra parte, la gran flexibilidad con la que se contempla la situación de partida: el condenado debe encontrarse bien en el Estado de emisión, bien en el de la ejecución y la transmisión y que la transmisión se haga al Estado de nacionalidad si vive en él, al de nacionalidad en el que no vice, pero al que previsiblemente será expulsado o trasladado una vez puesto en libertad según disponga la propia resolución condenatoria, o bien a cualquier otro Estado cuya autoridad consienta la transmisión. En este último caso es obligatoria la consulta a la autoridad competente del Estado de ejecución, que deberá atender a las circunstancias concretas que puedan ser desfavorables para facilitar su reinserción social o la reintegración con éxito del condenado en la sociedad.

Punto relevante en todo ello es la cuestión del consentimiento del condenado como elemento decisivo para permitir la transmisión de la sentencia. El artículo 6 DM 2008/909/JAI fija, como aparente regla general, la del valor dominante del consentimiento del condenado, emitido de conformidad con la legislación del Estado de emisión; sin embargo son amplias las excepciones previstas, pues incluyen los casos en que el Estado receptor de la sentencia sea el de nacionalidad en el que viva el condenado[35], aquél al que el condenado vaya a ser expulsado sobre la

---

34 *Vid.* DE JORGE MESAS, L.F. (2016). *Reconocimiento de las resoluciones penales..., op. cit.*, pp. 183-184.

35 Llamó la atención la excepción provisional de Polonia respecto a esta primera excepción, conforme al apartado 5 del artículo 6 DM 2008/909/JAI, justificada de una manera un tanto peregrina en el Preámbulo en la necesidad de tiempo adicional "para hacer frente a las consecuencias prácticas y materiales del traslado de ciudadanos polacos condenados en otros Estados miembros, especialmente teniendo en cuenta el aumento de la movilidad de los ciudadanos polacos dentro de la Unión Europea". La excepción se limitó a los casos en que la sentencia haya

base de una orden de expulsión o traslado contenida en la resolución o, finalmente, el Estado al que se haya fugado el condenado o haya regresado ante el proceso penal abierto contra él o por haber sido condenado. De este modo, la regla general queda solamente para los probablemente irrelevantes supuestos en que se pretenda la transmisión a otros Estados distintos de los que se acaban de mencionar, por tanto, sólo parte de aquellos a los que Se refiere el artículo 4.1.c) DM 2008/909/JAI y para cuyos casos es esencial se autorización —debiendo estar fundada la denegación—.

No hay una radical novedad en estas disposiciones respecto a algunas de las normas internacionales que hemos visto entre los antecedentes de esta Decisión Marco. Es habitual en los convenios bilaterales de traslados de condenados en que España es parte el tratamiento del consentimiento como condición *sine qua non* para la cooperación internacional. Así también el artículo 3.d) del Convenio Europeo de 1983 somete el traslado a la condición de que el condenado, o su representante, otorgue su consentimiento. Pero el Protocolo Adicional de 1997[36] expresamente excluyó esta exigencia para el caso de personas evadidas y para aquellos supuestos en que la condena emitida conlleve una media de expulsión o cualquier otra medida por la cual una vez recobrada la libertad no se le permitirá la permanencia en el Estado de condena.

Recuérdese que el condenado en el momento de plantearse la transmisión de la sentencia puede encontrarse tanto en el Estado de emisión, como en el de ejecución. Si se encuentra todavía en el territorio del Estado de emisión el apartado 3 del artículo 6 DM 2008/909/JAI exige la aplicación de un trámite de audiencia al condenado ("se le dará la oportunidad de formular verbalmente o por escrito su opinión")[37] o, en casos especia-

---

sido dictada antes de un período de cinco años a partir del 5 de diciembre de 2011.

36 Este Protocolo no fue ratificado por España hasta el 19 de julio de 2017. BOE de 2 de octubre de 2017.

37 El *Informe de la Comisión al Parlamento Europeo y al Consejo sobre la aplicación, por los Estados miembros, de las Decisiones Marco 2008/909/JAI, 2008/947/JAI y 2009/829/JAI, relativas al reconocimiento mutuo de resoluciones judiciales por las que se imponen penas u otras medidas privativas de libertad, medidas de libertad vigilada y penas sustitutivas y medidas de vigilancia como sustitución de la prisión provisional,* Bruselas, 5 de febrero de 2014 [COM(2014) 57 final)], p. 7, afirma: "Del análisis preliminar de la legislación de aplicación de los Estados miembros se desprende que no siempre se contemplan expresamente la notificación al interesado ni la oportunidad de que este manifieste su opinión, aspectos que han de tenerse en cuenta".

les, a su representante legal y el resultado de este trámite debe transmitirse también a la autoridad competente del Estado de ejecución[38].

En todo caso, no tendrían sentido estas actuaciones si previamente no se le ha informado al condenado, en una lengua que comprenda, de la decisión de transmitir la sentencia al Estado de ejecución, como elemental exigencia de defensa para asegurar una genuina posibilidad de contradicción. Por supuesto, estas garantías fundamentales deben aplicarse también en los casos en que el condenado se encuentre ya en el Estado de ejecución cuando se efectúa la transmisión.

4.4. Procedimiento

4.4.1. Iniciativa

A primera vista son las autoridades competentes del Estado de emisión de la sentencia las que más fácilmente pueden conocer las circunstancias relativas al condenado, por el mero hecho de que ante ellas se ha desarrollado el proceso penal del que ha resultado la sentencia privativa de libertad. Es, por tanto, previsible que sea el Estado de emisión el que inicie la aplicación de la Decisión marco y por tanto remita al Estado de ejecución la documentación necesaria para que la ejecución se desarrolle en el lugar donde con mayor facilidad se pueda producir la reinserción social del condenado. Entre la información obtenida por los órganos jurisdiccionales al comprobar los hechos objeto de la condena, y, sobre todo, al investigar a los delincuentes en el proceso penal, es muy probable que se hayan obtenido datos útiles que lleven a la consideración de que la finalidad de la pena se puede conseguir mucho más fácilmente a través de la transmisión de la ejecución.

No podemos desdeñar, sin embargo, que haya también razones más inconfesables para esta iniciativa del Estado de condena, como el hacinamiento de los centros penitenciarios y la posibilidad de aliviar de algún modo la saturación simplemente contribuyendo a transferir a los no nacionales a las cárceles de sus propios Estados[39].

---

38 Es evidente que, en caso de declaración oral del condenado, deberá documentarse debidamente conforme a la legislación del lugar en que se emite, y el acta resultante deberá ser en su caso reconocida también en el Estado de ejecución como documento que goza de fe pública.

39 En este sentido, PAULESU, P.P. (2002). "Aspectos de la ejecución", en *Manual de Derecho procesal penal europeo* (Ed. Roberto E. Kostoris), Marcial Pons, Madrid, pp.

De todas formas, la persona condenada es quien posiblemente quien tenga más justificadas razones para solicitar su traslado e intentar acercarse así a su lugar de arraigo, y por ello, como indica el segundo inciso del apartado 5 del artículo 4 DM 2008/909/JAI, se le concede la posibilidad de plantearlo tanto ante las autoridades del Estado de ejecución como a las del Estado de emisión.

En tercer lugar, el impulso puede proceder del propio Estado de ejecución, aunque para este supuesto quizás sea difícilmente imaginable que las autoridades jurisdiccionales de este Estado decidan "por propia iniciativa" solicitar al Estado de emisión la transmisión de la ejecución de la sentencia privativa de libertad[40].

4.4.2. Transmisión de la sentencia y del certificado

Se mantiene en este instrumento de cooperación procesal penal entre los Estados miembros, como hemos ya adelantado, el criterio de la relación directa entre las autoridades competentes de los dos Estados, sin asomo por supuesto de la vía diplomática tradicional, ni tampoco por lo menos expresamente de la exigencia de la tramitación a través de una Autoridad central, que en esta materia suele ser el respectivo Ministerio de Justicia. Se declara esa relación directa de manera incluso insistente en el apartado primero del artículo 5 DM 2008/909/JAI.

La técnica de cooperación prevista es la que contempla la transmisión de la sentencia, o más probablemente de su copia autenticada, junto con un certificado cuyo modelo unificado se fija en el Anexo I de la DM 2008/909/JAI, para mayor facilidad de las relaciones directas entre los órganos jurisdiccionales competentes, bien para la emisión, bien para la ejecución.

Conforme al artículo 23 DM 2008/909/JAI el certificado deberá traducirse a la lengua oficial o a una de las lenguas oficiales del Estado de ejecución, aunque cualquier Estado miembro, en el momento en que lo

---

542 y 544

[40] No sería tan extraño, en cambio, que la iniciativa partiera de un condenado que se encuentra ya en el Estado de ejecución y que hubiera presentado su solicitud ante las autoridades competentes de este mismo Estado, que serían las que, a su vez, plantearan la transmisión a los órganos jurisdiccionales que hubieran dictado la sentencia condenatoria en otro Estado miembro. Pero, por supuesto, esta última no podría entenderse como una solicitud "por iniciativa propia", o como es más habitual en el lenguaje forense español: "de oficio".

considere oportuno, podrá emitir una declaración específica por la que acepte una traducción a una o varias de las demás lenguas oficiales de las instituciones de la Unión Europea.

La remisión de la sentencia o su copia, además del certificado mencionado podrá realizarse por cualquier medio, siempre que, como es lógico, deje constancia escrita y esté revestido de las suficientes garantías de autenticidad[41]. El precepto dedicado a esta cuestión, el artículo 5 DM 2008/909/JAI, añade otras disposiciones muy lógicas, como la exigencia de firma de la autoridad del Estado emisor en el propio certificado o la de transmitir la sentencia junto al certificado solo a un Estado de ejecución cada vez.

4.4.3. Adopción de medidas cautelares

Puesto que se trata del reconocimiento y ejecución de sanciones de privación de libertad y habiendo recaído sentencia firme es muy razonable plantear la aplicación de alguna medida de aseguramiento del condenado mientras se producen los contactos directos entre las diversas autoridades competentes de los Estados miembros. Puede ser importante, para evitar la frustración del cumplimiento de la sentencia, la adopción urgente de una medida cautelar de carácter personal, por ello, el artículo 14 DM 2008/909/JAI introduce una disposición de naturaleza cautelar que denomina —a primera vista adecuadamente— "detención preventiva".

Conforme a la Decisión Marco es el Estado emisor el que valora la concurrencia de los presupuestos necesarios, en este caso básicamente el *periculum in mora,* pues el *fumus boni iuris* viene claramente declarado en la sentencia condenatoria. Es en realidad, como puede observarse, una actividad de cooperación entre Estados miembros adicional y diversa de la mera transmisión de la ejecución de la sentencia. El Estado receptor simplemente "podrá", antes de que se reciba la sentencia y el certificado y antes de tomar una decisión sobre el reconocimiento y la ejecución de la condena, privar de libertad al condenado o adoptar algún otro tipo de medida cautelar personal con una finalidad muy explícita: "garantizar su permanencia en su territorio".

---

41 Un síntoma de desconfianza aparece de nuevo en el segundo inciso del apartado primero del artículo 5 DM 2008/909/JAI cuando, como si se tratara de un mero tratado tradicional sobre ejecución de sentencias, se permite al Estado de ejecución reclamar la transmisión del original de la sentencia, así como el original del certificado.

4.4.4. Reconocimiento

Cualquier acto de cooperación jurisdiccional que exija la ejecución de una resolución del Estado de emisión, requiere una actuación previa y que la mayor parte de las veces permanece inadvertida por su carácter implícito. Para ser debidamente ejecutada, la sentencia penal que imponga una pena o medida privativa de libertad y que proceda de otro Estado miembro, debe ser antes reconocida como tal sentencia, es decir, como verdadero acto jurisdiccional, a pesar de que el órgano autor de esa resolución no ejerza potestad soberana alguna respecto al Estado de ejecución.

En este sentido, el artículo 8 DM 2008/909/JAI, en su primer apartado, contempla adecuadamente esta disociación, cuando afirma que la autoridad competente del Estado de ejecución reconocerá toda sentencia que haya sido transmitida de conformidad con el artículo 4 y mediante el procedimiento previsto en el artículo 5.

4.4.5. Ejecución

A) Decisión

Una vez reconocida la sentencia se deben adoptar las medidas necesarias para la ejecución de la condena, salvo que se estime que concurre alguno de los motivos de no reconocimiento o de no ejecución previstos en el artículo 9 DM 2008/909/JAI. Es claro, por tanto, que la autoridad competente receptora debe hacer una valoración jurídica de la sentencia, o su copia y del certificado recibido, para adoptar una decisión razonada acerca de su ejecución. No es, por tanto, una recepción automática, como pudiera hacer pensar la referencia al principio de reconocimiento mutuo, sino que requiere una decisión bastante mediatizada.

La decisión debe tomarse a la mayor brevedad (*ex* art. 12) y deberá comunicarse al Estado de emisión. Salvo que se apliquen las posibilidades de aplazamiento que más abajo se señalarán, el plazo para decidir sobre el reconocimiento y la ejecución no puede ir más allá de 90 días, a contar desde la recepción de la sentencia y el certificado, aunque el apartado tercero del artículo 12 prevé que en caso de retrasos en casos excepcionales se deberá informar con urgencia a la autoridad del Estado de emisión[42].

---

42 No sólo para estos casos de demora, sino en general, el artículo 13 permite al Estado de emisión la retirada del certificado, siempre que no haya comenzado la ejecución. La única exigencia para ello es la de motivar la decisión. Ello impedirá

El artículo 8 DM 2008/909/JAI prevé, en sus apartados 2 y 3, dos situaciones de incompatibilidad entre las legislaciones del Estado de condena y del Estado de ejecución. Será frecuente, en primer lugar, que la duración de la condena impuesta no se ajuste exactamente a la duración de la privación de libertad prevista para los mismos delitos o delitos análogos en la legislación de ese segundo Estado. En lugar de aplicar el principio de equivalencia que podría derivar de una aplicación estricta del reconocimiento mutuo, se prevé una solución jurídica más flexible y moderada: la posibilidad de una adaptación de la pena impuesta[43]. No se trata sin embargo de volver a los procedimientos de conversión que caracterizaban las opciones más conservadoras de la cooperación interestatal tradicional, pues esa adaptación no se producirá en todos los casos, sino que se permite —atención: no se obliga a ella— sólo cuando la condena supere la pena máxima contemplada por su legislación nacional para delitos del mismo

---

a partir de ese momento que se proceda a la ejecución en el Estado receptor. Una de las posibilidades de retirada la ofrece el apartado tercero del artículo 17, en el caso en que la autoridad competente del Estado de emisión no esté conforme con la aplicación de las disposiciones vigentes en el Estado de ejecución sobre libertad anticipada o condicional.

43 Debe tenerse en cuenta la Sentencia del Tribunal de Justicia de la Unión Europea (Sala Cuarta) de 15 de abril de 2021 en el asunto C-221/19, por la que se determina lo siguiente: "Las disposiciones del artículo 8, apartados 2 a 4, de la Decisión Marco 2008/909/JAI del Consejo, de 27 de noviembre de 2008, relativa a la aplicación del principio de reconocimiento mutuo de sentencias en materia penal por las que se imponen penas u otras medidas privativas de libertad a efectos de su ejecución en la Unión Europea, en su versión modificada por la Decisión Marco 2009/299/JAI del Consejo, de 26 de febrero de 2009, puestas en relación con las disposiciones del artículo 17, apartados 1 y 2, y las del artículo 19 de la misma Decisión Marco, deben interpretarse en el sentido de que permiten que se dicte una resolución de refundición que abarque no solo una o varias condenas impuestas con anterioridad al interesado en el Estado miembro en el que se dicte la resolución de refundición, sino también una o varias condenas que le hayan sido impuestas en otro Estado miembro y sean ejecutadas, con arreglo a dicha Decisión Marco, en el primer Estado miembro. No obstante, tal resolución de refundición no puede dar lugar a una adaptación de la duración o de la naturaleza de estas últimas condenas que supere los estrictos límites establecidos en el artículo 8, apartados 2 a 4, de la Decisión Marco 2008/909, a un incumplimiento de la obligación, impuesta por el artículo 17, apartado 2, de esta Decisión Marco, de deducir del período total de privación de libertad que haya de cumplirse en el Estado de ejecución todo el período de privación de libertad ya cumplido, en su caso, por la persona condenada en el Estado de emisión antes de su traslado o a una revisión de las condenas que le hubieran sido impuestas en otro Estado miembro, contraria al artículo 19, apartado 2, de dicha Decisión Marco".

tipo. Y si se procede a esta adaptación no habrá otra opción que imponer la pena máxima prevista en el ordenamiento de ejecución[44].

Por otro lado, el apartado tercero, prevé que la incompatibilidad se refiera a la naturaleza de la pena impuesta. Es probable que las divergencias desde esta perspectiva sean menos frecuentes. También para estos supuestos se concede al Estado de ejecución la posibilidad —tampoco la obligación— de proceder a la adaptación a su propia legislación para delitos similares. Pero en la medida de lo posible se exige la mayor correspondencia posible entre la condena impuesta en el Estado de emisión y la adaptada en el Estado de ejecución[45]. Por ello se excluyen expresamente las conversiones a penas pecuniarias en el segundo inciso del apartado tercero del artículo 8 DM 2008/909/JAI[46].

---

44 Haya o no haya adaptación, el sentido común obliga a deducir de la condena que se va a ejecutar en el Estado receptor, el tiempo ya cumplido en el Estado de emisión, y así lo dispone el artículo 17.2 DM 2008/909/JAI.

45 De hecho, en el mencionado *Informe de la Comisión...*, p. 8, se reconoce que "Algunos Estados miembros (PL, LV) han ampliado las posibilidades de adaptación, añadiendo ciertas condiciones. Con ello se otorga al Estado de ejecución la posibilidad de determinar si la pena impuesta en el Estado que ha dictado la sentencia corresponde a la pena que, en circunstancias normales, se habría impuesto por ese delito en el Estado de ejecución, prerrogativa que es contraria a los objetivos y al espíritu de las Decisiones Marco".

46 En la sentencia del Tribunal de Justicia de la Unión Europea (Gran Sala) de 8 de abril de 2016, en el caso C-554/14, se estableció que: "1) El artículo 17, apartados 1 y 2, de la Decisión Marco 2008/909/JAI del Consejo, de 27 de noviembre de 2008, relativa a la aplicación del principio de reconocimiento mutuo de sentencias en materia penal por las que se imponen penas u otras medidas privativas de libertad a efectos de su ejecución en la Unión Europea, en su versión modificada por la Decisión Marco 2009/299/JAI del Consejo, de 26 de febrero de 2009, debe interpretarse en el sentido de que se opone a una norma nacional interpretada de tal modo que autoriza al Estado de ejecución a conceder al condenado una redención de penas por el trabajo realizado durante su reclusión en el Estado de emisión, cuando las autoridades competentes de este último no han concedido tal redención en virtud del Derecho de ese Estado" y "2) El Derecho de la Unión debe interpretarse en el sentido de que un órgano jurisdiccional nacional está obligado a tomar en consideración todas las normas del Derecho nacional e interpretarlas, en la medida de lo posible, de conformidad con la Decisión Marco 2008/909, en su versión modificada por la Decisión Marco 2009/299, con el fin de alcanzar el resultado perseguido por ésta, dejando inaplicada, en caso de necesidad, de oficio, la interpretación adoptada por el órgano jurisdiccional nacional competente en última instancia, cuando dicha interpretación no sea compatible con el Derecho de la Unión".

Como se dispone en el segundo inciso del primer apartado del artículo 17, las únicas autoridades competentes para determinar el procedimiento de ejecución y las medidas conexas serán las del Estado de ejecución. Además, tanto el Estado de emisión como el de ejecución podrán conceder amnistía o indulto, conforme a su respectiva legislación interna. Pero sólo las autoridades competentes del Estado que ha dictado la condena están autorizadas para iniciar un proceso de revisión de la misma —no un "recurso" como dice la Decisión Marco y también todavía la propia Ley de Enjuiciamiento Criminal—[47].

B) Traslado

Como no podía ser de otra forma, la Decisión Marco prevé, para los casos en que el condenado se encuentra en el Estado de emisión, el traslado al Estado donde va a cumplir la pena o medida privativa de libertad. Ello se hará, conforme al artículo 15 DM 2008/909/JAI, en el momento en que acuerden las autoridades competentes de los Estados de emisión y ejecución, pero dentro de un plazo máximo de 30 días a contar desde la adopción de la decisión sobre el reconocimiento y la ejecución por las autoridades del Estado receptor.

Puede haber circunstancias concretas que impidan respetar este límite temporal, que deben ponerse de inmediato en conocimiento de las autoridades competentes respectivas. Por supuesto, en el momento en que desaparezca la situación impeditiva deberá realizarse el traslado, para lo cual deberá acordarse una nueva fecha. Se establece para ese supuesto la posibilidad de flexibilizar el momento en que se cumpla lo acordado, pero dentro de un plazo máximo de 10 días posteriores a la fecha nuevamente fijada.

C) Tránsito

Cuando se trata de proceder al traslado de una persona condenada de un Estado a otro y éstos no son Estados contiguos o separados únicamente por el mar, se plantea la necesidad de prever el régimen jurídico aplicable[48] en el Estado o Estados de tránsito, es decir, aquel o aquellos Estados

---

47 *Vid.* CALVO SÁNCHEZ, M.C. (1977), *La revisión civil*, Madrid.

48 MONTALDO, S; DAMIAN, A; BRANDARIZ, J.A. (2020). "The Road Ahead: Proposals for Improving the Implementation of Framework Decision 2008/909/JAI", in MONTALDO, Stefano. (Ed.), *The Transfer of Prisoners in the European Union.*

por los cuales es necesario pasar para proceder a la entrega del condenado a las autoridades del Estado de ejecución.

La solución es simple si el traslado se produce por vía aérea. Para estos casos —que serán los habituales— el apartado quinto del artículo 16 establece que no será necesaria la solicitud de tránsito, aunque si se produce un aterrizaje imprevisto el Estado de emisión debe facilitar en el plazo de 72 horas la información que acompaña las solicitudes de tránsito ordinarias.

En el resto de los casos, la Decisión Marco se remite al Derecho interno de cada Estado para la autorización del tránsito. Previamente se exige el envío de una copia del certificado y una solicitud específica de tránsito, remitidas por cualquier vía que deje constancia escrita. La decisión adoptada se comunicará al Estado de emisión de manera prioritaria y en el plazo de una semana tras la recepción de la solicitud, aunque podrá aplazarse la respuesta en los casos que el Estado de tránsito haya pedido al Estado de emisión la traducción del certificado a una de las lenguas que aquél acepte[49].

4.4.6. Motivos de denegación

Como en los demás instrumentos de aplicación del principio de reconocimiento mutuo en el Espacio judicial europeo y siguiendo la regulación

---

Challenges and Prospects in the Implementation of Framework Decision 2008/909/JAI, Eleven International Publishing. – G. Giappichelli Editore, The Hague – Milano, p. 162: "legal fragmentation – which reaches its peak precisely in the domain of the criminal execution phase – is still today one of the most pressing factors of departure from mutual trust and mutual recognition. Whether it is how prison benefits are regulated, the normative standards for determining prison conditions, or the regime of reductions and remissions in sentence, the differences (and the often related lack of mutual knowledge and awareness) between the legal orders of the Member States involved is a recurring concern".

49 El apartado cuarto del artículo 16 DM 2008/909/JAI establece una disposición dirigida a evitar la fuga de la persona condenada, pero llama la atención que esta medida cautelar se haga depender de la decisión de las autoridades del Estado de tránsito. Parece que éste pudiera haber sido un supuesto en el que se aplicara sin más el principio de reconocimiento mutuo, a pesar de que se trata de una medida que evidentemente restringe la libertad de una persona. La absoluta provisionalidad de la medida ("durante el período estrictamente necesario para el tránsito por su territorio") y la necesidad de que el Estado de tránsito sea Estado miembro de la Unión Europea para la aplicación de este precepto probablemente hubieran justificado un mayor automatismo en el simple mantenimiento de la privación de libertad de la persona condenada sobre todo en un Espacio judicial europeo que lo sea de veras.

tradicional de las actividades de cooperación procesal penal se prevén una serie de motivos de denegación[50]. La Decisión Marco sobre sentencias privativas de libertad sigue el camino ya trazado por los demás instrumentos que en este contexto la han precedido, pero aparecieron muestras claras de pasos atrás, probablemente por la trascendencia de este instrumento de cooperación respecto a las potestades soberanas de cada Estado.

El artículo 9 DM 2008/909/JAI es el dedicado a enumerar lo que denomina "motivos para el no reconocimiento y la no ejecución de la condena", entre los que se encuentran circunstancias formales, como el carácter incompleto del certificado o su falta de correspondencia con la sentencia, y, en su mayor parte causas más relacionadas directa o indirectamente con el fondo de la actividad de cooperación requerida: el incumplimiento de los criterios para la transmisión, la vulneración del *ne bis in idem,* la prescripción conforme a la legislación del Estado de ejecución, la concurrencia de inmunidades, la falta de responsabilidad penal por razones de edad, el escaso período temporal que falta por terminar de cumplir la condena[51], el haberse dictado en rebeldía la sentencia —salvo que se certifique que el condenado fue citado personalmente o a través de un representante y que haya indicado expresamente su intención de no impugnar la resolución—, la omisión del consentimiento del Estado de emisión para la aplicación del principio de especialidad cuando éste sea necesario, la aplicación de alguna medida psiquiátrica, sanitaria o de otro tipo que no sea posible ejecutar conforme al sistema jurídico o sanitario del Estado de ejecución o, finalmente, el hecho de que los delitos ("delitos penales" dice literalmente el texto de la Decisión Marco) se consideren cometidos en su integridad o

---

[50] En el *Informe de la Comisión…, op. cit.,* p. 9, se resume que "El análisis preliminar de la legislación de aplicación en los Estados miembros revela la existencia de grandes variaciones en la incorporación de los motivos de denegación. Algunos Estados miembros no han aplicado todos los motivos de denegación indicados en las Decisiones Marco (HU, LU, NL, DK, LV), mientras que otros han añadido nuevos motivos (AT, BE, DK). Algunos Estados miembros han aplicado correctamente los motivos de denegación como elemento facultativo para la autoridad competente (FI, LV, BG), otros les han dado carácter obligatorio (AT, IT, MT, SK) y un tercer grupo ha obtenido un resultado final con una mezcla de motivos facultativos y obligatorios (BE, DK, HU, LU, NL, PL)". y destaca que "La aplicación de motivos de denegación adicionales con carácter obligatorio parece contraria tanto a la letra como al espíritu de las Decisiones Marco".

[51] El artículo 9.1.h) DM 2008/909/JAI sitúa el límite temporal en los seis meses. Pero, téngase en cuenta que ello opera técnica como causa de denegación, que si no es opuesta por el Estado de ejecución en el momento procedimental oportuno no invalidará la transmisión de la ejecución de la sentencia privativa de libertad.

en su mayor parte, o en parte fundamental, en el territorio del Estado de ejecución o en un lugar equivalente[52].

En este extenso elenco de motivos de denegación falta, como es habitual en los instrumentos de principio de reconocimiento mutuo entre los Estados miembros de la Unión Europea, la exigencia de doble tipificación o doble incriminación que, respecto a las famosas treinta y dos categorías delictivas reiteradas en las distintas Decisiones Marco ya aprobadas en este contexto, no puede oponerse para evitar la actividad de cooperación. No es novedad, tampoco, la previsión de que, respecto a otras infracciones criminales no incluidas en ese elenco, se deja a la elección del Estado requerido la exigencia o no de doble tipificación del delito que ocasiona la solicitud de transmisión de la ejecución de la sentencia privativa de libertad[53].

4.4.7. Reconocimiento y ejecución parciales

Puede facilitar la aceptación de la solicitud de cooperación la posibilidad, que prevé el artículo 10 DM 2008/909/JAI, de reconocimientos y ejecuciones parciales. La iniciativa para ello se sitúa en la autoridad competente del Estado de ejecución, la cual podrá consultar a la autoridad competente del Estado de emisión la posibilidad de llegar a un acuerdo al respecto. La alternativa sería solamente la denegación del reconocimiento y ejecución de la sentencia condenatoria en su totalidad. Por supuesto, los acuerdos se tendrán que alcanzar caso por caso y la ejecución dependerá entonces de las condiciones pactadas entre las autoridades competentes

---

52 Se sigue, por tanto, dando la posibilidad de dar preferencia al principio de territorialidad, lo cual puede estar muy justificado para el enjuiciamiento de las infracciones criminales, pero lo es menos si tenemos en cuenta el objetivo específico de esta Decisión Marco y su inserción en lo que pretende ser un auténtico Espacio judicial europeo.

53 Sí es mucho más llamativa la disposición contenida en el apartado cuarto del artículo 7 DM 2008/909/JAI, pues permite una enorme flexibilización respecto a lo inicialmente previsto en el apartado primero respecto a las treinta y dos categorías delictivas aludidas, las cuales, aparecen eximidas del control de la aplicación de la exigencia de doble tipificación. En efecto, las potestades soberanas de los Estados miembros se fortalecen en este punto en perjuicio de una más fácil circulación de sentencias firmes privativas de libertad, pues cada uno de esos Estados puede formular una declaración específica en la que simplemente se declare que no se está dispuesto a aplicar el apartado primero, que es lo mismo que decir que van a controlar la doble tipificación respecto a todos los posibles delitos sin excepción alguna.

de ambos Estados implicados. En ningún caso cabe por esta vía aumento alguno de la duración de la condena.

4.4.8. Aplazamiento del reconocimiento

Sólo circunstancias relativas al certificado son las que pueden dar lugar al aplazamiento del reconocimiento de la sentencia, conforme al artículo 11 DM 2008/909/JAI. Problemas formales como su carácter incompleto, o la falta de correspondencia entre el certificado con la sentencia que ponga de manifiesto un claro error son las causas previstas expresamente en la Decisión marco. Se trata de permitir que en un "plazo razonable, fijado por el Estado de ejecución", el certificado se complete o corrija por la autoridad competente del Estado de emisión. No se prevé la consecuencia de la falta de subsanación de tales problemas, pero parece claro que será la frustración de la transmisión de la ejecución de la sentencia.

4.5. Aplicación del principio de especialidad

Es habitual en los tratados interestatales de traslado de personas condenadas la previsión de lo que conocemos tradicionalmente como principio de especialidad, por el cual la persona traslada no puede ser enjuiciada, sancionada o privada de libertad por una infracción cometida antes del traslado y que no hubiere motivado el mismo[54]. El artículo 18 DM 2008/909/JAI mantiene el mismo criterio tradicional como regla general. La cuestión está en si podemos afirmar que en la Unión Europea caben atenuaciones o excepciones de esa regla general[55].

En un Espacio judicial común no tendría sentido una aplicación estricta del principio de especialidad. Por ello el artículo 18.2 DM 2008/909/JAI contempla una amplia serie de excepciones: algunas tradicionales, como la de que la persona imputada haya tenido ocasión de salir del territorio

---

54 Como afirma BELLIDO PENADÉS, R. (2001). *La extradición en Derecho español (Normativa interna y convencional: Consejo de Europa y Unión Europea)*, Madrid, p. 91, este principio significa que la persona entregada al Estado requirente sólo podrá ser enjuiciada o condenada por los hechos por los que se solicitó y se concedió la entrega, sin que el enjuiciamiento o la condena pueda extenderse a otros hechos anteriores y distintos.

55 Recordemos al hilo de ello que el apartado segundo del artículo 101 del Estatuto de Roma permite atenuaciones de ese principio por acuerdo entre la Corte Penal Internacional y el Estado cooperante, con la admonición de que los Estados parte "procurarán" acceder a las solicitudes que la Corte les haga en este sentido.

del Estado de ejecución y no lo haya hecho en un plazo de 45 días desde su puesta en libertad definitiva por la primera condena o, habiendo salido, ha vuelto entrar en dicho territorio. También se exceptúan los casos en que el condenado haya dado su consentimiento al traslado o incluso cuando haya renunciado expresamente a beneficiarse de las consecuencias de la aplicación de este principio[56].

Pero, además de todo ello, el Estado de emisión puede otorgar simplemente, también aquí, su consentimiento, ante la solicitud procedente del Estado de ejecución, que deberá estar acompañada por la documentación prevista para las órdenes europeas de detención y entrega. El límite temporal para la prestación del consentimiento es de treinta días desde la recepción de la solicitud. Pero, es más, se prevé que en los casos en que sea obligatoria la entrega conforme a la regulación de las mencionadas órdenes europeas el Estado habrá de dar necesariamente su consentimiento, lo cual supone una solución plenamente coherente y adecuada en el sistema de cooperación procesal de la Unión Europea[57].

4.6. Relación con la orden de detención europea y con otras normas internacionales

Como es bien sabido, esta Decisión Marco no es el primer instrumento normativo encargado de organizar jurídicamente la transmisión de ejecución de sentencias y el traslado de condenado de un Estado miembro a otro. Hemos visto que son abundantes los antecedentes directos de este acto normativo, muchos de ellos todavía en vigor en la actualidad. Por ello, uno de los puntos a tratar era necesariamente el de su relación con todos esos textos, la mayoría de naturaleza convencional.

---

[56] Naturalmente es delicada esta renuncia porque su validez debe garantizar la libertad y consciencia del que consiente. Según el artículo 18.2.f) la renuncia deberá realizarse ante las autoridades judiciales del Estado de ejecución y se permite que la persona detenida tenga asistencia de un abogado. Ésta última disposición, a nuestro juicio se queda corta, pues la asistencia letrada debería asegurarse en todo caso al que va a renunciar a su inmunidad y no sólo en los casos en que él mismo manifieste expresamente querer ejercer su derecho a ser asistido por un abogado.

[57] Efectivamente en estos casos el imputado se encuentra ya en el territorio del Estado requirente y por ello no hará falta ya la entrega, únicamente es necesario el consentimiento del Estado requerido para que se produzca la inaplicación del principio de especialidad en estos casos.

Conviene recordar que la Decisión Marco 2002/584/JAI del Consejo, que introdujo la llamada "orden europea de detención y entrega", se aplica no sólo a personas requeridas pendientes de enjuiciamiento, sino también a personas condenadas que se encuentran en el territorio de un Estado distinto al Estado en el cual deben, en principio, cumplir la condena. Pero, habiéndose aprobado una Decisión Marco específica para la transmisión de sentencias de condena privativas de libertad, obviamente debe regularse la relación entre ambas. Y a ello justamente se dedica el artículo 25 DM 2008/909/JAI.

Se declara la aplicabilidad de la nueva regulación *mutatis mutandis* a la ejecución de condenas cuando un Estado se comprometa a tal ejecución en virtud del artículo 4.6 de la Decisión Marco 2002/584/JAI, es decir, en los casos en que la orden de detención europea se ha dictado a efectos de la ejecución de una pena o medida privativa de libertad contra una persona que sea nacional o residente del Estado miembro de ejecución. También se aplicará a los supuestos en que, conforme al artículo 5.3 de la Decisión Marco 2002/584/JAI[58], el Estado miembro requerido para la entrega de determinada persona, haya impuesto la condición de que sea devuelta para cumplir la condena, a fin de impedir la impunidad de la persona de que se trate[59].

---

[58] Conforme a esta disposición: "cuando la persona que fuere objeto de la orden de detención europea a efectos de entablar una acción penal fuere nacional del Estado miembro de ejecución o residiere en él, la entrega podrá supeditarse a la condición de que la persona, tras ser oída, sea devuelta al Estado miembro de ejecución para cumplir en éste la pena o la medida de seguridad privativas de libertad que pudiere pronunciarse en su contra en el Estado miembro emisor".

[59] Conforme a la Sentencia del Tribunal de Justicia de la Unión Europea (Sala Cuarta) de 11 de marzo de 2020 en el asunto C-314/18: "1) El artículo 5, punto 3, de la Decisión Marco 2002/584/JAI del Consejo, de 13 de junio de 2002, relativa a la orden de detención europea y a los procedimientos de entrega entre Estados miembros, en relación con el artículo 1, apartado 3, de la misma y con el artículo 1, letra a), el artículo 3, apartados 3 y 4, y el artículo 25 de la Decisión Marco 2008/909/JAI del Consejo, de 27 de noviembre de 2008, relativa a la aplicación del principio de reconocimiento mutuo de sentencias en materia penal por las que se imponen penas u otras medidas privativas de libertad a efectos de su ejecución en la Unión Europea, en sus versiones modificadas por la Decisión Marco 2009/299/JAI del Consejo, de 26 de febrero de 2009, debe interpretarse en el sentido de que, en caso de que el Estado miembro de ejecución supedite la entrega de la persona que, siendo nacional o residente de este, es objeto de una orden de detención europea a efectos de entablar una acción penal, a la condición de que dicha persona le sea devuelta, tras haber sido oída, para cumplir en el propio Estado miembro de ejecución la pena o la medida de seguridad pri-

Respecto a los convenios internacionales vigentes sobre estas mismas materias, entre las Disposiciones Finales de la DM 2008/909/JAI el artículo 26 y el artículo 28 contienen normas que, con gran flexibilidad regulan la relación entre el nuevo acto normativo y los demás acuerdos o arreglos internacionales. Expresamente la Decisión Marco sustituyó los Convenios del Consejo de Europa a los que nos hemos referido anteriormente: el Convenio sobre traslado de personas condenadas de 1983 y su Protocolo Adicional de 1997, así como el Convenio sobre la validez internacional de las sentencias penales de 1970[60].

---

vativas de libertad que pudiera pronunciarse en su contra en el Estado miembro emisor, este último Estado miembro debe proceder a la mencionada devolución a partir del momento en que la condena haya adquirido firmeza, a menos que, por motivos concretos vinculados con el respeto del derecho de defensa de la persona en cuestión o con la buena administración de la justicia, se haga indispensable la presencia de dicha persona en ese último Estado, hasta tanto se hayan resuelto definitivamente otras etapas procesales vinculadas con la causa por el delito respecto del cual se ha dictado la orden de detención europea.
2) El artículo 25 de la Decisión Marco 2008/909, en su versión modificada por la Decisión Marco 2009/299, debe interpretarse en el sentido de que, cuando la ejecución de una orden de detención europea dictada a efectos de entablar una acción penal se supedite a la condición prevista en el artículo 5, punto 3, de la Decisión Marco 2002/584, en su versión modificada por la Decisión Marco 2009/299, el Estado miembro de ejecución, a fin de ejecutar la pena o la medida de seguridad privativas de libertad dictada en el Estado miembro emisor contra la persona en cuestión, únicamente podrá adaptar la duración de dicha condena con arreglo a los requisitos estrictos previstos en el artículo 8, apartado 2, de la Decisión Marco 2008/909, en su versión modificada por la Decisión Marco 2009/299.

60 En el estricto ámbito de la Unión Europea, además se sustituyó el Título III, capítulo 5, del Convenio de aplicación de 1990 del Acuerdo de Schengen, así como el Convenio sobre ejecución de condenas penales extranjeras de 1991. Sin embargo, se estableció que tales normas podrían seguir siendo aplicadas si estaban en vigor después del 27 de noviembre de 2008, si permitían ir más allá de los objetivos de la Decisión Marco y contribuían a la simplificación o facilitación de la transmisión de sentencias. Para ello cualquier Estado podría formular una declaración al adoptar la DM 2008/909/JAI en la que se indicara que se seguirían aplicando los instrumentos jurídicos vigentes sobre traslado de condenados, siempre que la sentencia firme se hubiera dictado antes de la fecha que especificara y que no podría ser posterior al 5 de diciembre de 2011 (art. 28.2 DM 2008/909/JAI). Además, el artículo 26.4 DM 2008/909/JAI obliga a los Estados miembros a notificar al Consejo y a la Comisión a más tardar el 5 de marzo de 2009, los acuerdos y arreglos existentes que deseen seguir aplicando, y, en cuanto a los acuerdos o arreglos nuevos, en los tres meses siguientes a su firma".

5. LA TRANSPOSICIÓN EN EL ORDENAMIENTO ESPAÑOL DEL RECONOCIMIENTO MUTUO DE SENTENCIAS PRIVATIVAS DE LIBERTAD

La transposición en España del texto normativo que hemos expuesto se produjo a través de ese código de cooperación el ámbito de la Unión Europea que es la Ley 23/2014, de 20 de noviembre, de reconocimiento mutuo de resoluciones penales en la Unión Europea (En adelante, LRM). En efecto, en los doscientos veintitrés artículos de esta ley, siete disposiciones adicionales, tres transitorias, una derogatoria y cuatro finales, así como quince anexos, se contiene la incorporación al Derecho español de nueve decisiones marco y dos directivas, entre ellas por supuesto la Decisión Marco 2008/909/JAI, de 27 de noviembre.

Al margen de las disposiciones generales que se establecen en el Título Preliminar ("Régimen general del reconocimiento mutuo de resoluciones penales en la Unión Europea") y en el Título I ("Régimen general de la transmisión, el reconocimiento y la ejecución de los instrumentos de reconocimiento mutuo en la Unión Europea"), dedica el Título III a la transmisión, reconocimiento y ejecución de resoluciones que impongan penas o medidas privativas de libertad (Arts. 63 a 92), en concreto, "las sentencias cuyo régimen de reconocimiento y ejecución se regula en este Título son aquellas resoluciones judiciales firmes emitidas por la autoridad competente de un Estado miembro tras la celebración de un proceso penal, por las que se condena a una persona física a una pena o medida privativa de libertad como consecuencia de la comisión de una infracción penal, incluidas las medidas de internamiento impuestas de conformidad con la Ley Orgánica reguladora de la responsabilidad penal de los menores" (art. 63.1 LRM).

Se establecen como autoridades competentes[61] para la transmisión de una resolución por la que se impone una pena o medida privativa de libertad los Jueces de Vigilancia Penitenciaria, así como los Jueces de Menores

---

61 NEIRA PENA, A."National Competence Rules in the Application of Framework Decision 2008/909/JHA. The Case of Spain", in MONTALDO, Stefano. (Ed.), *The Transfer of Prisoners... op. cit.,* p. 34: "Problems arise when the absolute exclusion of certain administrative authorities and, notably, of the Prison Administration, from certain activities, such as the identification of potential transmissible cases or the assessment of the convenience of the transfer request from the perspective of social rehabilitation, erodes the principle of equivalence and effectiveness of Union law, as a consequence of the inadequate institutional context.".

cuando se trata de una medida impuesta de conformidad con la Ley Orgánica 5/2000, de 12 de enero, reguladora de la responsabilidad penal de los menores[62]. Pero si el cumplimiento de la condena no se ha iniciado la competencia corresponde al tribunal que hubiera dictado la sentencia en primera instancia[63].

Por lo que se refiere a la autoridad competente para reconocer y acordar la ejecución de una resolución por la que se impone una pena o medida privativa de libertad será el Juez de la Sección de lo Penal del Tribunal Central de Instancia, mientras que corresponde al Juez de la Sección de Vigilancia Penitenciaria del Tribunal Central de Instancia[64] a llevar a cabo la ejecución de la misma. Si la resolución se refiera a una medida de internamiento en régimen cerrado de un menor la competencia corresponderá al Juez de la Sección de Menores del Tribunal Central de Instancia[65]. Se exige que la autoridad judicial remita al Ministerio de Justicia, en el plazo de tres días desde su emisión o desde su reconocimiento y ejecución, una copia de los certificados transmitidos o reconocidos en España (art. 64.3 LRM).

En los artículos siguientes se regula la transmisión de una resolución por la que se impone una pena o medida privativa de libertad (Capítulo II), la ejecución de una resolución por la que se impone una pena o me-

---

62 Como dispone el artículo 66 LRM: "Antes del inicio de la ejecución de la condena, en caso de que la persona condenada no estuviera cumpliendo ninguna otra, el Juez o Tribunal sentenciador, una vez que la sentencia sea firme, podrá transmitir la resolución a la autoridad competente del Estado de ejecución directamente o a través del Juez de Vigilancia Penitenciaria".

63 Como dice, FERNÁNDEZ PRADO, M. (2015). "Cuestiones prácticas relativas al reconocimiento de resoluciones que imponen penas o medidas privativas de libertad", en *Reconocimiento mutuo de resoluciones penales en la Unión Europea*, Thomson Reuters-Aranzadi, Cizur Menor, p. 133: "La solicitud que pueda formular el condenado para la transmisión de la condena no puede ser una causa de suspensión de su ingreso en prisión".

64 Art. 95 LOPJ, tras la reforma introducida por Ley Orgánica 1/2025, de 2 de enero, de medidas en materia de eficiencia del Servicio Público de Justicia. *BOE* núm. 3, de 03/01/2025.

65 Según el documento "Los instrumentos de reconocimiento mutuo de resoluciones penales de la Unión Europea en la Estadística Judicial de 2023", *Datos de Justicia. Boletín de Información Estadística,* Consejo General del Poder Judicial, marzo de 2024: "Las resoluciones que imponen penas o medidas privativas de libertad han representado en 2023 el 3,9% de las emitidas y el 9,7% de las recibidas. Los órganos que emiten el mayor número son los Juzgados de Vigilancia Penitenciaria, mientras que el Juzgado Central Penal recibe la mayoría".

dida privativa de libertad (Capítulo III) y la aplicación del principio de especialidad a estos supuestos (Capítulo IV) [66].

5.1. Sobre la transmisión de una sentencia privativa de libertad a otro Estado miembro

Conforme al artículo 65.1 LRM, se podrá transmitir una resolución por la que se impone una pena o medida privativa de libertad tanto de oficio por la autoridad judicial española competente como a solicitud del Estado del Estado de ejecución o de la persona condenada. La solicitud de esta última se podrá presentar ante la autoridad competente española o ante la del Estado de ejecución. Y se establece que "Las solicitudes de la autoridad competente del Estado de ejecución y de la persona condenada no obligarán a la autoridad judicial española competente a la transmisión de la resolución" (art. 65.1.III LRM).

En los casos en que se hayan impuesto condenas de distinta naturaleza que todavía no hayan sido cumplidas o ejecutadas, ello no impide la trans-

---

66 El mencionado documento "Los instrumentos de reconocimiento mutuo de resoluciones penales...", *op. cit.*, nos ofrece los datos siguientes:

Resolución por la que se impone pena o medida privativa de libertad

	Emitidas					Recibidas				
	2019	2020	2021	2022	2023	2018	2019	2020	2021	2023
J. Penal	11	6	5	8	4					
Audiencias Provinciales	12	6	2	4	3					
Juzgados de Instrucción y Mixtos	1	2	0	2	5					
Juzgados Violencia contra la Mujer	0	0	0	0	1					
J. Menores	0	0	0	0	0					
Audiencia Nacional. Sala Penal	0	0	0	0	0					
Juzgados Centrales de Instrucción	0	0	0	0	0					
J. Central Penal	0	0	85	0	0	200	144	290	243	228
J. Central de Menores	0	0	0	0	0	0	0	0	2	1
J. Central Vigilancia Penitenciaria	4	0	13	2	2	20	18	8	4	2
J. Vigilancia Penitenciaria	157	140	117	100	66					
TOTAL	185	154	222	116	81	220	162	298	249	231

En 2023 se ha observado un descenso respecto al año anterior del 30,2% en las emitidas y del 7,2 % en las recibidas.

misión de la resolución por la que se imponen penas o medidas privativas de libertad.

Se establece que, en todo caso, la autoridad judicial competente debe dar la oportunidad al condenado que se encuentre en España de formular verbalmente o por escrito su opinión y que, esta se tendrá en cuenta al decidir sobre la transmisión de la resolución y se remitirá a la autoridad del Estado de ejecución junto con el resto de la documentación, al margen de encontrarse o no ante los casos en que no es necesario contar con el consentimiento de la persona condenada[67].

La adopción de consultas entre el Estado emisor y el de ejecución sobre la transmisión de la resolución puede ser decisivo para obtener información fidedigna sobre los aspectos que pueden contribuir a facilitar la reinserción del condenado. Las consultas son obligatorias cuando la resolución se transmita a un Estado de ejecución distinto de aquél en que el condenado vive y del que es nacional o de aquél al que vaya a ser expulsado una vez puesto en libertad.

Una vez iniciada la ejecución de la resolución por la que se impone una pena o medida privativa de libertad, en el Estado de Ejecución distinto a España, el Juez de Vigilancia Penitenciaria dejará de ser competente para adoptar resoluciones sobre la pena o medida privativa de libertad impuesta al condenado, incluidos los motivos de la libertad anticipada o condicional[68], sin perjuicio de la posibilidad de comunicar a la autoridad de ejecución las disposiciones aplicables en Derecho español en relación con la libertad anticipada o condicional del condenado o de solicitarle información sobre las disposiciones aplicables en esta materia en virtud de la legislación del Estado de ejecución[69].

---

67 En todo caso, como recuerda GIUFFRIDA, C. "El reconocimiento mutuo como instrumento para reinsertarse en la sociedad...", *op. cit.*, p. 130, "la opinión eventualmente proporcionada por la parte interesada no es vinculante para quienes toman las decisiones".

68 Conforme al artículo 75. II: "Esta circunstancia, así como la posterior retirada del certificado o la reversión de la ejecución a España, se comunicará a los órganos sentenciadores que hubieran pronunciado la condena privativa de libertad cuya ejecución ha sido transmitida, retirada o revertida".

69 En el mencionado *Informe de la Comisión...*, p. 9, la Comisión se comprometió a fomentar el intercambio de información sobre libertad anticipada y condicional mediante bases de datos, en colaboración con los Estados miembros y con las partes interesadas.

Cuando la autoridad competente del Estado de ejecución informe al Juez de Vigilancia Penitenciaria de la no ejecución de la condena como consecuencia de la fuga del condenado, podrá reanudarse la ejecución en España.

5.2. Sobre la ejecución en España de una sentencia de condena

El artículo 77 LRM dispone que el Juez Central de lo Penal[70] reconocerá las resoluciones por las que se imponen penas o medidas privativas de libertad transmitidas por otros Estados miembros de la Unión Europea cuando de esta forma se facilite la reinserción social del condenado y se dé alguna de las siguientes circunstancias: a) Que el condenado sea español y resida en nuestro país; b) Que el condenado sea español y vaya a ser expulsado a España con motivo de esa condena; c) Aun cuando no se den estas condiciones, si el Juez Central de lo Penal ha consentido la ejecución de la sentencia en España salvo que, en virtud de las declaraciones efectuadas por el Estado español, este consentimiento no sea necesario.

En relación con la posibilidad de consultas, el Juez Central de lo Penal deberá contestar las solicitudes de información dirigidas por la autoridad de emisión relativas a la transmisión a nuestro país de una resolución por la que se impone una pena o medida privativa de libertad en un plazo máximo de veinte días desde su recepción. Más en concreto, cuando la consulta tenga por objeto conocer las posibilidades de reinserción social del condenado en España, el Juez Central de lo Penal oirá a este si estuviera en España, recabará la información que entienda necesaria sobre el arraigo del condenado en nuestro país, oirá al respecto al Ministerio Fiscal, y remitirá su respuesta a la autoridad que ha realizado la consulta[71].

El artículo 81 LRM concreta el procedimiento para el reconocimiento de la resolución por la que se impone una pena o medida privativa de libertad a efectos de su cumplimiento en España, en el que debe recabarse

---

70 Juez de la Sección de lo Penal del Tribunal Central de Instancia. Art. 95 LOPJ, tras la reforma introducida por Ley Orgánica 1/2025, de 2 de enero, de medidas en materia de eficiencia del Servicio Público de Justicia. *BOE* núm. 3, de 03/01/2025.

71 En el apartado tercero del artículo 78 LRM se establece que: "En los casos en que no haya habido consulta y una vez se hayan transmitido la sentencia y el certificado, el Juez Central de lo Penal podrá remitir un dictamen sobre la eventual ejecución de la condena en España y su contribución a la reinserción social del condenado"

la opinión del Ministerio Fiscal sobre la procedencia del reconocimiento y de la ejecución[72].

Se dispone la necesidad de que el Juez Central de lo Penal adapte la condena en el caso de que la duración de la condena impuesta en la resolución sea incompatible con la legislación española vigente en el momento en el que se solicita el reconocimiento de la resolución por superar el límite de la pena máxima prevista para ese delito. Esa adaptación deberá consistir en limitar la duración de la condena al máximo de lo previsto en la referida legislación para los delitos por los que el afectado fuera condenado.

En relación con la legislación aplicable a la ejecución de una resolución de condena privativa de libertad, se establece que el Juez de la Sección de Vigilancia Penitenciaria del Tribunal Central de Instancia debe ejecutar la resolución condenatoria de acuerdo con lo dispuesto en el ordenamiento jurídico español, con deducción del período de privación de libertad ya cumplido, en su caso, en el Estado de emisión en relación con la misma resolución condenatoria, del período total que haya de cumplirse en España. Pero, si la autoridad de emisión informara de la fecha en virtud de la cual el condenado tendría derecho a disfrutar de la libertad condicional, con arreglo a su ordenamiento jurídico, el Juez de la Sección de Vigilancia Penitenciaria del Tribunal Central de Instancia podrá tenerla en cuenta.

Por último, es interesante la disposición del artículo 91 LRM por la que: "Cuando se deniegue o se condicione una orden europea de detención y entrega con fundamento en la nacionalidad española del condenado, el Juez Central de lo Penal aplicará las disposiciones de este Capítulo a efectos de cumplimiento de la condena impuesta en el otro Estado miembro, impidiendo la impunidad del condenado" [73]..

---

72 Conforme al apartado segundo del artículo 81: "El Juez Central de lo Penal comprobará si concurre alguna causa de denegación del reconocimiento o de la ejecución, y también si el consentimiento del condenado ha sido prestado, salvo que el mismo no sea necesario en virtud de la legislación del Estado de emisión. En todo caso, no será necesario el consentimiento del condenado cuando:
a) Sea español y resida en España.
b) Vaya a ser expulsado a España una vez puesto en libertad en el Estado de emisión sobre la base de una orden de expulsión o traslado contenida en la sentencia o en una resolución judicial o administrativa derivada de la sentencia.
c) Se haya fugado o haya regresado a España por la condena dictada o por el proceso penal seguido en el Estado de emisión".

73 FARALDO CABANA, P; CATALINA BENAVENTE, M.A. (2021). "¿Expulsión o traslado de extranjeros de nacionalidad comunitaria? Una reflexión sobre las razones de la escasa aplicación del reconocimiento mutuo de resoluciones por las

6. REFERENCIAS BIBLIOGRÁFICAS

BELLIDO PENADÉS, R. (2001). *La extradición en Derecho español (Normativa interna y convencional: Consejo de Europa y Unión Europea),* Madrid.

CALVO SÁNCHEZ, M.C. (1977). *La revisión civil,* Madrid.

CAPPELLETTI, M. (1978). "Appunti per una fenomenologia della giustizia nel XX secolo", *Rivista Trimestrale di Diritto e Procedura Civile,* vol. 4.

DE HOYOS SANCHO, M. (2008). "Armonización de los procesos penales, reconocimiento mutuo y garantías esenciales", en DE HOYOS SANCHO, M, *El proceso penal en la Unión Europea: garantías esenciales,* Lex Nova, Valladolid.

DE JORGE MESAS, L.F. (2016). *Reconocimiento de las resoluciones penales en la Unión Europea,* Tirant lo Blanch, Valencia.

FARALDO CABANA, P; CATALINA BENAVENTE, M.A. (2021). "¿Expulsión o traslado de extranjeros de nacionalidad comunitaria? Una reflexión sobre las razones de la escasa aplicación del reconocimiento mutuo de resoluciones por las que se impone una pena o medida privativa de libertad en España", en MARTÍN RÍOS, P; PÉREZ MARÍN, M.A. (Dirs.), *La administración de justicia en España y en América (Liber amicorum* José Martín Ostos), Astigi, Sevilla.

FERNÁNDEZ PRADO, M. (2015). "Cuestiones prácticas relativas al reconocimiento de resoluciones que imponen penas o medidas privativas de libertad", en *Reconocimiento mutuo de resoluciones penales en la Unión Europea,* Thomson Reuters Aranzadi, Cizur Menor.

FLETCHER, M; LÖÖF, R; GILMORE; B. (2008). *EU Criminal Law and Justice,* Elgar European Law, Cheltenham, UK – Northampton, MA, USA.

GIUFFRIDA, C. (s/f). "El reconocimiento mutuo como instrumento para reinsertarse en la sociedad: Las decisiones marco Nº 2008/909/JAI, Nº 2008/947/JAI y Nº 2009/829 JAI", *Retos actuales de la cooperación procesal penal en la Unión Europea* (Coords. José Manuel Cortés Martín y Florentino-Gregorio Ruiz Yamuza, Dykinson, Madrid.

GONZÁLEZ CANO, M.I. (1994). *La ejecución de la pena privativa de libertad,* Tirant lo Blanch, Valencia.

MONTALDO, S; DAMIAN, A; BRANDARIZ, J.A. (2020). "The Road Ahead: Proposals for Improving the Implementation of Framework Decision 2008/909/JAI", in MONTALDO, S. (Ed.), *The Transfer of Prisoners in the European Union. Challenges and Prospects in the Implementation of Framework Decision 2008/909/JAI,* Eleven International Publishing. – G. Giappichelli Editore, The Hague – Milano.

NAVARRO VILLANUEVA, C. (2002). *Ejecución de la pena privativa de libertad,* J.M. Bosch Editor, Barcelona.

---

que se impone una pena o medida privativa de libertad en España", en MARTÍN RÍOS, P; PÉREZ MARÍN, M.A. (Dirs.), *La administración de justicia en España y en América (Liber amicorum* José Martín Ostos), Astigi, Sevilla, pp. 592-599, destacan ciertas superposiciones y contradicciones de esta regulación respecto a los procedimientos de expulsión de extranjeros.

NEIRA PENA, A. (2020), "National Competence Rules in the Application of Framework Decision 2008/909/JHA. The Case of Spain", in MONTALDO, Stefano. (Ed.), *The Transfer of Prisoners in the European Union. Challenges and Prospects in the Implementation of Framework Decision 2008/909/JAI,* Eleven International Publishing. – G. Giappichelli Editore, The Hague – Milano.

PEITADO MARISCAL, P. (2006). *El reconocimiento mutuo de resoluciones penales definitivas en la Unión Europea,* Colex, Madrid.

PEITEADO MARISCAL, P. (2000). *La ejecución jurisdiccional de condenas privativas de libertad,* Edersa, Madrid

PÉREZ MARÍN, M.A. (2013). *La lucha contra la criminalidad en la Unión Europea. El camino hacia una jurisdicción penal común,* Atelier, Barcelona.

SCHÜNEMANN, B. (2006). "¿Peligros para el Estado de Derecho a través de la europeización de la administración de justicia penal?", en ARMENTA DEU, T; GASCÓN INCHAUSTI, F; BACHMAIER WINTER, L. (2006). *El Derecho procesal penal en la Unión Europea. Tendencias actuales y perspectivas de futuro,* Colex, Madrid,

VAN BALLEGOOIJ, W. (2015). *The nature of Mutual Recognition in European Law. Re-examining the notion from an individual rights perspective with a view to its further development in the criminal justice area,* Intersentia, Cambridge, UK,

WEYEMBERG, A. (2022). "Historia de la cooperación", en KOSTORIS, R. (Coord.), *Manual de Derecho procesal penal Europeo,* Marcial Pons, Madrid.

Capítulo V

Análisis de la Ley 23/2014 de 20 de noviembre, de reconocimiento mutuo de resoluciones penales en la Unión Europea. Especial referencia a la Orden Europea de Detención y Entrega

ELENA GÓMEZ DE LIAÑO DIEGO
Profesora Ayudante Doctor de Derecho Procesal
Universidad de Salamanca

1. INTRODUCCIÓN

Con este trabajo, mi objetivo es reseñar el impacto que ha tenido desde su entrada en vigor, la Ley 23/2014 de 20 de noviembre de reconocimiento mutuo de resoluciones penales en la Unión Europea (en adelante LRM).

Este nuevo modelo de cooperación judicial ha supuesto un giro en las relaciones entre los Estados miembros de la Unión Europea, pues ha introducido como novedad, la comunicación directa entre las autoridades judiciales, suprimiendo las antiguas comunicaciones entre las autoridades centrales o gubernativas consiguiendo una reducción considerable de los plazos. Las principales novedades según nos muestra en el preámbulo I de esta ley de reconocimiento mutuo, en primer lugar, es la supresión del principio de doble incriminación con relación a un listado predeterminado de delitos y también regular como algo excepcional el rechazo al reconocimiento y ejecución de una resolución, a partir de un listado tasado de motivos de denegación[1]. En materia penal, este principio debe ser aplicado en cada una de las fases del proceso penal, tanto antes, como durante e incluso después de dictar una sentencia condenatoria[2]. Esta ley nace como consecuencia de la libre circulación de los ciudadanos europeos por los territorios de la Unión Europea y es por ello, que sea necesaria una cooperación penal de todos los estados miembros de la unión europea para luchar contra la delincuencia transfronteriza organizada.

La primera vez que en el ámbito del derecho penal se plasmó este principio en un instrumento jurídico de la Unión Europea fue a través de la Decisión Marco 2002/584/JAI, relativa a la orden europea y los procedimientos de entrega entre Estados Miembros, siendo este sistema más rápido y seguro. Esta norma fue incorporada a nuestro ordenamiento jurídico a través de la derogada Ley 3/2003, de 14 de marzo sobre la orden europea de detención y entrega y la Ley orgánica 2/2003, de 14 de marzo, completando la anterior. El objetivo es convertirse en una especie de código donde se recojan todas las normas europeas aprobadas hasta la fecha en la materia (decisiones marco y una directiva), evitando así una dispersión normativa y en aras de ayudar a los operadores jurídicos.

Como acabamos de exponer, en esta ley, se transcribe toda la normativa europea distinguiendo las fases de reconocimiento y ejecución. Por tanto, se han incorporado:

- Decisión marco 2002/584/JAI, de 13 de junio de 2002, relativa a la orden de detención europea y a los procedimientos de entrega entre Estados.
- Decisión Marco 2003/577/JAI, de 22 de julio de 2003, relativa a la ejecución en la Unión Europea de las resoluciones de embargo preventivo de bienes y aseguramiento de pruebas.

---

1 Véase preámbulo de la Ley 23/2014, de 20 de noviembre, de reconocimiento mutuo de resoluciones penales en la Unión Europea.

2 Preámbulo de la Ley 23/2014 LRM.

- Decisión Marco 2005/214/JAI, de 24 de febrero de 2005, relativa a la aplicación del principio de reconocimiento mutuo de sanciones pecuniarias.
- Decisión Marco 2006/783/JAI, de 6 de octubre de 2006, relativa a la aplicación del principio de reconocimiento mutuo de resoluciones de decomiso.
- Decisión Marco 2008/909/JAI, de 27 de noviembre de 2008, relativa a la aplicación del principio de reconocimiento mutuo de sentencias en materia penal por las que se imponen penas u otras medidas privativas de libertad a efectos de su ejecución en la Unión Europea.
- Decisión Marco 2008/947/JAI, de 27 de noviembre de 2008, relativa a la aplicación del principio de reconocimiento mutuo de sentencias y resoluciones de libertad vigilada con miras a la vigilancia de las medidas de libertad vigilada y las penas sustitutivas.
- Decisión Marco 2008/978/JAI, de 18 de diciembre de 2008, relativa al exhorto europeo de obtención de pruebas para recabar objetos, documentos y datos destinados a procedimientos en materia penal.
- Decisión Marco 2009/299/JAI, de 26 de febrero de 2009, por la que se modifican las Decisiones marco 2002/584/JAI, 2005/214/JAI, 2006/783/JAI, 2008/909/JAI y 2008/947/JAI, destinada a reforzar los derechos procesales de las personas y a propiciar la aplicación del principio de reconocimiento mutuo de las resoluciones dictadas a raíz de juicios celebrados sin comparecencia del imputado.
- Decisión Marco 2009/829/JAI, de 23 de octubre de 2009, relativa a la aplicación, entre Estados miembros de la Unión Europea, del principio de reconocimiento mutuo a las resoluciones sobre medidas de vigilancia como sustitución de la prisión provisional.
- Directiva 2011/99/UE, de 13 de diciembre de 2011, del Parlamento Europeo y del Consejo, sobre la orden europea de protección.

Su título preliminar contiene las disposiciones básicas sobre el régimen de reconocimiento mutuo de resoluciones penales de la Unión Europea. En él, se recogen las normas generales de la transmisión y del reconocimiento y, ejecución de los instrumentos de reconocimiento mutuo de la Unión Europea. ¿Qué es el reconocimiento mutuo? Según la LRM, se define como un espacio de libertad seguridad y justicia de la unión europea donde las autoridades judiciales españolas que dicten una orden o resolución incluida dentro de la regulación de esta ley, podrán transmitirla a otro

Estado miembro para su reconocimiento y ejecución[3]. Esta definición del principio de reconocimiento mutuo destaca la articulación de un modelo unificado para todos los estados miembros de la Unión Europea, que deberá ser transmitido por la autoridad competente del estado de emisión a la autoridad competente del estado de ejecución. El reconocimiento mutuo supone un gran avance y pretende poner de manifiesto la confianza recíproca entre todos los Estados miembros, permitiendo que las resoluciones emitidas por una autoridad judicial de emisión, sea reconocida y ejecutada por la autoridad judicial de ejecución, salvo que concurran motivos que permita denegar su reconocimiento, los cuales analizaremos más adelante. Con la cooperación judicial se pretende simplificar y agilizar los procedimientos de transmisión de las resoluciones judiciales, a través del uso de un formulario o certificado que deben completar las autoridades judiciales competentes.

El principio de reconocimiento mutuo según ARANGÜENA FANEGO está fundado en el principio de confianza mutua entre los Estados miembros en sus correspondientes sistemas judiciales, confianza basada en la idea la común vinculación de los Estados miembros en los principios de libertad, democracia, estado de derecho y respeto a los derechos y libertades fundamentales[4]. Por su parte, DEL POZO PÉREZ afirma que esta situación arranca de la idea de respeto a la justicia que han impartido los tribunales de un Estado la Unión Europea y de respeto al trabajo que desempeñan las autoridades públicas de cualquier Estado miembro de la Unión Europea.[5]

En el artículo 2.2 se recogen los distintos instrumentos de reconocimiento mutuo que se regulan en la ley, siendo los siguientes:

a) La orden europea de detención y entrega.

b) La resolución por la que se impone una pena o medida privativa de libertad.

---

3 Artículo 1. Ley 23/2014, de 20 de noviembre, de reconocimiento mutuo de resoluciones penales en la Unión Europea. *Boletín Oficial del Estado, 21 de noviembre de 2014, pp 11. Versión consolidada disponible en: https://www.boe.es/buscar/act.php?id=-BOE-A-2014-12029.*

4 ARANGÚENA FANEGO, C. (2005). "Avances en cooperación judicial penal de la Unión Europea", en VEGA MOCOROA, I. L*ogros, iniciativas y retos institucionales y económicos: La Unión Europea del siglo XXI,* Lex nova, p. 124.

5 DEL POZO PÉREZ, M. (2005). "La orden europea de detención y entrega: un avance del principio de reconocimiento mutuo de resoluciones judiciales entre los Estados de la Unión Europea", *La Ley: Revista Jurídica Española de Doctrina, Jurisprudencia y Bibliografía,* (1), pp. 1551-1568.

c) La resolución de libertad vigilada.

d) La resolución sobre medidas de vigilancia de la libertad provisional.

e) La orden europea de protección.

f) La resolución de embargo preventivo de bienes o de aseguramiento de pruebas.

g) La resolución de decomiso.

h) La resolución por la que se imponen sanciones pecuniarias.

i) La orden europea de investigación.

Esto supone que pueden dar lugar formas de actuar diferentes dependiendo del proceso de emisión y transmisión.

1) La resolución penal dictada por la autoridad competente del estado de emisión por la cual impone alguna de las medidas reguladas en el texto.

2) La decisión por la que se acuerda que dicha medida será transmitida a otro estado miembro de la UE para su reconocimiento y ejecución.

3) El formulario en el que se debe documentar la decisión u orden de transmisión de la resolución penal.

En cuanto al régimen jurídico de los distintos instrumentos de reconocimiento mutuo se regirán en lo dispuesto en la LRM, en las normas de la Unión Europea y en los convenios internacionales vigentes en los que España sea parte. En defecto de disposiciones específicas, la ley establece que será de aplicación el régimen jurídico previsto en la Ley de Enjuiciamiento Criminal[6].

Cuando nos referimos al inicio de este trabajo al Estado de emisión y al Estado de ejecución, el artículo 5 los define a los efectos de los instrumentos de reconocimiento en materia penal: "*Se entiende por estado de emisión, al Estado miembro de la Unión Europea en el que la autoridad competente ha dictado una orden o resolución reguladas en la ley al objeto de que sea reconocida y ejecutado en otro Estado miembro*". Mientras que el Estado de ejecución es "el Estado miembro de la UE al que se ha transmitido una orden o resolución de las reguladas en esta ley al objeto de que sea reconocida por otro estado miembro para su reconocimiento y ejecución".[7] Este precepto es de gran importancia ya que determina que los instrumentos de reconocimiento

---

6 Artículo 4.1 LRM.

7 Artículo 5 LRM.

mutuo solo pueden ser transmitidos por los Estados miembros de la UE que hayan incorporado a sus ordenamientos jurídicos internos las correspondientes decisiones marco o directivas[8].

Una vez que ya hemos determinado quienes pueden ser Estado de emisión y de ejecución, es importante determinar la competencia de la autoridad judicial a la hora de emitir, transmitir y ejecutar una resolución penal a otro estado miembro. En España, los artículos del Título I de LRM contienen las reglas generales que regulan la emisión y transmisión de las órdenes y resoluciones penales a otros Estados miembros de la UE, como también su reconocimiento y ejecución por las autoridades judiciales españolas. En este Título se han regulado los elementos comunes identificados por el legislador español en las distintas normas europeas relativas al reconocimiento mutuo de resoluciones en materia penal, de modo que las normas generales contenidas en el mismo se aplicarán a los concretos instrumentos de reconocimiento mutuo, salvo que exista una norma específica de aplicación preferente a un instrumento determinado prevista en el Título en el que se regula éste (LRM art.4.2).

En España, por tanto, son autoridades competentes para el reconocimiento de resoluciones penales, la Sección de lo Penal y una vez reconocida para su ejecución será competencia del Juez de la Sección de Vigilancia Penitenciaria, o el Juez de la Sección de Menores, todos ellos del Tribunal Central de Instancia[9].

2. BREVE ANÁLISIS DE LA LEY 23/2014, DE 20 DE NOVIEMBRE, DE RECONOCIMIENTO MUTUO DE RESOLUCIONES PENALES EN LA UNIÓN EUROPEA

La ley modifica la normativa empleada hasta ese momento introduciendo normas europeas en materia judicial, con el objetivo de garantizar una mejor transposición, es decir, reducir la dispersión normativa y facilitar así a los operadores jurídicos la aplicación del derecho en esas materias, in-

---

8 Para conocer el estado de trasposición de los instrumentos normativos europeos en materia de reconocimiento mutuo penal es posible recurrir a la biblioteca judicial de la página web de la Red Judicial Europea (http://www.ejn-crimjust.europa.eu/ejn/libcategories.aspx?Id=2), en la que se recoge esta información actualizada.

9 Art. 95 LOPJ, tras la reforma introducida por Ley Orgánica 1/2025, de 2 de enero, de medidas en materia de eficiencia del Servicio Público de Justicia. *BOE* núm. 3, de 03/01/2025.

troduciendo un nuevo modelo de cooperación judicial penal entre los Estados miembros de la unión europea. Este nuevo modelo de cooperación judicial ha supuesto un cambio radical en las relaciones entre los estados miembros de la Unión Europea al incluir una comunicación directa entre las autoridades judiciales, suprimiendo en algunos supuestos, el principio de doble incriminación supeditado a un listado tasado de motivos de denegación, en el cual nos centraremos más adelante.

2.1. *Antecedentes*

Este modelo de cooperación, no se ha regulado de forma automática, sino que se ha ido asentando a lo largo de los años. Las raíces normativas las encontramos en el Consejo de Europa, que llevó una serie de convenios relacionados con la asistencia judicial en diferentes materias penales como es la extradición. El tratado más importante en esta materia es el convenio de aplicación del Acuerdo de Schengen, de 1991 y el objetivo de este convenio no era otro que la supresión gradual de las fronteras entre los Estados Miembros para dar mayor efectividad a la libre circulación de personas y mercancías. Pero esa libre circulación de personas y mercancías suponía un riesgo para la seguridad de los ciudadanos, pues sin fronteras, se favorecía la comisión de delitos transfronterizos por parte de los delincuentes y, es precisamente en ese convenio, donde se toman medidas de cooperación entre estados miembros de la unión europea para paliar ese aumento de la Criminalidad que supuso la supresión de fronteras[10].

El apartado más novedoso que introdujo el convenio de Schengen es la instauración de un sistema informático denominado Sistema de información de Schengen (SIS), el cual recoge una base de datos sobre personas y objetos para ayudar en la cooperación policial entre Estados y así conseguir simplificar el procedimiento de Extradición. Este convenio, entró en vigor en el año 1995 suprimiendo las fronteras interiores, sistema del cual, hablaremos más adelante.

2.2. *Principio de la doble incriminación*

La primera consecuencia que produce el reconocimiento mutuo de resoluciones judiciales en materia penal es el intento de hacer desaparecer

---

[10] VIDAL FERNANDEZ, B. (2005). "De la asistencia judicial penal en Europa" en ARANGÜENA FANEGO, C. (Coord.), *Cooperación judicial penal en la Unión Europea: la orden de detención y entrega*, Lex Nova, p. 34.

uno de los principios básicos de la extradición como es la soberanía estatal, es decir el principio de la doble incriminación[11]. Hay una parte de la doctrina que afirma que este principio tiene su base en el principio de legalidad, pues se entiende que, si el hecho no es constitutivo de delito en el Estado al que se le reclama el investigado o condenado, no se le puede juzgar ni privar de su libertad y menos aún, entregar al Estado que lo está reclamando para ser juzgado o cumplir una pena privativa de libertad[12]. Por lo expuesto, este principio de la doble incriminación requiere que para que la reclamación de una persona que se encuentre en el territorio de otro estado para su enjuiciamiento o para el cumplimiento de una pena privativa de libertad solo se hará efectiva cuando en su propio ordenamiento jurídico la conducta que originó la reclamación también sea constitutiva de delito.

Pues en alusión a lo expuesto en líneas anteriores podemos afirmar que una de las novedades más relevantes, (no exenta de críticas), de esta ley de reconocimiento mutuo es la regulación en su artículo 20, de la ausencia del control de la doble tipificación. Esto ha supuesto una revolución si lo comparamos con el principio de extradición que estaba condicionado a que:

a) Que el estado al que se entregue a la persona únicamente podía juzgarla por aquello que se ha indicado al tramitarla —principio de especialidad—.

b) El delito concreto debía estar tipificado en la legislación penal de ambos Estados, el requirente y el requerido. Por consiguiente, un Estado no podía cooperar con otro para que castigara a una persona por una conducta delictiva que en su respectivo país no era considerada como tal. Pues bien, como anunciábamos, el articulo 20.1 de la LRM establece que "cuando una orden o resolución dictada en otro Estado miembro sea transmitida a España para su reconocimiento y ejecución, estos instrumentos no estarán sujetos al control de la doble tipificación por el Juez o Tribunal español, en la medida en que se refiera a alguno de los delitos enumerados a continuación y se cumplan las condiciones exigidas por la Ley para

11 CASTILLEJO MANZANARES, R. (2003). "El procedimiento español para la emisión y ejecución de una orden europea de detención y entrega". *Actualidad jurídica Aranzadi,* (587), pp. 1-6.

12 CUERDA RIEZU, A. (2003), *De la extradición a la "euroorden" de detención y entrega. Con análisis de la doctrina del TC español,* Ed. Centro de Estudios Ramón Areces, p. 94.

cada tipo de instrumento de reconocimiento mutuo". Y para ello, enumera una lista de delitos en los cuales se suprime el control de la doble tipificación[13] siempre y cuando se cumplan las condiciones exigidas por la ley para cada uno de los instrumentos. Esto quiere decir, que nos encontramos ante un sistema parcial de control de la doble tipificación, siempre que nos encontremos con los delitos enumerados en el artículo 20 de la LRM. Debemos recalcar que en la ejecución de cualquier instrumento que provenga de otro Estado miembro se deba observar el derecho interno del Estado español, aunque deberán realizarse las formalidades y procedimiento expresamente indicados por la autoridad judicial del Estado de emisión, siempre y cuando no sean contrarios a los principios fundamentales del ordenamiento jurídico español[14].

En la práctica, podremos analizar en este trabajo, que el Tribunal de Justicia de la Unión Europea a la hora de establecer un criterio de admisión de reconocimiento y ejecución de resoluciones penales reitera que no solo hay que tener en cuenta la naturaleza de las penas, sino que hay que comprobar los tipos penales[15]. Para los delitos que no se encuentren dentro de esa lista del Articulo 20 LRM, seguirá aplicándose el principio de doble incriminación. MUÑOZ DE MORALES afirma que "su ámbito de

---

13 Ley 23/2014, de 20 de noviembre, de reconocimiento mutuo de resoluciones penales en la Unión Europea. *Boletín Oficial del Estado, 21 de noviembre de 2014. Art. 20.1 Los delitos son los siguientes: Pertenencia a una organización delictiva. Terrorismo. Trata de seres humanos. Explotación sexual de menores y pornografía infantil. Tráfico ilícito de drogas y sustancias psicotrópicas. Tráfico ilícito de armas, municiones y explosivos. Corrupción. Fraude, incluido el que afecte a los intereses financieros de las Comunidades Europeas. Blanqueo de los productos del delito. Falsificación de moneda. Delitos informáticos. Delitos contra el medio ambiente, incluido el tráfico ilícito de especies animales protegidas y de especies y variedades vegetales protegidas. Ayuda a la entrada y residencia en situación ilegal. Homicidio voluntario y agresión con lesiones graves. Tráfico ilícito de órganos y tejidos humanos. Secuestro, detención ilegal y toma de rehenes. Racismo y xenofobia. Robos organizados o a mano armada. Tráfico ilícito de bienes culturales, incluidas las antigüedades y las obras de arte. Estafa. Chantaje y extorsión de fondos. Violación de derechos de propiedad intelectual o industrial y falsificación de mercancías. Falsificación de documentos administrativos y tráfico de documentos falsos. Falsificación de medios de pago. Tráfico ilícito de sustancias hormonales y otros factores de crecimiento. Tráfico ilícito de materias nucleares o radiactivas. Tráfico de vehículos robados. Violación. Incendio provocado. Delitos incluidos en la jurisdicción de la Corte Penal Internacional. Secuestro de aeronaves y buques. Sabotaje.*

14 Art. 21.1 LRM.

15 STJUE Asunto C-289/15, de 11 de enero de 2017 (TOL5.927.215).

aplicación quedaría reducido a la tipicidad objetiva y subjetiva, así como a las condiciones objetivas de punibilidad"[16], preservando de esta manera los dos principios que lo fundamentan: garantía del Estado y garantía del ciudadano.

3. EL PRINCIPIO DE DOBLE INCRIMINACIÓN EN LA ORDEN EUROPEA DE DETENCIÓN Y ENTREGA. EVOLUCIÓN Y MARCO NORMATIVO

Es muy complejo determinar qué debe tenerse en cuenta a la hora de plantear al control en la doble incriminación de los hechos. Esto es debido al amplio catálogo normativo y es que ni en el ámbito de la Unión Europea viene redactado en los mismos términos[17].

A nivel de cooperación judicial entre estados miembros, la extradición ha sido sustituida por el reconocimiento mutuo de las decisiones judiciales entre los Estados miembros de la Unión Europea y sobre todo desde la regulación de la orden europea de detención y entrega a través de la Decisión Marco 2002/584/JAI relativa a la orden de detención europea y a los procedimientos de entrega entre Estados miembros[18].

---

16 MUÑOZ DE MORALES ROMERO, M. (2019), "Doble incriminación a examen: sobre el caso Puigdemont y otros supuestos", *Indret: Revista para el Análisis del Derecho,* (1), pp. 1-53.

17 Este principio ha conocido un imparable desarrollo normativo con antecedentes en el artículo 4 del Convenio europeo n. 70 sobre el valor internacional de las sentencias penales, hecho en la Haya el 28 de mayo de 1970; artículo 2.1 del Convenio europeo de extradición, hecho en París el 13 de diciembre de 1957; artículo 5.3 de la Decisión marco 2005/214/JAI del Consejo, de 24 de febrero de 2005, relativa a la aplicación del principio de reconocimiento mutuo de sanciones pecuniarias; artículo 10,1 de la Directiva 2011/99/UE del Parlamento Europeo y del Consejo, de 13 de diciembre de 2011, sobre la orden europea de protección; La Directiva 2014/42/UE del PE y del Consejo de 3 de abril de 2014 sobre el embargo y el decomiso de los instrumentos y del producto del delito en la Unión Europea; artículo 14.3 de la Decisión Marco 2008/978/JAI del Consejo, de 18 de diciembre de 2008, relativa al exhorto europeo de obtención de pruebas para recabar objetos, documentos y datos: La Decisión marco Decisión Marco 2008/675/JAI del Consejo, de 24 de julio de 2008, relativa a la consideración de las resoluciones condenatorias entre los Estados miembros de la Unión Europea con motivo de un nuevo proceso penal; La Directiva 2014/41/CE del PE y del Consejo, 3 de abril de 2014, relativa a la orden europea de investigación en materia penal.

18 Art.2.2. la Decisión Marco del Consejo, de 13 de junio de 2002, relativa a la Orden de Detención Europea y a los Procedimientos de Entrega entre Estados miembros.

La Orden Europea de Detención y Entrega (OEDE), fue el primer instrumento jurídico de la Unión Europea que tomó por base el principio de reconocimiento mutuo enunciado en las conclusiones del Consejo Europeo de Tampere y se plasmó a través la Decisión Marco relativa a la orden de detención europea y a los procedimientos de entrega entre los Estados Miembros[19]. A partir de ese momento, la orden europea de detención y entrega sustituye en el ámbito espacial a los procedimientos de extradición. No cabe duda, que hay opiniones contradictorias sobre si la euroorden ha sustituido a la extradición, de lo que no cabe duda es que ambos participan con el mismo fin en la detención y posterior entrega de determinadas personas y además comparten los principios básicos del procedimiento de la extradición, como es el principio de especialidad, el principio de no entrega de nacionales y el principio de la doble incriminación, pero tal y como afirma FONTESTAD PORTALÉS, dichos principios no operan de la misma manera en ambos procedimientos, pues sino poco se habría avanzado[20].

Cuando hablamos de la evolución histórica de la euroorden podemos deducir que el objetivo de esta por parte del legislador fue suprimir a través del reconocimiento mutuo entre estados miembros un sistema de entrega de personas gubernamental y político, lento y soberanista como era el procedimiento de extradición. Es por ello, que el fin del reconocimiento mutuo de resoluciones judiciales en materia penal es hacer desaparecer uno de los principios básicos de la extradición, como el principio de la doble incriminación[21].

Si retrocedemos en el tiempo, podemos observar que, en el Convenio sobre extradición de 1996, se elimina la exigencia de la doble incriminación para la extradición por ciertos delitos graves como, por ejemplo, el delito de conspiración o asociación con propósito delictivo o la criminalidad organizada[22]. Lo mismo ocurrió también en el Tratado entre la Republica

---

19 AGUILERA MORALES, M. (2011). "La orden europea de detención y entrega: regulación y balance de su aplicación en España", *Archivio penale*, (2), p. 18

20 FONTESTAD PORTALÉS, L. (2013) "El principio de la doble incriminación en la orden europea de detención y entrega", en CALVO SÁNCHEZ, M.C. (hom.), *Derecho, eficacia y garantías en la sociedad global: Liber Amicorum I en honor a María del Carmen Calvo Sánchez*, Atelier, pp. 425-477.

21 CASTILLEJO MANZANARES, R. (2003) "El procedimiento español para la emisión...", *Op. cit.* pp. 1-6.

22 Acta del consejo, de 27 de septiembre de 1996, adoptando con arreglo al artículo K.3 del Tratado de la unión europea, por el que se establece el convenio relativo a la extradición entre los Estados miembro de la unión Europea. (DO C 313 de 23.10.1996)

de Italia y el Reino de España del año 2000, donde fue suprimido del articulado el requisito de la doble incriminación[23].

Como ya hemos expuesto, la Decisión Marco opta por un sistema mixto ya que, por un lado, para ciertas conductas delictivas, se obliga al Estado a no exigir la doble incriminación. Es decir, alude a aquellos delitos que están incluidos en el artículo 2.2 de la Decisión Marco y sin embargo para el resto de los delitos que no están incluidos en el articulado, se mantendrá la exigencia de la aplicación del control de la doble tipificación. La desaparición de este principio significa que la calificación jurídica realizada por el estado de emisión de la orden vincula al órgano jurisdiccional del estado de ejecución, siempre y cuando supere el límite punitivo en cuestión y dé lugar a la presunta comisión de uno de los delitos de la citada lista.

3.1. Regulación en España de la Orden Europea de Detención y Entrega

España fue el primer estado miembro que adaptó la DM 2022/584/JAI a través de la derogada Ley 3/2003 de 14 de marzo sobre la orden europea de detención y entrega (LOEDE) [24]. La ley 23/2014 de reconocimiento mutuo tiene como objetivo otorgar la competencia a los juzgados y tribunales para emitir y ejecutar estos instrumentos procesales de reconocimiento mutuo; es por ello, por lo que la Ley Orgánica 6/2014, de 29 de octubre, complementaria de la Ley de reconocimiento mutuo de resoluciones penal de la Unión Europea, modifica la Ley Orgánica 6/1985, de 1 de julio, del Poder Judicial. El fin de ésta no es otro que "*reducir la dispersión normativa y la complejidad de un ordenamiento que, a la postre, tiene que permitir a los distintos operadores jurídicos su tarea de aplicar el Derecho en un ámbito ya de por si complejo y nuevo*" en palabras del propio legislador[25].

Tal y como refleja en su preámbulo, la nueva ley supone un avance en la regulación del sistema de detención y entrega y la define como "procedimiento que permite a cualquier autoridad judicial española solicitar la entre-

---

[23] Art. 23.2 LOPJ a) También desaparece el principio de la doble incriminación cuando no sea necesario atendiendo a lo dispuesto en un Tratado internacional o a un acto normativo de una organización internacional de la que España sea parte.

[24] *BOE* de 17 de marzo de 2003 nº 65, pp. 10244-10258, acompañada de LO 2/2003, de 14 de marzo, complementaria de la Ley sobre la orden europea de detención y entrega en modificación de arts. 65.4 y 88 LOPJ a fin de dotar de la correspondiente competencia a la Sala de lo Penal de la Audiencia Nacional y Juzgados Centrales de Instrucción.

[25] Preámbulo Ley 23/2014. Apartado II.IX

ga de una persona a otro estado miembro para el seguimiento de acciones penales o para el cumplimiento de una condena impuesta, así como proceder a la entrega cuando haya recibido una orden europea de detención y entrega procedente de otra autoridad judicial de otro estado miembro"[26].

Resulta indudable llegados a este punto que si comparamos la euroorden al procedimiento de extradición podemos apreciar no solo un cambio profundo en el acto de cooperación, sino también una evidente agilización en el proceso de entrega.[27] Al convertirse en un acto de auxilio y cooperación estrictamente judicial, no solo se posibilita un sistema más ágil y eficaz, sino que además la decisión queda sometida a estrictos criterios jurídicos[28]. Y es que, como afirma CUERDA RIEZU, la elección de esta modalidad normativa para regular la orden europea de detención y entrega "no es casual ni fortuita", sino que más bien es la respuesta al fracaso del sistema convencional para regular la cooperación judicial internacional, en concreto, el procedimiento al que sustituye, es decir, la extradición[29]. En este sentido, afirma el autor que, dada la resistencia de muchos países a ser parte de los tratados bilaterales o multilaterales, la Unión Europea se decantó por este instrumento jurídico que obliga a una aproximación entre los ordenamientos jurídicos de los estados miembros obligándoles, incluso a reformar sus propias legislaciones para lograr una adaptación comunitaria.

3.2. Principales diferencias entre la extradición y la Orden Europea de Detención y Entrega

Podemos decir que la naturaleza jurídica de la orden europea de detención es lo que mejor la describe como una institución independiente de la extradición[30].

---

26 Preámbulo Ley 23/2014, Apartado VI.

27 *Vid.* Cedeño, 2004, p. 3, manifestando que la euroorden persigue enmendar dos de los [los puntos negros] del sistema extradicional: la excesiva dilación del procedimiento de entrega, y el amplio margen de discrecionalidad política en su decisión.

28 ALCACER GUIRAO, R. (2015), *La protección de los derechos fundamentales en la Extradición y la Euroorden,* Thomson Reuters Aranzadi, p. 23.

29 SANZ MORAN, A.J. (2005), "La Orden Europea de detención y entrega: algunas consideraciones de carácter jurídico material", en ARANGÜENA FANEGO, C. (Coord.), *Cooperación judicial penal en la Unión Europea: la orden europea de detención y entrega,* Lex Nova, p. 92.

30 BAUTISTA SAMANIEGO, C M. (2015). *Aproximación crítica a la orden europea de detención y entrega,* Comares.

¿Cuáles son las principales diferencias entre la extradición y la OEDE? Lo primero que nos llama la atención es que existe una diferencia en cuanto al término que se refiere en las normativas que regulan ambos instrumentos. Cuando hablamos de extradición nos referimos a Estado requirente y Estado requerido, mientras que en la euroorden se hace referencia, al carácter jurisdiccional del que hemos hecho alusión a lo largo de este trabajo, refiriéndose a la autoridad judicial de emisión y de ejecución. Otra diferencia importante la encontramos en el procedimiento, es decir, mientras que en la extradición se divide en dos fases, por un lado, en cuanto a la detención preventiva de la persona reclamada y por otro, la solicitud de extradición. Sin embargo, en la OEDE solo existe una fase en la que se solicita la detención y entrega de la persona reclamada, es por ello por lo que podemos afirmar que la OEDE supone una orden de busca, captura, detención y entrega en una sola resolución judicial. SANCHEZ NAVARRO señala que se parte del principio de confianza recíproca entre los distintos sistemas jurídicos existentes en la Unión para eludir el complejo mecanismo tradicional de la extradición y reemplazarlo por otro más sencillo, casi automático, que solo puede denegarse por causas tasadas[31].

En el procedimiento de la euroorden intervienen solamente los órganos jurisdiccionales y en cambio en la extradición, es de naturaleza gubernativa, tanto en la fase inicial como en la fase final, siendo el gobierno quien decide si se entrega a la persona reclamada, siempre y cuando haya una previa autorización judicial. Es por ello, que esa unificación de llevar a cabo todo en la misma fase en la euroorden, reduce de una manera notable los plazos de entrega.

La conclusión a la que queremos llegar es que, con la euroorden a partir del principio de reconocimiento mutuo de resoluciones judiciales, el principal objetivo es reducir al mínimo el principio de doble incriminación y al principio de especialidad, reduciendo por tanto los principios esenciales de la extradición[32]. En cuanto a la doctrina, podemos ver que hay opiniones contrarias. Por un lado, hay autores, aunque actualmente minoritarios, que opinan que dejar la decisión exclusivamente al arbitrio judicial vulnera claramente el principio de legalidad, nos referimos sobre todo a la doctrina alemana. De hecho, DE HOYOS SANCHO, explica las razones por las que se vierten esas fuertes críticas por parte de la doctrina

---

31 SÁNCHEZ NAVARRO, A. J. (2003). "Actualidad política y constitucional francesa (2002–2003)", *Teoría y Realidad Constitucional* (12-13), p. 485.

32 LOPEZ ORTEGA, J.J. (2002). "La orden de detención europea; Legalidad y jurisdiccionalidad de la entrega", *Jueces para la democracia*, (45), p. 28.

alemana contra el principio de reconocimiento mutuo y sus consecuencias, como es la supresión de la doble incriminación[33], siendo SCHÜNEMANN probablemente uno de los autores que más ha criticado la vigencia de este principio en el ámbito penal, con motivo de la decisión marco sobre la euroorden y su posterior transposición a las leyes nacionales, afirmando este autor que la Unión Europea debería garantizar un nivel de seguridad superior. CUERDA RIEZU, también va en la línea de proteger los derechos fundamentales y opina, "que la simple entrega no puede ser llevada a cabo si no se cumplen al menos dos condiciones: la legalidad, es decir que venga prevista en un tratado o una ley; y la jurisdiccionalidad, esto es, que se permita el control judicial no sólo del procedimiento extraordinario sino ante todo de la entrega y de los derechos fundamentales que puedan resultar implicados en la misma" [34]. Por el contrario JIMENO BULNES, teniendo en cuenta la problemática que puede suponer la eliminación de la doble incriminación y de las críticas por parte de la doctrina por una posible vulneración del principio de legalidad penal, reconoce que la eliminación del mismo ha supuesto una de las novedades de mayor interés de este nuevo instrumento de entrega, convirtiéndose en un instrumento exitoso del principio de confianza mutua en las legislaciones penales aplicables en los distintos estados miembros[35].

3.3. La emisión y transmisión de la euroorden en España

En España, la emisión de la euroorden compete a cualquier juzgado o tribunal que conozca del proceso penal. Se presupone que debe darse "la existencia de una sentencia firme, de una orden de detención o de cualquier otra resolución judicial ejecutiva que tenga la misma fuerza" según disponen textualmente los artículos 8.1.c DM 2002/584/JAI y 36.c LRM, esto es, el procedimiento por el que las autoridades judiciales españolas, como autoridades judiciales de emisión, reclaman la entrega de una persona a otro Estado miembro de la Unión Europea mediante la correspondiente emisión de una euroorden. Si comparamos la regulación de la

---

33 DE HOYOS SANCHO, M. (2005), "Euroorden y causas de denegación de la entrega", en ARANGÜENA FANEGO, C. (Coord.), "Cooperación judicial penal...", *op. cit.*, p. 229.

34 CUERDA RIEZU, A.R. (2003) "Extradición, Constitución y doctrina del Tribunal Constitucional", *Anuario de los Cursos de Derechos Humanos de Donostia-San Sebastián*, (3), p. 197.

35 JIMENO BULNES, M. (2004), "La orden europea de detención y entrega: aspectos procesales", *Diario La Ley*, (5979), p. 3.

derogada LODE en cuanto a la emisión de una orden europea, la LRM desarrolla de una manera mucho más amplia el procedimiento de emisión y transmisión, aclarando además muchas lagunas de las que sufría la LODE.

3.3.1. Emisión de una Orden Europea de Detención y Entrega

En cuanto a la emisión, en nuestro ordenamiento jurídico, la autoridad judicial podrá dictar una orden europea de detención y entrega en los siguientes supuestos (art. 37 de la Ley 23/2014):

a) Con el fin de proceder al ejercicio de acciones penales, por aquellos hechos para los que la ley penal española señale una pena o una medida de seguridad privativa de libertad cuya duración máxima sea, al menos, de 31 12 meses, o de una medida de internamiento en régimen cerrado de un menor por el mismo plazo.

b Con el fin de proceder al cumplimiento de una condena a una pena o una medida de seguridad no inferior a 4 meses de privación de libertad o de una medida de internamiento en régimen cerrado de un menor por el mismo plazo.

Con carácter previo a la emisión de una orden europea de detención y entrega, el juez competente podrá solicitar autorización al Estado en el que se encuentre la persona reclamada con el fin de tomarle declaración a través de una solicitud de auxilio judicial.

3.3.2. Transmisión de la orden europea de detención y entrega

Las vías de transmisión de la orden europea de detención y entrega se flexibilizan y conllevan una notable reducción en los tiempos de tramitación. De acuerdo con el art. 40 de la Ley 23/2014, nos encontramos con dos posibles vías de transmisión:

a) la transmisión directa entre autoridades judiciales – vía principal

b) la utilización del Sistema de Información del Convenio de Schengen (SIS)[36].

La actual LRM regula la transmisión de una orden europea de detención en el artículo 40, haciendo distinción en función de que la autoridad

---

[36] https://www.interior.gob.es/opencms/es/servicios-al-ciudadano/tramites-y-gestiones/extranjeria/acuerdo-de-schengen/sistema-de-informacion-schengen/

judicial española de emisión conozca el paradero de la persona reclamada o, por el contrario, lo desconozca.

a) Si se conoce el paradero de la persona objeto de la orden de detención y entrega europea, la transmisión de la orden puede realizarse:

Por medio de transmisión directa a la autoridad judicial de ejecución de la orden europea (art. 40 de LRM). Es decir, se hará directamente a la autoridad judicial competente del estado de ejecución, a través de cualquier medio que deje constancia escrita y que permita acreditar su autenticidad[37]. Además de la comunicación directa entre autoridades judiciales de emisión y de ejecución, la autoridad judicial de emisión podrá hacer uso del Sistema de Información Schengen (SIS) para incluir la descripción de la persona reclamada a pesar de tener conocimiento de su paradero[38].

b) Si se desconoce el paradero de la persona objeto de la orden de detención y entrega europea, la transmisión puede realizarse.

El órgano jurisdiccional de emisión podrá tomar la decisión de introducir una descripción de la persona reclamada en el SIS (Sistema de información del convenio de Schengen)[39]. Tal y como ya hemos comentado, el SIS es la red informática de intercambio de datos de personas y objetos para el uso de las autoridades en cada Estado miembro encargadas de los controles de policía y aduana en las fronteras exteriores e interiores de los países que tuvo su origen en el Convenio de Schengen[40]. La descripción a la que hace referencia el artículo 95 del convenio de aplicación de Schengen y junto con los datos contenidos en el artículo 36 LRM, equivale a todos los efectos a una orden europea de detención y entrega[41], de una manera provisional hasta que el SIS tenga la capacidad de transmitir toda la información que figura en el artículo 36[42] y por tanto, la descripción equivaldrá

---

37 Artículo 8 LRM.

38 Artículos 6.3 LRM y 40.6 LRM

39 Artículo 40.2 LRM

40 Reglamento (UE) 2018/1862 del Parlamento Europeo y del consejo, de 28 de noviembre de 2018, relativo al establecimiento, funcionamiento y utilización del sistema de información de Schengen (SIS) en el ámbito de la cooperación policial y de la cooperación judicial en materia penal.

41 Articulo 40.4 LRM.

42 Art. 36 LRM: "La orden europea de detención y entrega se documentará en el formulario que figura en el anexo I, con mención expresa a la siguiente información:
a) La identidad y nacionalidad de la persona reclamada.
b) El nombre, la dirección, el número de teléfono y de fax y la dirección de correo electrónico de la autoridad judicial de emisión.

a una orden europea de detención y entrega hasta que la autoridad judicial de ejecución reciba el original en buena debida forma[43]. Tanto la LRM como la DM, son conscientes de que en ocasiones no resultará posible hacer uso de este sistema europeo de difusión de la orden de detención y entrega porque incluso este sistema, no está operativo en todos los países, en esos casos se podrán difundir las órdenes de detención a través de INTERPOL, que consiste en un sistema internacional de difusión de órdenes.

4. PROCEDIMIENTO DE EJECUCIÓN DE UNA ORDEN EUROPEA DE DETENCIÓN Y ENTREGA

El Capítulo III de la LRM[44] regula el procedimiento de ejecución de la euroorden en España, es decir, proceder a la detención de la persona reclamada, en el caso de que no lo estuviera ya y decidir acerca de su entrega al Estado de emisión para el ejercicio de acciones penales o para la ejecución de la pena o medida de seguridad o medida de internamiento régimen cerrado si se trata de un menor de edad. En España, como ya adelantamos en la introducción de este trabajo, son autoridades competentes para ejecutar una euroorden, el Juez de la Sección de Instrucción y el Juez de la Sección de Menores del Tribunal Central de Instancia[45].

En cuanto a los recursos de apelación, será competente la Sala de lo Penal de la Audiencia Nacional contra el auto del Juez de la Sección de Instrucción del Tribunal Central de Instancia resolviendo sobre la entrega de la persona reclamada según determinada el artículo 51.8 LRM.

Es importante tener en cuenta si por parte de la autoridad judicial de ejecución debe aplicar o no el control de la doble tipificación y para ello,

---

c) La indicación de la existencia de una sentencia firme, de una orden de detención o de cualquier otra resolución judicial ejecutiva que tenga la misma fuerza prevista en este Título.

d) La naturaleza y tipificación legal del delito.

e) Una descripción de las circunstancias en que se cometió el delito, incluidos el momento, el lugar y el grado de participación en el mismo de la persona reclamada.

f) La pena dictada, si hay una sentencia firme, o bien, la escala de penas que establece la legislación para ese delito.

g) Si es posible, otras consecuencias del delito".

43 Disposición Transitoria Tercera LRM y artículo 9.3 DM.

44 Artículos 47 a 59.

45 Artículo 35.2 LRM y artículo 95 LOPJ.

tendrá que verificar si se dan los requisitos, por un lado, desde el punto de vista cualitativo, es decir, que se trate de alguno de los delitos incluidos en el artículo 20 LRM, como desde el punto de vista punitivo, recordamos que debe tener previsto en el estado de emisión una pena o una medida den régimen cerrado en el caso de un menor de edad, cuya duración máxima será, al menos, de tres años[46]. Más complejo es cuando por parte de la autoridad judicial de ejecución debla exigirse la aplicación del principio de la doble incriminación. En este caso, la orden de entrega resultará similar a un proceso de extradición, salvo que la tramitación será exclusivamente judicial y mucho más ágil y simplificada. Esto sucederá cuando la infracción penal no se encuentre regulada en el listado del ya citado artículo 20.1 de LRM y siempre cuando la pena privativa de libertad sea al menos de 12 meses, si de lo que se trata es de la entrega para el ejercicio de acciones penales contra el sujeto en cuestión, o de 4 meses de duración si es para el cumplimiento de una pena o medida de seguridad ya impuesta. La pena exigida vendrá determinada por la legislación del Estado de emisión y la entrega podría supeditarse al requisito de que los hechos que justifiquen la emisión de la OEDE sean constitutivos de delito conforme a la legislación española, con independencia de los elementos constitutivos o la calificación de este[47].

En el caso de que España actúe como Estado de emisión, el mayor problema que plantea la lista de delitos al emitir una OEDE es el determinar hasta qué punto los hechos del procedimiento encajan o no en alguna de las categorías ésta[48]. Esto se debe a que algunas categorías no se corresponden con los tipos penales de algunos Estados Miembros. Para saber si un delito concreto tiene cabida en alguna de las categorías de infracciones de la lista se suele acudir a los convenios internacionales o normas europeas tales como decisiones marco o directivas. Por poner un ejemplo, en el caso del Sr. Puigdemont y sus "consellers", puede concluirse que, acudiendo a los textos internacionales y europeos sobre la materia, el concepto de "*corrupción*" utilizado es amplio, incluyendo no solo los clásicos delitos de cohecho sino también otras infracciones como el delito de malversación de caudales públicos. Además, está castigado con un límite máximo de pena de prisión de 6 años, es decir, superior a los 3 años que exige la norma europea[49].

---

46 Artículo 47 LRM.

47 Art. 47.2 LRM.

48 LÓPEZ ORTEGA, J.J. (2002). "La orden de detención europea...", *op. cit.*, pp. 29-32.

49 MUÑOZ DE MORALES ROMERO, M. (2017). "¿Cómo funciona la orden detención y entrega en Europa?: el Caso del *ex president* y sus *Consellers* como ejemplo",

4.1. La detención y puesta a disposición del Estado de emisión

Una vez que el estado de ejecución recibe la orden de detención y entrega de la persona reclamada y verificado la existencia o no de algún motivo de denegación, la autoridad judicial debe decidir sobre la entrega. Hay que tener en cuenta que, una vez recibida la euroorden, la autoridad judicial de ejecución, teniendo en cuenta el principio de reconocimiento judicial mutuo, debe proceder de forma automática la detención de la persona reclamada, eso sí, dicha autoridad no está obligada ni a entregar de la persona objeto de detención y ni siquiera a mantener la privación de libertad. El porqué de esta medida cautelar se corresponde a que la orden europea de detención, insistimos, es una resolución judicial que siempre que cumpla con todos los requisitos tiene carácter ejecutivo en lo que a la detención se refiere. La LRM exige que la puesta a disposición judicial se lleve a cabo ante la autoridad de ejecución, es decir ante el juez central de Instrucción en un plazo máximo de 72 horas. En el caso que la persona detenida sea menor de edad y mayor de 14 años, el plazo máximo para pasar a disposición del ministerio fiscal y éste tendrá un plazo de 48 horas para la puesta a disposición judicial[50].

El artículo 50 de LRM, prevé una comparecencia del detenido ante la autoridad judicial en el plazo como ya hemos adelantado de 72 horas desde su detención policial., con el objetivo de que reciba toda la información acerca de la existencia de la ODE y el contenido de esta. Se le dará la posibilidad de consentir en ese trámite de audiencia ante el juez y con carácter irrevocable, su entrega a la autoridad judicial de emisión. También será informado por la autoridad judicial de todos los derechos que le asisten como detenido. Por otro lado, el articulo 51 LRM estable la celebración de la audiencia en el plazo de 72 horas desde la puesta a disposición judicial. En este caso estarán presentes el ministerio fiscal y el abogado del detenido, se le informará de sus derechos y se le tomará declaración conforme a lo previsto en la LECrim. Como podemos observar, la LRM hace referencia dos comparecencias diferentes, una inicial en el plazo de 72 horas tras la detención y una segunda, de alegaciones sobre causas de condicionamiento y denegación de la entrega, en el plazo de otras 72 horas desde la puesta a disposición judicial.

La LRM, también recoge en su articulado el traslado temporal del detenido como diligencia de investigación o de prueba, es decir, la autoridad

Diario La Ley, (9096), pp. 1-19.

50 Artículo 17.4 y 5 LORPM.

judicial de emisión podrá solicitar a la autoridad judicial de ejecución, bien el traslado temporal al estado de emisión d la persona reclamada para la práctica de diligencias penales o para la celebración de una vista oral; o bien ser autorizada para trasladarse al Estado de ejecución con el fin de tomar declaración a dicha persona[51].

En este sentido, por ejemplo, el Tribunal de Apelación de París accedió a la entrega temporal del presunto etarra Garikoitz Aspiazu, alias *Txeroki*, para comunicarle el procesamiento por cinco de las veintiuna causas que tenía abiertas en la Audiencia Nacional. Dicho traslado temporal, duró cinco días, entre el 21 al 26 de septiembre de 2009. Igualmente, el Tribunal de Apelación de Lisboa concedió la entrega temporal de *El solitario* por dos meses, entre enero y marzo de 2008, con la finalidad de que el juzgado de instrucción N.º 3 de Tudela concluyera la instrucción por el presunto asesinato de dos guardias civiles en Castejón el 9 de junio de 2004.

4.2. Motivos de denegación de la ejecución de una Orden Europea de Detención y Entrega

La Decisión Marco recoge, en sus artículos 3 y 4, los motivos de no ejecución de la OEDE y distinguen entre motivos obligatorios y facultativos. Los motivos obligatorios son aplicables en atención a la obligatoriedad de ejecución establecida en el artículo 1 de la decisión marco, mientras que los motivos facultativos solo podrán ser alegados si han sido traspuestos a la legislación estatal[52]. Precisamente por esto, la DM ha sido criticada por el elevado número de situaciones que permiten al Estado de ejecución denegar la entrega de la persona reclamada., dejando al arbitrio de éste, la decisión.

En España, los motivos de denegación están recogidos en los artículos 32,33,48 y 49[53], siendo unos facultativos y otros obligatorios.

Son de obligatorio cumplimiento:

---

51 Artículo 52 LRM.

52 COMISIÓN EUROPEA. Manual europeo para la emisión y ejecución de órdenes europeas de detención europeas. 2017/C 335/01. https://eur-lex.europa.eu/legal-content/ES/TXT/PDF/?uri=CELEX:52017XC1006(02)&from=DA. Recuperado el 9 de febrero de 2025.

53 1.Artículo 40 LRM. "La autoridad judicial de ejecución española denegará la ejecución de la orden europea de detención y entrega, además de en los supuestos preceptivos previstos en el artículo 32 y los potestativos previstos en el artículo 33, en los casos siguientes:

- Minoría de edad.
- Cuando la persona haya sido indultada por los mismos hechos en España.
- Sobreseimiento libre.
- Cosa juzgada y *non bis in ídem* en el supuesto que se haya dictado en España o un estado distinto al de emisión de la OEDE una resolu-

---

a) Cuando la persona reclamada haya sido indultada en España de la pena impuesta por los mismos hechos en que se funda la orden europea de detención y entrega y éste fuera perseguible por la jurisdicción española.
b) Cuando sobre la persona que fuere objeto de la orden europea de detención y entrega haya recaído en otro Estado miembro de la Unión Europea una resolución definitiva por los mismos hechos siempre que, en caso de condena, la sanción haya sido ejecutada o esté en esos momentos en curso de ejecución o ya no pueda ejecutarse en virtud del Derecho del Estado miembro de condena.
c) Cuando la persona que sea objeto de la orden europea de detención y entrega aún no pueda ser, por razón de su edad, considerada responsable penalmente de los hechos en que se base dicha orden, con arreglo al Derecho español.
2. La autoridad judicial de ejecución española podrá denegar la ejecución de la orden europea de detención y entrega en los casos siguientes:
a) Cuando la persona que fuere objeto de la orden europea de detención y entrega esté sometida a un procedimiento penal en España por el mismo hecho que haya motivado la orden europea de detención y entrega.
b) Cuando la orden europea de detención y entrega se haya dictado a efectos de ejecución de una pena o medida de seguridad privativa de libertad, siendo la persona reclamada de nacionalidad española, con residencia o que habite en España, salvo que consienta en cumplir la misma en el Estado de emisión. En otro caso, deberá cumplir la pena en España.
c) Cuando la orden europea de detención y entrega se refiera a hechos que se hayan cometido fuera del Estado emisor y el Derecho español no permita la persecución de dichas infracciones cuando se hayan cometido fuera de su territorio.
d) Cuando la persona objeto de la orden europea de detención y entrega haya sido juzgada definitivamente por los mismos hechos en un tercer Estado no miembro de la Unión Europea, siempre que, en caso de condena, la sanción haya sido ejecutada o esté en esos momentos en curso de ejecución o ya no pueda ejecutarse en virtud del Derecho del Estado de condena.
e) Cuando se haya acordado en España o bien no incoar acción penal por la infracción que sea objeto de la orden europea de detención y entrega, o bien concluirla, en virtud de alguno de los supuestos previstos en la Ley de Enjuiciamiento Criminal, o cuando sobre la persona buscada pese en un Estado miembro otra resolución definitiva por los mismos hechos que obstaculice el posterior ejercicio de diligencias penales."

ción firme por la que se condene o absuelva a la persona reclamada por los mismos hechos por los que se le reclama.

- Preinscripción conforme a lo dispuesto en el ordenamiento jurídico español.
- Inmunidad.
- Formulario incompleto o incorrecto o falta de este.
- Condena en ausencia del imputado salvo que: *a)* "con la suficiente antelación, el imputado fue citado en persona e informado de la fecha y el lugar previstos para el juicio del que se deriva esa resolución, o recibió dicha información oficial por otros medios que dejen constancia de su efectivo conocimiento y que, además, fue informado de que podría dictarse una resolución en caso de incomparecencia. b) Que, teniendo conocimiento de la fecha y el lugar previstos para el juicio, el imputado designó abogado para su defensa en el juicio y fue efectivamente defendido por éste en el juicio celebrado. c) Que, tras serle notificada la resolución y ser informado expresamente de su derecho a un nuevo juicio o a interponer un recurso con la posibilidad de que, en ese nuevo proceso, en el que tendría derecho a comparecer, se dictase una resolución contraria a la inicial, el imputado declaró expresamente que no impugnaba la resolución, o no solicitó la apertura de un nuevo juicio ni interpuso recurso dentro del plazo previsto para ello". No será de aplicación para aquellas resoluciones que "soliciten la realización de un embargo preventivo o un aseguramiento de pruebas, a la orden europea de investigación ni a las resoluciones por las que se imponen medidas alternativas a la prisión provisional".

Serán motivos facultativos cuando la autoridad judicial tenga la facultad de decidir si deniega la orden, según el artículo 48 LRM por los siguientes motivos:

a) "Cuando la persona que fuere objeto de la orden europea de detención y entrega esté sometida a un procedimiento penal en España por el mismo hecho que haya motivado la orden europea de detención y entrega.

b) Cuando la orden europea de detención y entrega se haya dictado a efectos de ejecución de una pena o medida de seguridad privativa de libertad, siendo la persona reclamada de nacionalidad española o con residencia en España, salvo que consienta en cumplir la misma en el Estado de emisión. En otro caso, deberá cumplir la pena en España".

También son considerados motivos de denegación facultativos en el supuesto de haberse dictado una OEDE en ausencia del imputado[54].

No podemos obviar que la regulación de las causas facultativas de denegación en la normativa europea han sido objeto de críticas, fundamentalmente porque se deja en manos de la autoridad judicial la posibilidad de decidir si procede o no a la entrega de la persona reclamada cuando concurra alguna de las causas previstas en el artículo 48.2 LRM[55].

En nuestro ordenamiento jurídico, podemos observar que el legislador, utiliza un sistema mixto en cuanto al artículo 48.2 LRM se refiere porque ha incorporado como motivos imperativos de denegación causas que en la DM están recogidas como facultativas, manteniendo el carácter facultativo de otras. La mayoría de las criticas vienen porque ni la derogada LODE ni la LRM, determinan los criterios que debe tener el tribunal para conceder o denegar la entrega ante una causa facultativa de denegación.

El principal problema que apreciamos es que la DM no ha sido transpuesta de manera uniforme en todos los Estados Miembros, provocando importantes diferencias en el régimen de la euroorden entre ellos y es precisamente en relación con las causas facultativas de denegación donde se aprecian estas diferencias entre Estados miembros y la amplia discrecionalidad que se le otorga las autoridades judiciales.

4.3 Decisión

Tras llevarse a cabo la segunda audiencia al detenido, pueden concurrir dos situaciones[56]:

---

54 Articulo 49 LRM. "Además de los casos previstos en el artículo 33, la autoridad judicial española podrá denegar también la ejecución de la orden europea de detención y entrega cuando el imputado no haya comparecido en el juicio del que derive la resolución, a menos que en la orden europea de detención y entrega conste, de acuerdo con los demás requisitos previstos en la legislación procesal del Estado de emisión, que no se notificó personalmente al imputado la resolución pero se le notificará sin demora tras la entrega, momento en el que será informado de su derecho a un nuevo juicio o a interponer un recurso, con indicación de los plazos previstos para ello, con la posibilidad de que de ese nuevo proceso en el que tendría derecho a comparecer, derivase una resolución".

55 Sobre la discrecionalidad judicial y el principio de proporcionalidad en las causas facultativas de denegación en la euroorden. ALCAVER GUIRADO, R, "La protección de los derechos fundamentales...", *op. cit.*, pp. 57-62.

56 Artículo 51 LRM.

a) Si la persona reclamada consiente la entrega y la autoridad judicial de ejecución no advierte causas de denegación de la entrega, dictará un auto, el cual no es susceptible de recurso, acordando su entrega el Estado de emisión[57].

b) Si la persona reclamada no presta su consentimiento para ser entregado a la autoridad judicial de emisión, el Juez de la Sección de Instrucción del Tribunal Central de Instancia convocará a las partes para la celebración de una vista, que deberá celebrarse en un plazo máximo de tres días y a la que asistirá el Ministerio Fiscal, la persona reclamada y asistida de abogado y, si fuera necesario, de un intérprete. En esa vista se podrán practicar los medios de prueba admitidos relativos a la concurrencia de causas de denegación o condicionamiento de la entrega. El Juez de la Sección de Instrucción oirá a las partes sobre tales extremos y admitirá o denegará la prueba propuesta para acreditar las causas alegadas[58]. Si la persona reclamada hubiese quedado en libertad provisional y no hubiera comparecido a pesar de estar debidamente citada en la anterior comparecencia ante el juez central de instrucción, se celebrará la misma en su ausencia y se resolverá lo que en derecho proceda[59]. Finalmente, el Juez de la Sección de Instrucción resolverá mediante auto, el que cabe recurso de apelación directo y de carácter preferente ante la Audiencia Nacional[60].

La autoridad judicial de ejecución se puede encontrar a la hora de tomar una decisión sobre la entrega de la persona reclamada con una concurrencia de solicitudes. El artículo 57 de la LRM establece que en el caso de que dos o más estados miembros hubieran emitido una orden europea en relación con la misma persona, en este caso, la autoridad judicial de ejecución, previa audiencia del Ministerio Fiscal decidirá sobre la prioridad de ejecución. Para tomar dicha decisión, tendrá en cuenta todas las circunstancias y en particular:

1. El lugar y la gravedad de los delitos

2. Las fechas de las órdenes.

---

57 Artículo 51.4 LRM.

58 Artículo 51.5 LRM

59 Artículo 51.7 LRM.

60 Artículo 51.8 LRM

3. El orden en que se hayan dictado a los efectos de la persecución penal o a efectos de la ejecución de una pena o medida de seguridad privativas de libertad.

Puede dar la concurrencia entre una orden europea de detención y entrega y una solicitud de extradición por un tercer estado. En ese caso, la autoridad judicial española deberá suspender el procedimiento y posteriormente remitir la documentación al ministerio de justicia. La propuesta de decisión sobre si debe darse preferencia a la orden de detención y entrega o a la extradición se elevará por el Ministerio de justicia al Consejo de ministros para que se tengan en cuenta todas las circunstancias. Este trámite se regirá por los dispuestos en la Ley 4/1985, de 21 de marzo, de extradición pasiva[61].

Si finalmente se acuerda dar preferencia a la solicitud de extradición, se notificará a la autoridad judicial española y ésta, lo pondrá en conocimiento de la autoridad judicial de emisión. Por el contrario, si se otorga preferencia a la orden europea de detención y entrega, se notificará a la autoridad judicial española al objeto d que se continúe con el procedimiento en el trámite en el que se suspendió.[62]

No debemos olvidar que la DM en su artículo 16.4 establece la obligación de los estados miembros, en virtud del Estatuto de la Corte Penal Internacional, que no es otra que dar prioridad a la ejecución de la OEDE.

4.4. Entrega

Sin duda alguna, la eliminación de la fase gubernativa de la decisión, así como la posible comunicación directa de juez a juez, ha reducido de manera considerable el plazo de tiempo respecto a la extradición, a lo que cabe sumar la sencillez del formulario y que se haya diseñado un único modelo para todos los estados miembros de la Unión Europea. Como decimos, los plazos establecidos legalmente son muy cortos y en comparación con la extradición, se ha conseguido una notable aceleración del sistema de entrega de la persona reclamada. Aun así, el plazo va a depender de que exista o no consentimiento por parte del reclamado. Es por ello, que los distintos plazos dependerán del tiempo que se tarde para tomar la decisión de entregar o no y, posteriormente, del plazo para llevar a cabo la entrega efectiva de la persona. El plazo para una entrega ordinaria en nuestro ordenamiento

---

[61] Artículo 57.2 LRM.

[62] Artículo 57.3 LRM.

jurídico debe llevarse a cabo en el plazo de los diez días siguientes a la decisión judicial[63].

Tanto la LRM, como la LODE en su momento, tienen en cuenta que puedan surgir determinados obstáculos a la hora de proceder a la entrega que impidan materializar la misma a tiempo. En este supuesto, las autoridades judiciales implicadas se pondrán en contacto inmediatamente para fijar una nueva fecha. En este caso, se establece una prórroga de diez días desde la fecha inicial prevista para la entrega[64]. El artículo 58 en su apartado 3°, recoge que, de una manera excepcional, la autoridad judicial podrá suspender provisionalmente la entrega por motivos humanitarios graves y una vez dejen de existir esos motivos deberá hacerse efectiva la entrega en el plazo de los diez días siguientes a la nueva fecha desde la desaparición de los motivos.

La LRM también prevé en su articulado la posibilidad de que la autoridad judicial de ejecución española, a pesar de haber acordado la entrega, pueda suspender la misma porque la persona reclamada tenga algún proceso penal pendiente ante la jurisdicción española por hechos distintos a los que motivaron la euroorden. La suspensión de la entrega será hasta la celebración del juicio o hasta el cumplimiento de la pena impuesta[65].

Por último, el articulo 59 de LRM regula la entrega de objetos. La autoridad judicial de emisión puede solicitar a la autoridad judicial de ejecución la intervención de objetos que constituyan medios de prueba o efectos del delito, sin perjuicio de los derechos que el Estado español o terceros puedan haber adquirido sobre os mismos. Estos objetos deberán entregarse incluso si la orden europea de detención y entrega no pueda ejecutarse debido al fallecimiento de la persona reclamada o simplemente porque haya desaparecido. En el supuesto de que los bienes estén sujetos a embargo o decomiso en España, la autoridad judicial española podrá denegar su entrega o efectuarla de manera temporal, si ello es preciso para el proceso penal pendiente.

5. CONCLUSIONES

No cabe duda de que la creación de un espacio de libertad, seguridad y justicia en el ámbito de la Unión Europea ha mejorado las relaciones entre los Estados miembros y entre ellos, España a nivel cooperación. El

---

63 Artículo 58.1 LRM.

64 Artículo 58.2 LRM.

65 Articulo 58.4 LRM.

principio de reconocimiento mutuo como anunciábamos al comienzo de este trabajo ha supuesto una revolución en las relaciones de cooperación entre los Estados Miembros de la Unión Europea, ya que ha modificado las antiguas comunicaciones, dejando atrás a las autoridades centrales y gubernativas, optando por la comunicación directa entre las autoridades judiciales. Otro avance significativo ha sido suprimir el principio de la doble incriminación en relación con en un listado predeterminado de delitos, si bien la mayoría de los tipos delictivos se encuentran penalizados en casi todas las legislaciones de los Estados miembros de la Unión Europea, los problemas parten de la ausencia de correlación entre el sistema penal español y otros ordenamientos jurídicos comunitarios. En España ya hemos visto, como el "caso Puigdemont" ha puesto de manifiesto los problemas que conllevan delitos como la sedición o la rebelión que, sin ir más lejos, no están penados en Bélgica y no solo hablamos de Bélgica, ya que todos los Países que han tenido ocasión de pronunciarse sobre tales ordenes han denegado su ejecución no entregando a las personas reclamadas. Este resultado debe ser analizado y encontrar la fórmula para poder encajar los delitos dentro de los distintos ordenamientos para que la no ejecución de una resolución sea algo extraordinario y se deban alegar motivos más profundos, pues no se entiende el amplio rechazo y por razones no coincidentes entre unos estados y otros. Es por ello que de no encontrar una solución a estas carencias se podría decir que poco hemos avanzado en esta materia y, el principio de doble incriminación no desaparecerá mientras no haya un cambio de pensamiento en la aceptación de las diferencias penales internas entre los diferentes Estados miembros. Al introducir un listado tasado de motivos de denegación, ha sido posible regular como excepcional el rechazo al reconocimiento y ejecución de una de una euroorden, pero insistimos, no exento de polémica y críticas por un sector de la doctrina que como hemos podido comprobar, a la hora de aplicar los motivos facultativos por parte de las autoridades de los diferentes Estados miembros surgen discrepancias entre ellos, es por ello que pensamos que este control se debe flexibilizar en cuanto a la interpretación del principio, pues de no ser así el principio de doble incriminación, nunca llegará a desaparecer.

6. REFERENCIAS BIBLIOGRÁFICAS

AGUILERA MORALES, M. (2011). "La orden europea de detención y entrega: regulación y balance de su aplicación en España". *Revista Archivio Penale*, 2, 18.

ALCACER GUIRAO, R. (2015) "La protección de los derechos fundamentales en la Extradición y la Euroorden", Thomson Reuters.

ARANGÜENA FANEGO, C. (2005). "Avances en cooperación judicial penal de la Unión Europea", en VEGA MOCOROA, I. (Coord.), *Logros, iniciativas y retos institucionales y económicos: La Unión Europea del siglo XXI,* Lex Nova.

BAUTISTA SAMANIEGO, C. M. (2015). *Aproximación crítica a la orden europea de detención y entrega,* Comares.

BUJOSA VADELL, L. M. (2004). "Reconocimiento y ejecución de resoluciones judiciales penales: estado de la cuestión en la Unión Europea", *Cuadernos de derecho judicial,* (13).

CASTILLEJO MANZANARES, R. (2003) "El procedimiento español para la emisión y ejecución de una orden europea de detención y entrega", *Actualidad jurídica Aranzadi,* (587).

CEDEÑO HERNÁN, M. (2006). "La orden de detención y entrega europea. Especial consideración del non bis in idem como motivo de denegación", en ARMENTA DEU, T. (*et.al*) (Coords), *El Derecho procesal penal en la Unión Europea: tendencias actuales y perspectivas de futuro,* Colex.

CUERDA RIEZU, A. R. (2003). "Extradición, Constitución y doctrina del Tribunal Constitucional", *Anuario de los cursos de derechos humanos de Donostia-San Sebastián,* (3).

CUERDA RIEZU, A.R. (2003), *De la extradición a la "euro orden" de detención y entrega. Con análisis de la doctrina del Tribunal Constitucional,* Ed. Ramón Areces.

DE HOYOS SANCHO, M. (2005) "Euroorden y causas de denegación de la entrega" en ARANGÜENA FANEGO, (Coord.), *Cooperación judicial penal en la Unión Europea: La orden de detención y entrega,* Lex Nova.

DEL POZO PÉREZ, M. (2005) "La orden europea de detención y entrega: un avance del principio de reconocimiento mutuo de resoluciones judiciales entre los Estados de la Unión Europea", *La Ley: Revista Jurídica Española de Doctrina, Jurisprudencia y Bibliografía,* (1).

FONTESTAD PORTALÉS, L. (2013) "El principio de la doble incriminación en la orden europea de detención y entrega", en CALVO SÁNCHEZ, M.C. (hom,.), *Derecho, eficacia y garantías en la sociedad globa. Liber Amicorum I en honor de María del Carmen Calvo Sánchez,* Atelier.

JIMENO BULNES, M. (2004), "La orden europea de detención y entrega; aspectos procesales", *Diario La Ley,* (5979).

LOPEZ ORTEGA, J.J. (2002) "La orden de detención europea; Legalidad y jurisdiccionalidad de la entrega". *Jueces para la democracia,* (45).

MUÑOZ DE MORALES ROMERO, M. (2017) "¿Cómo funciona la orden de detención y entrega Europea?: El Caso del *Ex President* y sus *consellers* como ejemplo." *Diario La Ley,* (9096).

MUÑOZ MORALES ROMERO, M. (2019), "Doble incriminación a examen: sobre el caso Puigdemont y otros supuestos", *Indret: revista para el Análisis del Derecho,* (1).

SÁNCHEZ NAVARRO, A. J. (2003). "Actualidad política y constitucional francesa (2002–2003)", *Teoría y Realidad Constitucional,* (12-13).

SANZ MORAN, A.J. (2005). "La orden europea de detención y entrega: algunas consideraciones de carácter jurídico-material", en ARANGÜENA FANEGO, C. (Coord.),

Cooperación judicial penal en la Unión Europea: la orden europea de detención y entrega, Lex Nova.

VIDAL FERNANDEZ, B. (2005). "De la asistencia judicial penal en Europa", en ARANGÜENA FANEGO, C. (Coord.), *Cooperación judicial penal en la Unión Europea: la orden de detención y entrega*, Lex Nova.

Capítulo VI

Régimen penitenciario y garantías del debido proceso: el caso de los españoles condenados en el extranjero en espera de traslado[1]

FEDERICO BUENO DE MATA
Catedrático de Derecho Procesal
Universidad de Salamanca

1. DERECHO PENITENCIARIO Y DEBIDO PROCESO

Las garantías mínimas del debido proceso actúan como una salvaguarda indispensable de los derechos fundamentales procesales, incluso desde dentro del ámbito del régimen penitenciario. La trascendencia del debido proceso es especialmente visible cuando se examinan las condiciones de los ciudadanos españoles condenados en el extranjero, debido a que estos enfrentan, en muchos casos, sistemas jurídicos y penitenciarios que operan bajo marcos normativos y condiciones carcelarias que difieren drásticamente de los estándares reconocidos en España. En tales contextos, las garantías procesales no solo cobran una dimensión jurídica, sino también humanitaria, al convertirse en el último recurso para garantizar un trato justo y digno a las personas que se encuentran en prisión.

---

[1] Esta publicación es resultado del Proyecto "Instrumentos de cooperación procesal internacional para el traslado de españoles condenados a España", Programa I C2 (2022) de financiación de grupos de investigación. Proyectos de investigación. Universidad de Salamanca. IP GONZÁLEZ MONJE, A.

En ocasiones, estos ciudadanos son juzgados bajo garantías procesales que pueden diferir significativamente de las contempladas en España, lo que plantea un desafío no solo jurídico, sino también ético y humano. En algunos casos, la falta de garantías equivalentes puede generar dudas sobre la equidad del proceso judicial, independientemente de si el fallo ha concluido con la culpabilidad o la inocencia del acusado. Por ello, más allá de las circunstancias que rodeen el caso, el respeto a los derechos fundamentales del reo debe permanecer intacto.

Es esencial recordar que cualquier persona que se encuentra privada de libertad, incluso tras ser condenada por la comisión de un delito, conserva derechos fundamentales que no pueden ser vulnerados. Por ello, debemos partir de que el régimen penitenciario, en su diseño y aplicación, no puede desvincularse de una serie de principios que emanan del debido proceso y que conectarían a su vez con la revisión periódica de condenas, la existencia de recursos efectivos contra posibles arbitrariedades o la protección frente a tratos crueles, inhumanos, la falta de acceso a una defensa adecuada, asegurar juicios imparciales o la posibilidad de recurrir una sentencia. Dichas diferencias subrayan la importancia de que España refuerce su apoyo a través de mecanismos de cooperación internacional, tratados de extradición y acuerdos bilaterales de traslado de condenados.

Desde esta perspectiva, la defensa de los derechos penitenciarios no implica, en ningún caso, justificar la comisión de actos delictivos; más bien, se trata de garantizar que la respuesta del sistema penal y penitenciario respete el principio de proporcionalidad.

De manera particular, los ciudadanos españoles condenados en el extranjero enfrentan una serie de dificultades que trascienden la mera privación de libertad. En muchos casos, las barreras lingüísticas, culturales y legales agravan su situación, generando un sentimiento de aislamiento y desprotección. A esto se suma que las condiciones penitenciarias en ciertos países pueden no cumplir con los estándares internacionales mínimos, lo que expone a los reos a situaciones de hacinamiento, violencia, falta de acceso a atención médica o alimentación adecuada, y, en los peores escenarios, tortura o tratos inhumanos.

En este contexto, la labor de instituciones de apoyo como la Fundación +34, colaboradora en el proyecto que da resultado a este libro colectivo, resulta esencial[2], al erigirse como una organización que trabaja incansa-

---

2 Sitio web oficial de la Fundación +34, dedicada a la asistencia de españoles presos en el extranjero y sus familias. Disponible en: https://fundacionmas34.org. Recuperado el 12 de enero de 2025.

blemente para brindar apoyo integral a los españoles encarcelados en el extranjero, que vela por el respeto de sus derechos humanos y su dignidad. Esta fundación ofrece asesoramiento legal, mediación con las autoridades locales e internacionales, y asistencia para superar los obstáculos anteriormente mencionados, al tiempo que promueve la mejora de las condiciones de detención a través de la supervisión y denuncia de situaciones que contravienen los estándares internacionales. Su compromiso no solo busca garantizar la protección de los derechos fundamentales de los reclusos, sino también proporcionar un puente entre ellos y sus familias, lo que sirve para mitigar el impacto emocional del encarcelamiento y facilita la reintegración social una vez concluida su condena.

Asimismo, el trabajo de las organizaciones como +34 se refuerza con las propias funciones de los consulados, pues también apoyan a los presos españoles en el asesoramiento jurídico, en su forma de estar en prisión y en servir de apoyo emocional tanto a ellos mismos como a sus familias. A través de la acción consular podemos decir así que el Estado español refuerza el compromiso con sus nacionales más allá de sus fronteras, puesto que la responsabilidad de garantizar el respeto de los derechos fundamentales de sus ciudadanos debe extenderse a aquellos que se encuentran bajo la jurisdicción de otros países. Para ello, España ha implementado diversos instrumentos de cooperación internacional que buscan asegurar condiciones dignas para los ciudadanos condenados en el extranjero, por medio del espacio común europeo en materia de seguridad y justicia, e igualmente por medio de tratados bilaterales de traslado de condenados, que permiten que estas personas cumplan sus penas en prisiones españolas, donde las condiciones son más humanas y compatibles con los estándares internacionales.

En la conexión entre el régimen penitenciario y las garantías mínimas del debido proceso, no debemos perder de vista el principio fundamental que subyace en toda sociedad democrática: el cumplimiento de una condena debe ser inseparable del respeto a los derechos humanos del preso, a los que también se le deberían sumar una serie de derechos de naturaleza procesal. Por todo ello, los derechos de los presos españoles en el extranjero a la espera de traslado también deben velar por que hayan tenido o vayan a tener un proceso con todas las garantías. En este sentido, se trata de garantizar el derecho al proceso legal, también conocido como *due process of law*[3], que no se refiere a la aplicación de las formas procesales que la

---

3 Se trata de un derecho ordenador a la satisfacción de pretensiones que han de ejercitarse en el seno de un proceso, (...) cuy configuración no preexiste a la norma, sino que la crea, determinando su contenido y alcance" (STC 116/1986,

parte desee, sino a las que correspondan según la ley. Esta normativa tiene carácter imperativo, lo que se alinea con el principio de *iura novit curia*, que orienta nuestro sistema jurídico.

En España, el derecho de acceso a los órganos jurisdiccionales y el derecho al debido proceso, aunque reconocidos en párrafos separados del artículo 24 de la Constitución Española, están profundamente interrelacionados; puesto que el debido proceso se convierte en el medio constitucional necesario para que la tutela judicial efectiva se haga realidad. Así, la tutela efectiva no se alcanza con la simple aceptación de un acto de iniciación del procedimiento, sino que el mismo debe ajustarse a requisitos formales específicos y garantizar que el proceso incluya todas las garantías derivadas del derecho de defensa como son la contradicción[4], la igualdad o la audiencia[5].

---

de 8 de octubre. TOL79.662), o, en otras palabras, el derecho a la tutela judicial efectiva es un "derecho de configuración legal" (STC 99/1985, de 30 de septiembre. TOL79.514); "solo en la medida en que se respeten íntegramente aquellos cauces legales darán los Jueces cabal cumplimiento a lo que el citado precepto constitucional dispone (STC 16/1986, de 8 de octubre. TOL79.662).

4 Así, como se expresa en la STC 138/1999, de 22 de julio (TOL81.190) "el principio de contradicción, en cualquiera de las instancias procesales, constituye una exigencia ineludible vinculada al derecho a un proceso con todas las garantías. Por otro lado, el derecho a la tutela judicial efectiva implica el respeto a un principio estructural primario del proceso: el principio de contradicción Vid. las SSTC 35/1986, de 21 de febrero (TOL79.582); 110/1988, de 8 de junio (TOL109.339); 192/1989, de 16 de noviembre (TOL81.763); 37/1990, de 1 de marzo (TOL80.330); 236/1992, de 26 de diciembre; 118/1993, de 29 de mayo; 61/1994, de 28 de febrero (TOL82.469); 108/1994, de 11 de abril (TOL82.516); 30/1995, de 6 de febrero (TOL82.769); 108/1995, de 4 de julio (TOL82.847); 64/1996, de 16 de abril (TOL82.998); 126/1996, de 9 de julio (TOL83.059); 29/1997, de 24 de febrero (TOL83.172); 99/1997, de 20 de mayo (TOL83.242); y la 76/1999, de 26 de abril (TOL81.142), que señala que "este Tribunal ha dicho reiteradamente que el derecho reconocido en el art. 24.1 de la Constitución significa que ha de respetarse el principio de contradicción, que garantiza el acceso al proceso en defensa de los derechos e intereses legítimos y, dentro de éste, el ejercicio de las facultades de alegar, probar e intervenir en la prueba ajena para controlar su correcta práctica y contradecirla (por todas, STC 176/1988 y 122/1995). Lógico corolario de todo ello es el principio de igualdad de armas, del que se deriva la necesidad de que las partes cuenten con los mismos medios de ataque y defensa e idénticas posibilidades y cargas de alegación, prueba e impugnación (SSTC 47/1987, 66/1989 y 186/1990)" (F. J. 3).

5 La STC 114/2000, de 5 de mayo (TOL24.712) refuerza este concepto al afirmar que el derecho a la tutela judicial efectiva exige que no se produzca indefensión, lo que implica que en todo proceso debe respetarse el derecho de defensa con-

Además, a todo ello se le suman una serie de derechos para la comprensión de los actos de comunicación y las actuaciones procesales[6], como el derecho propiamente a ser informado o el derecho a un intérprete, los cuales cobran relevancia particular en la situación en la que muchos españoles se encuentran en el extranjero, con el fin de que estos internos puedan presentar sus alegaciones y defender sus intereses de manera efectiva, independientemente de su ubicación.

Garantizar un trato digno a los ciudadanos españoles condenados en el extranjero afecta directamente a cuestiones jurídicas, pero por supuesto también a una especie de imperativo moral a nivel mundial, que deberá velar por el cumplimiento de unos valores de cualquier Estado de Derecho que este comprometido con el respeto a valores que preserven la justicia y los derechos humanos[7]. Por todo ello, debemos partir de que estos derechos no solo deben ser garantizados por el Estado español, sino también por los países en los que se respeten los derechos humanos[8] de todos los individuos, incluidos aquellos privados de libertad.

2. NORMATIVA Y PRINCIPIOS FUNDAMENTALES SOBRE LOS DERECHOS DE LAS PERSONAS DETENIDAS Y PRESAS

La protección de los derechos de las personas privadas de libertad en un país distinto al de su nacionalidad no cuenta con una normativa inter-

---

tradictoria, permitiendo a las partes alegar y probar procesalmente sus derechos. Este principio de contradicción no solo exige la posibilidad de ser escuchado, sino también que se dé la oportunidad de ser oído, lo que significa que las partes deben tener la posibilidad de aprovechar esta oportunidad de alegar y probar, incluso si deciden no hacerlo. En este sentido, el Tribunal Constitucional ha reiterado que el principio de contradicción es una exigencia ineludible vinculada al derecho a un proceso con todas las garantías (STC 138/1999), y que corresponde a los órganos judiciales procurar que, en un proceso, se dé la necesaria contradicción entre las partes, garantizando que ambas tengan las mismas posibilidades de alegar, probar y defenderse en cada instancia del proceso.

6 PEDRAZ PENALVA, E., "Publicidad y derecho al debido proceso. Publicidad y derecho de acceso a la información contenida en los ficheros de datos jurisdiccionales", en VV.AA. GUTIÉRREZ-ALVIZ Y CONRADI. (Dir). (1996), *La criminalidad organizada ante la Justicia*, Universidad de Sevilla (Ed.), pp. 173-174.

7 ESPARZA LEÍBAR, I. (1995), *El principio del proceso debido*, J.M. Bosch, pp. 65 y ss.

8 QUISPE REMÓN, F. (2010). "El reconocimiento del derecho al debido proceso en el derecho internacional y su relación con Estados Unidos: el caso Guantánamo", *Derechos y libertades: Revista de Filosofía del Derecho y derechos humanos*, (23), 2010, 245-278.

nacional extensa ni con un desarrollo legislativo sólido en muchos países, lo que revela la necesidad de priorizar este tema en los debates jurídicos y en la formulación de políticas públicas en materia de justicia.

Si bien existen normativas internacionales, directrices nacionales y foros multilaterales que han abordado este asunto, creemos que los avances logrados no son aún suficientes para garantizar de manera uniforme los derechos fundamentales de las personas detenidas o presas, independientemente de su situación jurídica. La falta de armonización y de un enfoque más integral en este ámbito deja a muchas personas en situaciones de vulnerabilidad, lo que pone de relieve la urgencia de consolidar estándares que aseguren condiciones dignas y respetuosas de los derechos humanos en los sistemas penitenciarios.

De manera complementaria, a nivel de *soft law*, el primer Congreso de las Naciones Unidas sobre Prevención del Delito y Tratamiento del Delincuente, celebrado en Ginebra en 1955, marcó un antes y un después en la manera en que se conciben los derechos de las personas privadas de libertad. Durante este congreso se adoptaron las "Reglas Mínimas para el Tratamiento de los Reclusos", que décadas más tarde serían revisadas y renombradas como las "Reglas Nelson Mandela[9]" en homenaje al líder sudafricano y su lucha por la justicia y la igualdad.

Estas reglas establecen un estándar universal para el tratamiento de los detenidos y presos, subrayando que la privación de libertad no debe conllevar la negación de la dignidad ni de los derechos inherentes a toda persona. Entre los principios clave recogidos en las Reglas Nelson Mandela se encuentran la prohibición de tortura, la igualdad de trato sin discriminación, el acceso a servicios de salud, educación y contacto con el exterior, así como la importancia de programas que fomenten la rehabilitación y reinserción social de los reclusos.

Por tanto, el objetivo prioritario es evitar la desproporcionalidad en el cumplimiento de las penas, prevenir torturas y malos tratos, y establecer garantías mínimas que aseguren la integridad física y moral de los presos. Estas

---

9 *Reglas Nelson Mandela*. Asamblea General de las Naciones Unidas, Resolución 70/175. Revisadas y renombradas en homenaje a Nelson Mandela. Disponible en: https://www.un.org/es/events/mandeladay/mandela_rules.shtml. Recuperado el 11 de enero de 2025.
De igual modo, *The Nelson Mandela Rules: A Handbook for Practitioners*. UNODC Publications. Disponible en: https://www.unodc.org Recuperado el 11 de enero de 2025.

garantías se fundamentan en el principio de no discriminación, asegurando igualdad de trato independientemente de factores como raza, género, idioma, religión, nacionalidad u opinión política, en concordancia con los artículos 2 y 7 de la Declaración Universal de los Derechos Humanos.

Un aspecto central, vinculado al Art. 12 del Pacto Internacional de Derechos Económicos, Sociales y Culturales, es la obligación de los Estados de garantizar condiciones de reclusión que respeten la dignidad humana, lo que incluye proporcionar instalaciones adecuadas, con ventilación, iluminación, espacio, higiene y acceso a agua potable, además de alimentación suficiente y de calidad. Asimismo, el acceso a la salud, incluido el tratamiento de enfermedades físicas y mentales, debe ser equivalente al estándar disponible para la población en libertad, según lo estipulado en las normas internacionales sobre el derecho a la salud.

Bastantes años más tarde, en su actualización de 2015, las Reglas Nelson Mandela incorporaron elementos modernos que enfatizan la importancia del debido proceso, la transparencia y la rendición de cuentas en los sistemas penitenciarios. Es decir, priorizan por primera vez elementos penitenciarios y procesales. Este enfoque se alinea con los principios de un Estado de Derecho actual y democrático y busca garantizar que todos los detenidos sean tratados con justicia y humanidad, lo que a su vez respeta las normas mínimas internacionales.

Si ahondamos en esta perspectiva procesal, las *Reglas Nelson Mandela* refuerzan concretamente principios vinculados al acceso a la justicia y a las garantías procesales. Los reclusos tienen derecho a ser informados de su situación jurídica en un idioma que comprendan, a contar con defensa adecuada y a comunicarse con sus representantes legales sin restricciones indebidas. Sin embargo, debemos tener presente que aún en la actualidad estas garantías pueden verse vulneradas en contextos de reclusión extranjera, puesto que algunos reclusos, debido a barreras idiomáticas, desconocimiento del sistema legal local y la falta de acceso a intérpretes, se encuentran en una situación de particular indefensión. Es decir, por desgracia aún en muchos países legislativamente menos avanzados, los sistemas penitenciarios carecen de infraestructura y recursos para cumplir con las *Reglas Nelson Mandela*, lo que se traduce en condiciones inhumanas, tratos degradantes y limitaciones al derecho de defensa.

A nivel de normativa internacional, debemos destacar la Convención de Viena sobre Relaciones Consulares, adoptada en 1963, constituye uno de los instrumentos jurídicos internacionales más relevantes para la protección de las personas detenidas fuera de su país de origen.

En el caso de los presos extranjeros, la asistencia consular constituye una garantía procesal esencial, reconocida en el artículo 36 de la Convención de Viena sobre Relaciones Consulares. Este instrumento jurídico internacional establece que los Estados están obligados a permitir la comunicación entre un detenido extranjero y las autoridades consulares de su país de origen. Además, impone el deber de informar sin demora al detenido acerca de su derecho a contactar al consulado correspondiente, así como el de facilitar esa comunicación de manera efectiva y sin trabas.

La Convención no solo garantiza que los detenidos puedan acceder a asistencia consular en su propio idioma y con pleno conocimiento de las normativas locales, sino que también cumple una función crucial como mecanismo preventivo frente a posibles violaciones de derechos humanos. En contextos donde los sistemas judiciales pueden ser desconocidos, complejos o incluso opacos para los extranjeros, la intervención consular se convierte en un medio de protección frente a abusos, y asegura un tratamiento más equitativo y ajustado a estándares internacionales. Es importante destacar que esta protección consular no se limita únicamente a proporcionar orientación jurídica básica, sino que también abarca aspectos prácticos y emocionales, como la conexión con familiares, la gestión de recursos legales adecuados, y la vigilancia del respeto a los derechos fundamentales del detenido.

Por todo ello, y a falta de una normativa más concreta, esta Convención sigue siendo una referencia fundamental para el trato humanitario de las personas privadas de libertad en contextos transnacionales.

3. DERECHOS Y GARANTÍAS PROCESALES MÍNIMAS DE LOS ESPAÑOLES PRESOS CONDENADOS EN EL EXTRANJERO EN ESPERA DE TRASLADO

La normativa aplicable a los ciudadanos españoles condenados en el extranjero y que se encuentran en espera de traslado para cumplir su condena en España tiene como objetivo fundamental garantizar el respeto al debido proceso, así como asegurar la compatibilidad de la pena impuesta con el ordenamiento jurídico español. Este marco normativo busca proteger los derechos fundamentales de los ciudadanos, preservando los principios jurídicos esenciales reconocidos tanto a nivel nacional como internacional.

En este contexto, se prevé un conjunto de derechos y garantías destinados a salvaguardar los intereses de las personas afectadas. Entre ellos destacan: la asistencia consular, la posibilidad de adaptación de pena, la petición de traslado y el cumplimiento de una serie de garantías procesales mínimas[10]. Todas ellas tienen una conexión indirecta, las tres primeras, o totalmente directa, la última, con las garantías del debido proceso.

3.1. Asistencia consular

La normativa sobre la tutela consular y los derechos de los detenidos en el extranjero ha experimentado un avance significativo, particularmente en relación con el cumplimiento de condenas y el traslado de personas condenadas. En este sentido, el Convenio de Viena sobre relaciones consulares[11], adoptado en 1963 y ratificado por España en 1970, establece en su artículo 36 la obligación de los Estados receptores de informar sin dilación a la Oficina Consular competente cuando un nacional de otro país sea arrestado, detenido o puesto en prisión preventiva, siempre que este lo solicite. Este precepto establece también que el detenido debe ser informado de sus derechos, en especial el derecho a la asistencia consular, lo que garantiza que el imputado sea debidamente asistido en un momento tan crítico como el de la detención, cuando puede desconocer las leyes locales y no hablar el idioma del país en el que se encuentra.

De acuerdo con las directrices europeas y los compromisos internacionales, España ha implementado diversos mecanismos a nivel nacional para garantizar que sus ciudadanos detenidos en el extranjero reciban una protección adecuada. La Ley 40/2006, de 14 de diciembre, del estatuto de la ciudadanía española en el exterior[12], destaca el deber del Estado de garantizar la tutela judicial de los españoles en el extranjero, impulsando la firma de tratados y convenios que favorezcan el reconocimiento de sen-

---

10 PICÓ I JUNOY, J. (1997), *Las garantías constitucionales del proceso*, J.M. Bosch, pp. 44-45.

11 Naciones Unidas, "Convenio sobre relaciones consulares", 24 de abril de 1963, en *Boletín Oficial del Estado*, número 68, de 6 de marzo de 1970, artículo 36.1.

12 Ley 40/2006, de 14 de diciembre, del *Estatuto de la ciudadanía española en el exterior*, Boletín Oficial del Estado (BOE), número 302, de 15 de diciembre de 2006, artículo 5. "El Estado fomentará la adopción de medidas encaminadas a reforzar la tutela judicial de los españoles en el exterior, impulsando la firma de Tratados o Convenios en materias como reconocimiento de sentencias y defensa de los penados". (TOL1.014.698).
Real Decreto 342/2012, de 10 de febrero, por el que se desarrolla la estructura orgánica básica del *Ministerio de Asuntos Exteriores y de Cooperación*, Boletín Oficial del Estado (BOE), número 39, de 14 de febrero de 2012.

tencias y la defensa de los penados[13]. Esta ley subraya la importancia de establecer medidas para que las oficinas consulares y otras dependencias de la Administración española en el exterior ofrezcan el respaldo necesario a los detenidos, lo que incluye, entre otras acciones, el acceso a la asistencia jurídica gratuita en aquellos casos donde el país de residencia del detenido no provea tal servicio.

Complementando este marco, la Orden Circular núm. 3252, de 15 de julio de 2003, define los procedimientos que deben seguir las autoridades consulares para asegurar un seguimiento efectivo y continuo de los casos de detención de ciudadanos españoles en el extranjero. Esta directriz pone especial énfasis en la comunicación con las autoridades locales, la vigilancia de las condiciones de detención y la provisión de asistencia jurídica y humanitaria, pues sirve para reconocer y manifestar que la privación de libertad no implica la pérdida de derechos fundamentales, lo que a su vez deriva en garantizar posteriormente las garantías del debido proceso.

Uno de los avances más destacados es la promulgación de la Orden AEC/3119/2005, que regula las ayudas periódicas a detenidos españoles en centros penitenciarios extranjeros, y la creación de ficheros automatizados como el Sistema Informático de Gestión Consular (SIGECO), que permite llevar un registro actualizado de la situación de los presos españoles en el extranjero[14]. Además, la Instrucción de Servicio 118 de 2005 establece que, salvo excepciones, los detenidos españoles deben ser visitados regularmente por funcionarios consulares[15], lo que permite garantizar que se les proporcionen las condiciones de trato adecuadas y el acceso a la justicia en condiciones de igualdad respecto a los nacionales del país en el que están detenidos.

En cuanto a la asistencia jurídica, España ha establecido diversas normativas que permiten a los detenidos españoles acceder a ayuda económica para la contratación de abogados, en especial en países donde no existe

---

13 GARCIMARTÍN MONTERO, R. (2021). "El reconocimiento de resoluciones penales de condena en la UE: la transposición al derecho español del reconocimiento de resoluciones que imponen penas o medidas privativas de libertad y de libertad vigilada." *Revista de Estudios Europeos*, (78), 27-50.

14 Orden AEC/3119/2005, de 26 de septiembre, por la que se establecen las cuantías de las ayudas periódicas a detenidos españoles internados en centros penitenciarios en el extranjero, *Boletín Oficial del Estado* (BOE), número 239, de 5 de octubre de 2005.

15 Instrucción de Servicio 118, de 5 de abril de 2005, *Ministerio de Asuntos Exteriores y de Cooperación*, sobre las visitas a los detenidos españoles en el extranjero.

un sistema de justicia gratuita comparable al de España. Sin embargo, aún persisten limitaciones en algunos países donde la justicia gratuita no se extiende de manera efectiva a los detenidos extranjeros, lo que coloca a los españoles en una situación de vulnerabilidad al no poder costear su defensa.

Si todo ello lo relacionamos de manera más directa con el debido proceso, el artículo 36 del Convenio de Viena y la Ley española 40/2006, garantizan que los ciudadanos españoles, aun cuando se encuentren fuera de su territorio, puedan acceder a una tutela judicial efectiva y a las condiciones necesarias para un juicio justo[16]. Este derecho se extiende también a la protección frente a situaciones de indefensión, como la falta de acceso a un abogado o a información sobre sus derechos, y a la asistencia consular para asegurar que sus derechos fundamentales sean respetados durante todo el proceso judicial, incluyendo el cumplimiento de la condena en un centro penitenciario en España una vez se lleve a cabo el traslado.

En cuanto al proceso de traslado de los presos españoles en el extranjero, la legislación española también ha hecho esfuerzos significativos para garantizar que este se realice conforme a los principios de derechos humanos. La Proposición no de Ley aprobada por el Congreso de los Diputados en 2014 instó al Gobierno a mejorar las políticas de asistencia y agilización de traslados de los presos españoles en terceros países, reconociendo las dificultades que enfrentan los ciudadanos españoles detenidos fuera de sus fronteras[17], lo que refleja un compromiso por parte del Estado español de velar por el bienestar y los derechos de sus nacionales, y fomenta la cooperación internacional al buscar mecanismos legales eficaces para asegurar que los españoles detenidos puedan cumplir sus condenas en condiciones que respeten sus derechos fundamentales.

Así, en este entramado de normas internacionales y nacionales, vemos como el respeto a las garantías del debido proceso son esenciales para asegurar que los derechos de los presos españoles en el extranjero sean debidamente protegidos: Desde la notificación oportuna de sus derechos

---

16 FIGUERUELO BURRIEZA, A. (1990), *El derecho a la tutela judicial efectiva*, Tecnos, pp. 62-63.

17 Congreso de los Diputados, *Proposición no de Ley* número 162/000841, aprobada el 18 de marzo de 2014. Vid. https://www.congreso.es/en/busqueda-de-publicaciones?p_p_id=publicaciones&p_p_lifecycle=0&p_p_state=normal&p_p_mode=view&_publicaciones_mode=mostrarTextoIntegro&_publicaciones_legislatura=X&_publicaciones_id_texto=(DSCD-10-PL-188.CODI.) (Fecha de consulta: 12 de enero de 2025).

tras la detención hasta la asistencia consular y el eventual traslado para el cumplimiento de su condena en España.

3.2. Adaptación de pena

En este contexto, el artículo 83 de la Ley 23/2014, de 20 de noviembre, sobre reconocimiento mutuo de resoluciones judiciales en la Unión Europea[18], regula específicamente la adaptación de penas impuestas en el extranjero para garantizar que sean compatibles con las disposiciones del Código Penal español y no resulten desproporcionadas. Este proceso de adaptación cobra especial importancia en aquellos casos en los que las penas impuestas en el país de origen son significativamente más severas que las previstas en el sistema penal español para delitos equivalentes.

La jurisprudencia española, a través de pronunciamientos como la Sentencia del Tribunal Supremo 820/2013, de 17 de octubre, ha sido clave para interpretar el término "incompatible" en este contexto. Según este criterio, una pena puede considerarse incompatible cuando, por su elevada cuantía, contravenga el principio de proporcionalidad penal.[19] En dicha sentencia, se destacó que la evaluación de la compatibilidad debe realizarse atendiendo a las circunstancias concretas de cada caso, y se estableció que, como regla general, una pena que supere el doble de la fijada en el Código Penal del país de cumplimiento podría entenderse como una vulneración del principio de proporcionalidad.

De este modo, la posibilidad de adaptar la condena en los casos de traslado no solo tiene un fundamento normativo sólido, sino que también responde a la necesidad de garantizar el respeto a los derechos fundamentales de los condenados, entre ellos el derecho a un trato equitativo y a la proporcionalidad en la ejecución de la pena[20]. Este enfoque refuerza los principios de justicia y cooperación internacional, lo que debería asegurar

---

18 Ley 23/2014, de 20 de noviembre, sobre *reconocimiento mutuo de resoluciones judiciales penales en la Unión Europea*, Boletín Oficial del Estado (BOE), número 282, de 21 de noviembre de 2014, artículo 83.

19 STS 820/2013, de 17 de octubre de 2013, sobre adaptación de penas extranjeras y el principio de proporcionalidad penal.

20 NISTAL BURÓN, J. (2019), "La 'adaptación' de una condena para su cumplimiento en España cuando ha sido impuesta por un tribunal extranjero. Criterio del Tribunal Supremo y su encaje dentro del nuevo marco legal europeo." *Revista de Derecho Migratorio y Extranjería*, (51).

que el cumplimiento de las penas se ajuste tanto a las exigencias legales como a los valores esenciales del ordenamiento jurídico español.

3.3. Solicitud de traslado

El derecho a solicitar el traslado a España constituye una herramienta clave para las personas privadas de libertad en el extranjero, ya que les ofrece la posibilidad de cumplir su condena en un entorno más favorable y próximo a sus vínculos familiares y culturales. Este traslado no solo representa un beneficio personal y emocional para los condenados, sino que también puede contribuir a facilitar su reintegración social tras el cumplimiento de la pena y reestablecer los derechos que se han visto vulnerados en el extranjero en el contexto de un tratamiento penitenciario menos garantista[21].

Sin embargo, las posibilidades y condiciones para efectuar estos traslados dependen del marco normativo aplicable, que varía según se trate de países dentro de la Unión Europea o fuera de ella. Así en el ámbito de la Unión Europea, el respeto a los derechos de las personas privadas de libertad está plenamente garantizado gracias a la homogeneidad existente en el espacio de justicia, libertad y seguridad que comparten los Estados miembros. Esta cohesión asegura que se cumplan los estándares mínimos establecidos para el tratamiento de los presos, respaldados por normativas comunes y un sólido compromiso con los derechos fundamentales.

En la última década la cooperación judicial entre los Estados miembros ha dado lugar a la creación de mecanismos específicos que no solo agilizan y armonizan los procedimientos para la transferencia de personas condenadas, sino que también refuerzan la confianza mutua en los sistemas judiciales nacionales. Entre las herramientas más destacadas en este ámbito se encuentran la Orden Europea de Detención y Entrega, que permite una colaboración eficiente entre los Estados miembros para la transferencia de reclusos y que simplifica los trámites de un procedimiento de extradición, al basarse en el principio de reconocimiento mutuo de resoluciones judiciales, garantizando así un proceso ágil y confiable. Unido a ello, en España además contamos con la Ley 23/2014, de 20 de noviembre, que regula

---

21 NISTAL BURÓN, J. (2017). "El traslado de personas condenadas en el ámbito de la Unión Europea. El reparto de competencias entre el estado de emisión y el estado de recepción sobre el cumplimiento de una misma condena (1): a propósito de la sentencia del Tribunal de Justicia de la Unión Europea (Gran Sala) de 8 de noviembre de 2016." *Diario La Ley*, (8916).

el reconocimiento mutuo de resoluciones penales dentro de la Unión Europea[22]. Esta normativa establece procedimientos claros para la ejecución de condenas en otro Estado miembro, loque asegura la protección de los derechos fundamentales de los condenados y consolidando un marco común de confianza y respeto entre los sistemas judiciales europeos. Es decir, gracias a esta cooperación estructurada, el espacio europeo de justicia no presenta dificultades para garantizar el cumplimiento de estándares mínimos en el tratamiento de las personas privadas de libertad, lo que refuerza la idea de una Europa comprometida con la dignidad humana y con la armonización de los derechos en todo su territorio.

Mientras que en el ámbito de la Unión Europea el respeto a los derechos de las personas privadas de libertad está plenamente garantizado gracias a la homogeneidad del espacio de justicia, libertad y seguridad, la situación se complica considerablemente en países no pertenecientes a la Unión Europea. Fuera de este espacio común, no siempre se cuenta con las mismas garantías ni con estándares uniformes para el tratamiento de los presos, lo que puede dificultar la protección de los derechos fundamentales de los condenados.

Entre las herramientas más relevantes fuera de la UE, destaca el Convenio de Estrasburgo para el traslado de personas condenadas, adoptado el 21 de marzo de 1983, y ratificado por 45 países del Consejo de Europa y 18 países no miembros[23]. Dicho convenio proporciona un marco internacional que, aunque importante, depende del grado de implementación y cooperación efectiva en cada país firmante, lo que puede generar desigualdades en la aplicación de los derechos de los condenados durante el proceso de traslado. Por supuesto, a lo anterior se le sumarían los acuerdos bilaterales firmados por España con más de 30 países, que permitieran adaptar las condiciones del traslado a las particularidades legales y administrativas de cada Estado. Si bien estos acuerdos representan un avance significativo en la cooperación internacional, la ausencia de un estándar común fuera

---

22 DE HOYOS SANCHO, M. (2015). "El reconocimiento mutuo de resoluciones por las que se impone una pena o medida privativa de libertad: análisis normativo", en ARANGÜENA FANEGO, C; DE HOYOS SANCHO, M; RODRÍGUEZ-MEDEL NIETO, C. (Coords.), *Reconocimiento mutuo de resoluciones penales en la Unión Europea: análisis teórico-práctico de la Ley 23/2014, de 20 de noviembre,* Thomson Reuters Aranzadi, pp. 107-128.

23 Instrumento de Ratificación del Convenio sobre traslado de personas condenadas, hecho en Estrasburgo el 21 de marzo de 1983. «BOE» núm. 138, de 10 de junio de 1985, páginas 17478 a 17481 (4 págs.) https://www.boe.es/eli/es/ai/1983/03/21/(2). Recuperado el 10 de enero de 2025.

de la Unión Europea puede dar lugar a limitaciones en cuanto a potenciales garantías procesales y condiciones penitenciarias. En este contexto, "Algunos ciudadanos españoles prefieren no solicitar el traslado, y se dan casos en los que los internos acaban rechazando acogerse al mismo, puesto que los trámites administrativos y procesales se demoran mucho en el tiempo, y en ocasiones los condenados después de haber cumplido parte de la condena pueden acogerse a beneficios penitenciarios, como el denominado régimen de semilibertad, que les permite salir de la cárcel aunque no pueden abandonar el país hasta la finalización de su condena, a menos que cuenten con una autorización judicial[24] (...) si son trasladados a España deben cumplir la totalidad de la condena y quedan registrados sus antecedentes penales, por lo que esto explica en parte que haya ciudadanos españoles que decidan cumplir la condena en el extranjero."

Debemos apuntar por supuesto que el proceso para solicitar el traslado de un preso a España comienza con las oficinas consulares, que deben enviar de manera inmediata la documentación correspondiente a la Subdirección General de Asuntos Jurídicos Consulares. Esta, a su vez, se encarga de remitir la información al Ministerio de Justicia. Una vez en manos de este ministerio, se procede a recopilar toda la información necesaria del país en el que se encuentra el recluso, lo que incluye la sentencia firme, la liquidación de condena, los textos legales que contemplan el delito por el cual fue condenado y la autorización del país en cuestión.

Con toda la documentación reunida, el Ministerio de Justicia presenta la solicitud de autorización de traslado al Consejo de Ministros. Una vez que el Consejo aprueba la solicitud, se comunica dicha decisión al interesado, a la Audiencia Nacional, al país donde se ha dictado la condena y a Interpol, quien se encargará de la materialización del traslado físico del preso.

Todo este contexto creemos que pone de manifiesto la importancia de estos instrumentos como mecanismos clave para proteger a los ciudadanos españoles en el extranjero y garantizar que puedan cumplir sus condenas en un entorno más cercano y respetuoso con sus derechos; si bien, la implementación efectiva de estos acuerdos depende en gran medida de la disposición y capacidad de los Estados firmantes para cumplir con las normativas internacionales y salvaguardar los derechos humanos.

---

24 https://www.defensordelpueblo.es/informe-monografico/la-situacion-de-los-presos-espanoles-en-el-extranjero-mayo-2015/. Recuperado el 12 de enero de 2025, pag.54.

3.4. Garantías procesales mínimas

Existen pocos estudios sobre la situación de los españoles condenados en el extranjero y los procedimientos que enfrentan en dichos contextos. Sin embargo, un análisis relevante al respecto se encuentra en el Estudio del Defensor del Pueblo en España sobre la situación de los españoles en el extranjero, publicado en mayo de 2015[25]. En este informe se hace mención expresa a las problemáticas que enfrentan los ciudadanos españoles en el extranjero, especialmente en cuanto a la garantía del debido proceso en los procedimientos judiciales y penitenciarios, y se subraya la necesidad urgente de que se implementen acuerdos mínimos que garanticen la prevalencia de las normas fundamentales del debido proceso, independientemente del país en el que se encuentren detenidos.

Concretamente, el informe indica que "en los últimos años se ha producido un incremento de las quejas recibidas sobre esta materia. Los motivos de queja se centran en: la demora en los expedientes de traslado; disconformidad con la actuación de los consulados; problemas relativos a las condiciones de prisiones extranjeras, e irregularidades procesales que se detectan en el desarrollo de los juicios. En este último caso, aunque las posibilidades de intervención son muy limitadas, se intenta ofrecer toda la información posible al preso o a sus familiares[26]".

En este sentido, el Defensor del Pueblo destaca que, en muchos casos, los ciudadanos españoles que se encuentran privados de libertad en el extranjero carecen de un acceso adecuado a las garantías procesales básicas, como el derecho a ser informados de los cargos que se les imputan, el derecho a la defensa, y el acceso a un juicio imparcial. Asimismo, el informe señala que, a menudo, los internos no cuentan con los medios necesarios para presentar pruebas o defenderse adecuadamente, lo que pone en entredicho la validez y la justicia de los procesos sancionadores. Así, el estudio hace un llamado a la adopción de acuerdos internacionales mínimos que aseguren el respeto por los derechos humanos de los españoles en el extranjero, sin que esto dependa de las normativas nacionales de los países en los que se encuentren.

---

25 https://www.defensordelpueblo.es/informe-monografico/la-situacion-de-los-presos-espanoles-en-el-extranjero-mayo-2015/. Recuperado el 12 de enero de 2025.

26 https://www.defensordelpueblo.es/informe-monografico/la-situacion-de-los-presos-espanoles-en-el-extranjero-mayo-2015/ Recuperado el 12 de enero de 2025. Pág. 8.

La necesidad de adoptar acuerdos mínimos que garanticen el respeto por el debido proceso se alinea con las preocupaciones expresadas por la Federación Iberoamericana de Ombudsman (FIO), la cual agrupa a las instituciones de derechos humanos de los países iberoamericanos[27]. La FIO promueve la cooperación y el intercambio de experiencias para asegurar que los derechos fundamentales sean protegidos en toda la región, especialmente en lo que respecta a los sistemas penitenciarios y así asegurar que las personas privadas de libertad puedan disfrutar de las mínimas garantías procesales, independientemente de su ubicación.

Este esfuerzo, liderado por la FIO y respaldado por otros organismos internacionales, subraya la importancia de que los países firmen acuerdos que aseguren la aplicación de las normas internacionales mínimas del debido proceso, que incluyan la información sobre los cargos, el derecho a la defensa, la imparcialidad de los órganos decisores, la posibilidad de presentar pruebas, y, cuando sea necesario, la provisión de intérpretes.

De esta forma, estas organizaciones hacen un llamado a la necesidad urgente de establecer estos mecanismos mínimos que garanticen la protección de los derechos de los ciudadanos privados de libertad fuera de su país. Concretamente, en una de sus recomendaciones se plantea la necesidad de establecer un marco normativo claro, completo y garantista que desarrolle de manera exhaustiva garantías globales que se encuadren dentro debido proceso en los procedimientos sancionadores llevados a cabo en los establecimientos penitenciarios. Así, la recomendación nº 50 indica que sería necesario "establecer en leyes previas, con precisión suficiente, las conductas castigadas, las sanciones aplicables a las mismas y las autoridades encargadas de imponerlas y ejecutarlas. Aplicar en los procedimientos sancionadores seguidos en los establecimientos penitenciarios las garantías mínimas del debido proceso establecidas en las normas internacionales y

---

27 La FIO se organiza y opera conforme a su Estatuto, aprobado inicialmente en Cartagena de Indias el 5 de agosto de 1995 y posteriormente reformado en Tegucigalpa el 15 de septiembre de 1999, en Ciudad de México el 24 de noviembre de 2000 y en Nuevo Vallarta el 20 de junio de 2006. Asimismo, las decisiones estratégicas y operativas de la organización se sustentan en las Resoluciones adoptadas tanto por la Asamblea General, su órgano máximo de decisión compuesto por los titulares de las instituciones miembro, como por el Comité Directivo, que actúa dentro de sus competencias específicas. En la actualidad, los países que forman parte de la FIO incluyen a Andorra, Argentina, Bolivia, Colombia, Costa Rica, Ecuador, El Salvador, España, Guatemala, Honduras, México, Nicaragua, Panamá, Paraguay, Perú, Portugal, Puerto Rico, Uruguay y Venezuela, consolidando una amplia representación de la comunidad iberoamericana.

constitucionales, lo que incluye, al menos, información sobre los cargos, derecho a la defensa y a presentar medios de prueba y, en su caso, derecho a un intérprete, así como la imparcialidad de los órganos disciplinarios. Establecer registros de los interrogatorios realizados en los establecimientos penitenciarios".

Ello implica, en primer lugar, la formulación de leyes previas que delimiten con precisión las conductas sancionables, las sanciones aplicables y las autoridades competentes para imponerlas y ejecutarlas. Dichas leyes deben cumplir con estándares de legalidad, claridad y cierta previsibilidad y homogeneidad en su aplicación, lo que aseguraría que las personas afectadas puedan conocer de manera inequívoca las normas a las que están sujetas.

De igual modo, el derecho a la defensa constituye otro pilar del debido proceso. Esto implica la posibilidad de contar con un abogado o representante que asista al interno durante todo el procedimiento sancionador, así como el derecho a presentar pruebas y argumentos en su defensa. Además, debe garantizarse que la persona sometida al procedimiento pueda contrainterrogar a los testigos y refutar las pruebas presentadas en su contra. En casos donde el interno no hable el idioma en el que se desarrolla el procedimiento, debe proporcionarse un intérprete competente para garantizar una comprensión adecuada y plena participación en el proceso.

Unido a lo anterior, la imparcialidad de los órganos disciplinarios encargados de resolver estos procedimientos es igualmente esencial. Los órganos que decidan sobre la imposición de sanciones deben ser independientes y no tener vínculos o intereses que puedan comprometer su objetividad. Este principio asegura que las decisiones adoptadas se basen exclusivamente en los hechos y pruebas presentados, sin influencias indebidas o prejuicios.

Asimismo, el establecimiento de registros detallados y confiables de los interrogatorios realizados en los establecimientos penitenciarios es un elemento adicional que fortalece el debido proceso. Estos registros, que deben ser documentados de manera escrita, audiovisual o mediante otros medios verificables, garantizan la transparencia del procedimiento y pueden ser utilizados como medio de control frente a posibles abusos o irregularidades.

En conjunto, desarrollar estas medidas supone garantizar un sistema sancionador en los establecimientos penitenciarios de todo el mundo que respete los derechos fundamentales de las personas privadas de libertad. Este enfoque no solo refuerza la legitimidad del sistema de justicia penal, sino que también contribuye a la construcción de un entorno penitenciario que priorice la dignidad humana y el respeto por los principios básicos del Estado de derecho.

Este enfoque busca garantizar que las normas sean transparentes, con el fin de evitar cualquier arbitrariedad y asegurar que las personas puedan conocer qué conductas son susceptibles de ser sancionadas y en qué condiciones. En este contexto, España cumple con este principio, ya que la Constitución Española, en su artículo 24.2, establece que toda persona tiene derecho a la defensa y a ser informada de la acusación formulada en su contra. Esta exigencia de claridad en la legislación se vincula directamente con la obligación de las autoridades de actuar conforme a normas previamente establecidas, al garantizar que las sanciones se impongan solo en base a una conducta expresamente definida por la ley.

Finalmente, la recomendación subraya la importancia de establecer registros de los interrogatorios en los establecimientos penitenciarios, lo que asegura la transparencia y la legalidad de los procedimientos sancionadores. Estos registros permiten un seguimiento adecuado y evitan situaciones de abuso o arbitrariedad, contribuyendo a que los derechos de los internos sean respetados durante el proceso. De igual modo la normativa española establece garantías de un juicio justo, la recomendación refuerza la necesidad de que los procedimientos sean transparentes y equitativos, lo que asegura que los derechos fundamentales no sean vulnerados.

En definitiva, la recomendación número 50 de este informe resalta principios esenciales que ya están reflejados en el artículo 24.2 de la Constitución Española y que deben ser exigidos a todos los países en aras de respetar los derechos humanos, asegurando que todas las personas, independientemente de su situación, sean tratadas con dignidad y justicia.

4. REFLEXIÓN FINAL

De cara al futuro, resulta imprescindible promover una mayor armonización normativa a nivel internacional que garantice la aplicación uniforme de los principios del debido proceso y de los derechos fundamentales en todos los sistemas jurídicos y penitenciarios. Esto incluye la necesidad de avanzar hacia estándares más sólidos de cooperación internacional, el fortalecimiento de los mecanismos de supervisión de las condiciones penitenciarias y la creación de plataformas de diálogo entre los Estados para compartir mejores prácticas y soluciones innovadoras.

El respeto a los derechos humanos de los reclusos, incluidos aquellos condenados en el extranjero, no debe entenderse como una concesión, sino como una obligación inherente a cualquier sistema que se proclame democrático y comprometido con la justicia. A este respecto, pensamos que las Reglas de Nelson Mandela deberían ser el punto de partida para inspirar un modelo universal para la gestión penitenciaria de nuestros días, puesto que además de esbozar estándares mínimos, entre los que se incluyen garantías básicas vinculadas al debido proceso, también sirven para reafirman principios fundamentales de derechos humanos que deben ser respetados incluso en los entornos más restrictivos. Es esencial, al menos, garantizar en cualquier nación, el derecho efectivo a la defensa, lo que implica la presencia de un abogado, la posibilidad de presentar pruebas y poder contradecir, así como la provisión de intérpretes cuando sea necesario.

Avanzar hacia un acuerdo global de mínimos procesales no solo reforzaría la legitimidad de los sistemas penales, sino que también enviaría un mensaje claro de compromiso con los derechos humanos y la dignidad de todas las personas, pero convertir estas reglas en una realidad universal requiere compromiso político y ético a partes iguales, y dudamos mucho de que esta opción este en la mente de nuestros gobernadores internacionales. Ojalá todos ellos puedan llevar a ver que los términos justicia y humanidad deberían coexistir por igual en cualquier punto de nuestro planeta.

5. BIBLIOGRAFÍA

BUJOSA VADELL, L. (2014). "De iudicio: variaciones en torno a la potestad y al acto de juzgar", *Revista Ars Iuris Salmanticensis: revista europea e iberoamericana de pensamiento y análisis de derecho, ciencia política y criminología,* (1).

DE HOYOS SANCHO, M. (2015). "El reconocimiento mutuo de resoluciones por las que se impone una pena o medida privativa de libertad: análisis normativo", en ARANGÜENA FANEGO, C; DE HOYOS SANCHO, M; RODRÍGUEZ-MEDEL NIETO, C. (Coords.), *Reconocimiento mutuo de resoluciones penales en la Unión Europea: análisis teórico-práctico de la Ley 23/2014, de 20 de noviembre,* Thomson Reuters Aranzadi.

ESPARZA LEÍBAR, I. (1995), *El principio del proceso debido,* J.M. Bosch.

FIGUERUELO BURRIEZA, A. (1990), *El derecho a la tutela judicial efectiva,* Tecnos.

GARCIMARTÍN MONTERO, R. (2021). "El reconocimiento de resoluciones penales de condena en la UE: la transposición al derecho español del reconocimiento de resoluciones que imponen penas o medidas privativas de libertad y de libertad vigilada." *Revista de Estudios Europeos,* (78).

NISTAL BURÓN, J. (2017). "El traslado de personas condenadas en el ámbito de la Unión Europea. El reparto de competencias entre el estado de emisión y el estado de recepción sobre el cumplimiento de una misma condena (1): a propósito de la sentencia del Tribunal de Justicia de la Unión Europea (Gran Sala) de 8 de noviembre de 2016." *Diario La Ley,* (8916).

NISTAL BURÓN, J. (2019), "La 'adaptación' de una condena para su cumplimiento en España cuando ha sido impuesta por un tribunal extranjero. Criterio del Tribunal Supremo y su encaje dentro del nuevo marco legal europeo." Revista de Derecho Migratorio y Extranjería, (51), 13-30.

PEDRAZ PENALVA, E., "Publicidad y derecho al debido proceso. Publicidad y derecho de acceso a la información contenida en los ficheros de datos jurisdiccionales", en VV.AA. GUTIÉRREZ-ALVIZ Y CONRADI. (Dir). (1996), *La criminalidad organizada ante la Justicia,* Universidad de Sevilla (Ed.)

PICÓ I JUNOY, J. (1997), *Las garantías constitucionales del proceso,* J.M. Bosch.

QUISPE REMÓN, F. (2010). "El reconocimiento del derecho al debido proceso en el derecho internacional y su relación con Estados Unidos: el caso Guantánamo", *Derechos y libertades: Revista de Filosofía del Derecho y derechos humanos,* (23).

Capítulo VII

Sección de vigilancia penitenciaria del Tribunal Central de Instancia y Cooperación Judicial Internacional

FERNANDO MARTÍN DIZ
Catedrático de Derecho Procesal
Universidad de Salamanca[1]

1. SITUACIÓN Y SITUACIONES

La condena firme a una pena de privación de libertad implica la decisión judicial, en cumplimiento de la garantía jurisdiccional del derecho penal que constitucionalmente es exigida, que impone la más grave de las restricciones de derechos individuales. Depara al ya penado, pasar a ostentar la condición de reo y preso con todos los derechos y obligaciones legales que ello conlleva, sin olvidar, ni perder ni un ápice, la indispensable observancia en su régimen penitenciario de todas las garantías que son inherentes a la precitada condición. Y detrás de todas ellas está, en España, la figura jurisdiccional de los titulares de las Secciones de Vigilancia Penitenciaria de los Tribunales de Instancia[2], como garantes de los derechos de los reclusos.

---

1 El presente trabajo es resultado del desarrollo y ejecución del Proyecto de Investigación "Instrumentos de cooperación procesal internacional para el traslado de españoles condenados a España" (Ref: PIC-2022-11) dentro de la Convocatoria Programa I C2 (2022) de financiación de grupos de investigación y proyectos de investigación de la Universidad de Salamanca. IP: Prof.ª Dr.ª Alicia González Monje.

2 De acuerdo a la nueva denominación y organización establecida por la reforma implantada en la Ley Orgánica 1/2025, de 2 de enero, de medidas en materia de

Siendo dificultosa y peculiar la ejecución y cumplimiento de la pena privativa de libertad en cada Estado y de acuerdo con su normativa interna, mayor complejidad concurre cuando además el penado aspira a un posible traslado, al Estado del que es nacional, para el cumplimiento de la condena que le ha sido impuesta en un Estado diferente y no propio —en términos de nacionalidad—. En el presente trabajo, vamos a abordar las diferentes posibilidades, expectativas y procedimientos para que pueda llevarse a efecto el traslado de un condenado a desde un Estado a otro, a efectos del cumplimiento de la pena privativa de libertad y desde la intervención que en ello pueden asumir, cuando corresponda, las Secciones de Vigilancia Penitenciaria de los Tribunales de Instancia en un contexto de cooperación procesal internacional.

Dos son los grandes escenarios que se presentan entonces: uno, el primero, dentro del ámbito territorial de la Unión Europea e integrado en la conformación del Espacio de Libertad, Seguridad y Justicia que ésta representa a nivel normativa e institucional. Otro, vinculado a las situaciones de traslado de condenados penales extramuros del ámbito territorial de la Unión Europea y en relación con terceros Estados no pertenecientes a la misma. En uno y en otro escenario, situando siempre como uno de los actores en el traslado a nuestro país, España, y valorando en ambos escenarios, tanto la situación en que el condenado se encuentra en España y es trasladado fuera de nuestro territorio, como a la inversa, la situación y actuaciones que implican el traslado de un penado a pena privativa de libertad a España desde otro Estado. La importante y crucial diferencia entre los dos escenarios generales, esto es, implicación o no en el traslado del condenado de un Estado perteneciente a la Unión Europea, viene relacionada con la vigencia y aplicación del principio de reconocimiento mutuo, sustentado sobre las bases de la recíproca confianza, entre los Estados miembros de la Unión Europea, como fundamento nuclear de sus disposiciones normativas e institucionales de cooperación judicial penal.

2. TRASLADO DE CONDENADOS EN EL ÁMBITO DE LA UNIÓN EUROPEA

El transversal principio de reconocimiento mutuo de resoluciones judiciales que vertebra, entre otros, el Espacio de Libertad, Seguridad y Justicia

---

eficiencia del Servicio Público de Justicia, de acuerdo a la nueva redacción de los art. 84.2, 92 y 95 de la Ley Orgánica del Poder Judicial.

de la Unión Europea también encuentra su expresión en la ejecución de penas, y de manera particular, y en relación directa con la temática que se aborda, con el reconocimiento y ejecución de sentencias penales privativas de libertad, fundadamente desde la Decisión Marco 2008/909/JAI del Consejo, del 27 de noviembre de 2008, *sobre la aplicación del principio de reconocimiento mutuo de sentencias penales que imponen penas o medidas privativas de libertad para su ejecución en la Unión Europea*, y que ha sido incorporada a nivel interno mediante la demorada, temporalmente hablando respecto a la fecha de la Decisión Marco, Ley 23/2014, de 20 de noviembre, *de reconocimiento mutuo de resoluciones penales en la Unión Europea*, que dedica a este fin el Título III, artículos 63 a 91.

El protagonismo de las actuales Secciones de Vigilancia Penitenciaria de los Tribunales de Instancia queda perfectamente determinado en el art. 64 de la Ley 23/2014, precepto en el cual se regula las autoridades judiciales competentes en España para transmitir y ejecutar una resolución por la que se impone una pena o medida privativa de libertad, siendo las Secciones de Vigilancia Penitenciaria de los Tribunales de Instancia reconocidas como autoridad de emisión para la transmisión de la resolución de que impone la pena privativa de libertad (las Secciones de Menores de los Tribunales de Instancia en caso de que se trate de un menor), salvo que no se haya dado inicio al cumplimiento de la condena, en cuyo caso será autoridad competente el tribunal que hubiera dictado la sentencia en primera instancia. El reconocimiento y ejecución de resoluciones que impongan una pena, o medida, privativa de libertad se encomienda a la Sección de lo Penal del Tribunal Central de Instancia y para llevar a cabo la ejecución de la misma, será competente la Sección de Vigilancia Penitenciaria del Tribunal Central de Instancia. Determinado, para el caso especial de resoluciones referidas a medidas de internamiento en régimen cerrado de un menor, la competencia en favor de la Sección de Menores del Tribunal Central de Instancia.

Además, el ámbito Unión Europea como marco territorial dentro del cual se produce el traslado de condenados de un estado a otro, depara un modelo novedoso, desde las bases de la Decisión Marco de 2008 y que se ha incorporado a la Ley 2372014, en el cual elementos tradicionales para la consideración del traslado, como la nacionalidad del condenado, la conexión del asunto con el estado de destino y el propio consentimiento del condenado operaban como presupuestos casi automáticos del traslado, sustituyéndose por un modelo diferente en que prima una visión resocializadora y de reinserción.

2.1. *Traslado de condenado en España a otro estado miembro de la Unión Europea*

Desde las previsiones de los arts. 65 a 76 de la Ley 23/2014, se desprenden los siguientes rasgos fundamentales en el caso de traslado de un condenado en España a otro Estado miembro de la Unión Europea:

1. La transmisión de la resolución de imposición de pena privativa de libertad puede cursarse de oficio, a solicitud del Estado donde se prevé la ejecución, o a solicitud de la persona condenada (en cuyo caso puede optar tanto por la autoridad española como por la autoridad del Estado de ejecución), siendo estos dos supuestos finales no vinculantes para la autoridad judicial española competente a la transmisión de la resolución.
2 Antes del inicio de la ejecución de la condena, en caso de que la persona condenada no estuviera cumpliendo ninguna otra, el órgano jurisdiccional sentenciador, una vez que la sentencia sea firme, podrá transmitir la resolución a la autoridad competente del Estado de ejecución directamente o a través de la correspondiente Sección de Vigilancia Penitenciaria del Tribunal de Instancia. En caso de estar cumpliendo ya condena, corresponderá a la Sección de Vigilancia Penitenciaria del Tribunal de Instancia o a la misma sección del Tribunal Central de Instancia.
3. Como condición antes de la transmisión de la resolución de condena firme, y el traslado, la Sección de Vigilancia Penitenciaria del Tribunal de Instancia se asegurará de que no existe ninguna sentencia condenatoria pendiente de devenir firme en relación al condenado

Además, se prevén en la normativa, como requisitos, los siguientes:

a) El tiempo de condena por cumplir debe ser al menos de 6 meses

b) No deben existir juicios en tramitación o sentencias pendientes de firmeza

c) El condenado se encuentre en España o en el Estado de ejecución

d) La Sección de Vigilancia Penitenciaria del Tribunal de Instancia (o a la misma sección del Tribunal Central de Instancia) deben constatar que la ejecución de la condena por el Estado de ejecución contribuirá a alcanzar el objetivo de facilitar la reinserción social del condenado, después de haber consultado al Estado de ejecución, cuando corresponda.

e) En relación con el consentimiento del condenado este deberá recabarse, previamente y siendo asistido de abogado y en su caso, de intérprete, y habrá tenido que ser informado en términos claros y comprensibles de la finalidad de la audiencia y del consentimiento

f) Salvo aquellos casos en que expresamente no es necesario[3], la Sección de Vigilancia Penitenciaria del Tribunal de Instancia dará la oportunidad al condenado que se encuentre en España de formular verbalmente o por escrito su posición

g) Cuando la Autoridad competente del país al que se solicita ser trasladado comunique que acepta la ejecución de la Resolución por la que se impone una pena o medida privativa de libertad, se procederá al traslado del condenado

h) Plazo para hacer efectivo este traslado: no podrá superar los treinta días desde la adopción (Estado de ejecución) de la Resolución firme sobre reconocimiento y ejecución de la Resolución por la que se impone una pena o medida privativa de libertad. Como determina el art. 73.2 *in fine* de la Ley 23/2014, si, por circunstancias imprevistas, no fuera posible el traslado en plazo, la autoridad judicial competente (Sección de Vigilancia Penitenciaria del Tribunal de Instancia) informará de inmediato a la autoridad de ejecución, acordando una nueva fecha para el traslado, que se realizará en un plazo máximo de diez días desde la nueva fecha acordada

i) Finalmente, el art. 76 de la Ley 23/2014, prevé la reversión de la ejecución de la condena a España, reanudándose su cumplimiento, en el caso en que la autoridad competente del Estado de ejecución informe a la Sección de Vigilancia Penitenciaria del Tribunal de Instancia de la no ejecución de la condena como consecuencia de la fuga del condenado.

---

[3] Art. 67.2 de la Ley 23/2014: "Sin embargo, no será necesario su consentimiento cuando el Estado de ejecución sea:
a) El Estado de nacionalidad del condenado en que posea vínculos atendiendo a su residencia habitual y a sus lazos familiares, laborales o profesionales.
b) El Estado miembro al que el condenado vaya a ser expulsado una vez puesto en libertad sobre la base de una orden de expulsión o traslado contenida en la sentencia o en una resolución judicial o administrativa derivada de la sentencia.
c) El Estado miembro al que el condenado se haya fugado o haya regresado ante el proceso penal abierto contra él en España o por haber sido condenado en España"

2.2. *Traslado de condenado en estado miembro de la Unión Europea a España*

Cumple observar en este caso lo dispuesto en los arts. 77 a 91 de la Ley 23/2014, de 20 de noviembre, de reconocimiento mutuo de resoluciones penales en la Unión Europea. La resolución que impone la pena privativa de libertad será transmitida por la Autoridad competente del Estado en el que el solicitante esté cumpliendo la pena correspondiendo a la Sección de lo Penal del Tribunal Central de Instancia el reconocimiento de la resolución por las que se imponen penas o medidas privativas de libertad transmitidas por otros Estados miembros de la Unión Europea cuando de esta forma se facilite la reinserción social del condenado. Tal y como prevé el art. 81.2 de la Ley 23/2014, la Sección de lo Penal del Tribunal Central de Instancia comprobará si concurre alguna causa de denegación del reconocimiento o de la ejecución, y también si el consentimiento del condenado ha sido prestado, salvo que el mismo no sea necesario en virtud de la legislación del Estado de emisión.

En todo caso, no será necesario el consentimiento del condenado cuando:

a) Sea español y resida en España.

b) Vaya a ser expulsado a España, una vez puesto en libertad en el Estado de emisión sobre la base de una orden de expulsión o traslado contenida en la sentencia o en una resolución judicial o administrativa derivada de la sentencia.

c) Se haya fugado o haya regresado a España por la condena dictada o por el proceso penal seguido en el Estado de emisión.

La Sección de lo Penal del Tribunal Central de Instancia, de oficio o a solicitud del condenado, previa audiencia del Ministerio Fiscal o a iniciativa de éste, solicitará a la autoridad competente de otro Estado, la transmisión de la resolución. Podrá denegar el reconocimiento y ejecución, además de por los motivos enumerados con carácter general en los arts. 32 y 33 de la Ley 23/2014, por los motivos específicos del art. 85.1:

a) Cuando en virtud de su edad, la persona condenada no habría podido ser declarada penalmente responsable por los hechos motivadores de la resolución condenatoria, de acuerdo con la legislación penal española.

b) Cuando la autoridad judicial española competente constate que, en el momento de recibir la resolución condenatoria, la parte de la condena que queda por cumplir es inferior a seis meses

c) Cuando, sin perjuicio de lo previsto en el artículo 81, la resolución transmitida imponga una medida privativa de libertad que no resulte ejecutable de acuerdo con el Derecho español.

d) Cuando, antes de decidir sobre el reconocimiento y la ejecución de la resolución condenatoria, la Sección de lo Penal del Tribunal Central de Instancia presente una solicitud para que la persona de que se trate sea procesada, condenada o privada de libertad en España por una infracción cometida con anterioridad a su traslado y distinta de la que lo hubiera motivado, y la autoridad competente del Estado de emisión no diera su consentimiento.

e) Cuando no se cumplan los requisitos exigidos para la transmisión de una resolución por la que se impone una pena o medida privativa de libertad

Admitida y resuelta la solicitud, la persona condenada será trasladada a España en el momento acordado entre la autoridad del Estado de ejecución y la Sección de lo Penal del Tribunal Central de Instancia, y siempre dentro de los treinta días siguientes a la firmeza del auto de reconocimiento y ejecución de la Resolución. Producido el traslado, la ejecución de la pena privativa de libertad pasará a ser competencia de la Sección de Vigilancia Penitenciaria del Tribunal Central de Instancia.

Una vez trasladada la persona a España, y las indicaciones que se explicitan seguidamente también son válidas para el supuesto que abordaremos en el apartado III.2 del presente trabajo —traslado de un condenado desde un Estado no miembro de la Unión Europea a España—, pasará a llevarse a cabo una serie de actuaciones jurídico-legales de integración en el régimen penitenciario, comenzando por la adaptación de la pena impuesta en el extranjero a la legislación española, por cuanto desde el momento en que pasa a integrarse en el sistema penitenciario español disfruta de los mismos derechos y beneficios de los penados en España, así como de las mismas obligaciones. Deberá, asimismo, resolverse sobre el centro penitenciario en que rendirá condena, tratando de que sea el más próximo posible a su lugar de residencia habitual o en el lugar donde residan sus familiares. Desde su ingreso seguirá el protocolo establecido para ingreso en centro penitenciario relativo a identificación y reseña personal, reconocimiento médico, depósito de objetos que porte, entrevistas con profesionales del tratamiento penitenciario, etc.

3. TRASLADO DE CONDENADOS CON INTERVENCIÓN DE UN ESTADO EXTERNO A LA UNIÓN EUROPEA

El sistema de traslado de condenados a penas privativas de libertad es dual en España, por cuanto y como señalamos en la parte inicial del presente trabajo, junto al sistema de remisión directa de resoluciones y casi traslado automático o simplificado que se produce en el ámbito de los Estados miembros de la Unión Europea, convive el sistema tradicional, vinculado a la idea de extradición y canalización a través de autoridades centrales, mucho más burocratizado y complejo, y que se utiliza en el caso de los traslados de condenados a penas de prisión cuando España ha de gestionarlo con un Estado no perteneciente a la Unión Europea, debiendo recurrirse entonces a las previsiones bien de convenios bilaterales vigentes (suscritos por España con más de 30 Estados en la actualidad) o, en su defecto, a otros mecanismos convencionales supranacionales, como puede ser el caso de Convenio Europeo sobre Traslado de personas condenadas, del Consejo de Europa, aprobado en Estrasburgo el 21 de marzo de 1983 (ratificado por España en 1985) del cual forman parte 45 Estados integrados en el Consejo de Europea y otros 18 Estados más que se han adherido al mismo sin pertenecer al Consejo de Europa.

Este último instrumento convencional supranacional es antecedente claro de políticas de cooperación judicial penal internacional en materia de traslado y reinserción de condenados, facilitando el que aquella persona privada de libertad como consecuencia de una sentencia penal firma pueda cumplir su condena en su Estado de origen o con el que mantiene vínculos más estables a nivel familiar, profesional, social o económico, habilitando el traslado entre Estados que sean parte del Convenio. En este sentido complementaba la forma de ejecución del traslado la Recomendación núm. 11 del Comité de ministros del Consejo de Europa, de 21 de junio de 1984, sobre la información relativa al Convenio sobre Traslado de personas condenadas, a los efectos de ayudarles a cumplir las obligaciones y procedimiento previsto en el propio Convenio. A partir de esa previsión genérica y sectorial, no hay mayor apoyo normativo en España de cara al procedimiento y expedientes de traslado de condenados, fuera del entorno de los Estados miembros de la Unión Europea, debiendo acudirse a una tramitación muy similar a la fase más gubernativa, que no jurisdiccional, del procedimiento de extradición.

Si conviene extraer, del sustrato común que puede ofrecer la regulación supranacional del Consejo de Europa a la que nos referimos, una serie de consideraciones comunes que pueden orientar los supuestos de traslado de personas condenadas en los que España haya de gestionar dicho traslado con Estados no integrados en la Unión Europea y que, generalmente, también se plasman en los convenios bilaterales que vinculan a España. La primera consideración se centra en el hecho de que la condena que dé lugar al traslado ha de ser a una pena, o medida privativa de libertad, dictada por un órgano jurisdiccional y con duración limitada o ilimitada consecuencia de la comisión de un delito. Además, debe haberse satisfecho y sufragado la responsabilidad civil asociada al delito o haber sido exonerado de ello, y no estar condenado al cumplimiento de una pena que no esté reconocida en España (como puede ser los casos de pena de muerte o cadena perpetua). En segundo lugar, el mantenimiento de la observancia del requisito de consentimiento del condenado o de su representante legal al traslado, así como consentimiento del Estado en el cual ha sido condenado. En tercer lugar, el hecho, ya advertido, de que en estos casos la tramitación del expediente es centralizada a través de, en el caso español, Ministerio de Justicia, tribunal sentenciador, Dirección General de Instituciones Penitenciarias y Dirección General de la Policía, en el ámbito interno, más el posible canal diplomático del Ministerio de Asuntos Exteriores (embajadas y consulados) respecto a las relaciones con el Estado extranjero concernido.

Pervive, igualmente, la relevancia del requisito de la nacionalidad del condenado que va a ser objeto del traslado, en cuanto nacional del Estado de cumplimiento de la condena, así como la exigencia de firmeza de la resolución que impone la pena privativa de libertad y el requisito de la consideración de delito tanto en el estado en que se ha dictado la sentencia como en el Estado de cumplimiento o ejecución del traslado. En estos supuestos de traslado, finalmente, apreciaremos como la intervención jurisdiccional es inexistente, tratándose de un procedimiento netamente gubernativo.

3.1. Traslado de condenado en España a otro Estado no perteneciente a la Unión Europea

Indicadas anteriormente las condiciones generales, dentro de aquellas previsiones convencionales internacionales en que España se encuentra como parte, el traslado de un condenado en España, por sentencia firme que imponga pena privativa de libertad a otro Estado que no pertenezca a la Unión Europea tiene su inicio, procedimental, en la recepción en el Ministerio de Justicia de la solicitud de traslado a su país de origen de un extranjero, dando lugar a la apertura del pertinente expediente de traslado. Seguidamente debe informar Instituciones Penitenciarias sobre la situación procesal penal del condenado y se encargará de recopilar la documentación necesaria que, básicamente, es la siguiente:

a) Sentencia o sentencias firmes que deba cumplir el solicitante en el país al que va a ser trasladado
b) Liquidación de la condena
c) Textos legales que establezcan el delito y pena impuesta
d) cualquier otro Informe que pueda ser relevante para el Traslado.
e) Si el país donde solicita ser trasladado tiene un idioma distinto del español, el Ministerio de Justicia procederá a la traducción de la Documentación indicada

Recabado el consentimiento del penado, así como del Estado de cumplimiento (recibida la documentación que acredita la conformidad), se elevará al Consejo de Ministros la propuesta para autorizar dicho traslado. En el caso en que el Estado de cumplimiento de condena, denegase el traslado, el Ministerio de Justicia cerrará, sin más trámites el expediente, y comunicará dicha decisión al solicitante por cuanto es un procedimiento rogado y que requiere, de manera insustituible, de la anuencia del solicitante, el Estado español como país en que se produce la condena penal y el Estado de destino como país en que se va a ejecutar el cumplimiento de la pena.

Una vez obtenida la autorización del Consejo de Ministros, se pone en conocimiento de INTERPOL, el tribunal sentenciador, el solicitante e Instituciones Penitenciarias, dando por concluido el expediente a nivel nacional. En cuanto al traslado físico del solicitante asume dicha responsabilidad y competencia el Estado de ejecución, y, salvo disposición específica en el convenio aplicable en su caso, no se prevé un plazo para que se lleve a efecto.

3.2. Traslado de condenado en otro Estado no perteneciente a la Unión Europea a España

En la situación inversa a la anteriormente descrita, cuando la solicitud lo es para el cumplimiento de una pena privativa de libertad en España habiendo sido impuesta en Estado no miembro de la Unión Europea, será el Ministerio de Justicia, en su condición de autoridad central en España, la que recibirá la solicitud de traslado —sin que se precise postulación procesal para ello—, de un ciudadano con nacionalidad española, para proceder a la apertura del correspondiente expediente, solicitando de la autoridad central del Estado en que ha sido condenado la documentación, que debe ser oficial no aceptándose en ningún caso documentación que pueda aportar el solicitante o su representación legal o personal, consistente en:

a) Sentencia o Sentencias firmes que deba cumplir el condenado solicitante en España

b) Liquidación de la condena

c) Textos legales que establezcan el delito y la pena que le ha sido impuesta dicho Estado

d) Cualquier otro Informe que pueda ser relevante para el la decisión sobre el traslado

Siendo requisito fundamental para la concesión por España del traslado el hecho de que el solicitante posea la nacionalidad española, se procederá a verificar esta condición desde el Ministerio de Justicia requiriendo, al efecto, al Registro Civil certificación que así lo acredite —pudiendo, en este caso, aportarse de oficio por el requirente—. Recabada la información documental para el expediente de traslado, anteriormente mencionada, se someterá a la aprobación del Consejo de Ministros a efecto de que autorice el traslado a España del solicitante. Se trasmitirá el conocimiento de esta circunstancia a la Sección de lo Penal del Tribunal Central de Instancia, como órgano con competencia en la materia según la Ley Orgánica del Poder Judicial, según dispone el art. 65.2 en relación con la ejecución de sentencias dictadas por tribunales extranjeros o el cumplimiento de pena de prisión impuesta por tribunales extranjeros. También se comunicará la finalización del expediente de traslado a la autoridad central del país de condena, al propio solicitante y a Instituciones Penitenciarias. Una vez concedida dicha autorización de traslado, el Ministerio de Justicia lo pondrá en conocimiento de INTERPOL por cuanto es esta institución quien asume el traslado físico del solicitante a España, sin que exista, al igual que en el supuesto inverso de traslado desde España a otro Estado no miembro de la Unión Europea, plazo concreto para efectuarlo.

4. CONCLUSIONES

El sistema de traslados de condenados con penas privativas de libertad que se observa en España, que aplica tanto a mayores de edad condenados a prisión como a menores condenados a medidas de internamiento, es dual, diferenciando regímenes y procedimientos diferentes en función de que se produzca entre España y un Estado miembro de la Unión Europea o sea con un Estado ajeno al ámbito comunitario europeo.

Parece más adecuada a la realidad social y judicial actual un sistema descentralizado y de transmisión y tratamiento directo de las solicitudes de traslado por parte de las autoridades judiciales, tal y como se contempla en el ámbito de la Unión Europea, sobre la base del principio de reconocimiento mutuo de resoluciones condenatorias.

Una vez aprobado y producido el traslado, el régimen penitenciario que ha de aplicarse en la ejecución de la pena privativa de libertad será el del estado de destino (ejecución) y la competencia sobre el penado, en el caso de traslado a España, recaerá en el ejercicio de las funciones jurisdiccionales atribuidas a la Sección de Vigilancia Penitenciaria del Tribunal de Instancia en relación a la tutela de los derechos, concesión de beneficios penitenciarios y ejecución de la pena privativa de libertad del condenado que ha sido trasladado.

5. REFERENCIA BIBLIOGRÁFICA

CASTELLÓ FOZ, M. (2022) "Ejecución y traslado de condenados a penas privativas de libertad en la UE". Revista del Centro de Estudios Jurídicos y de Posgrado CEJUP (3), 133-152

COLMENAR LAUNES, A. (2023) "El traslado de personas condenadas. El Convenio de Estrasburgo de 1983". Revista del Centro de Estudios Jurídicos y de Posgrado CEJUP (1,1), 257-271

GARCIMARTÍN MONTERO, R. (2021) "El reconocimiento de resoluciones penales de condena en la UE: la transposición al derecho español del reconocimiento de resoluciones que imponen penas o medidas privativas de libertad y de libertad vigilada". Revista de Estudios Europeos (78), 27-50

GONZÁLEZ CANO, I. y MAPELLI CAFFARENA, B. (2000) "Aspectos procesales y penitenciarios del traslado de personas condenadas". Hacia una justicia internacional. Civitas.

DE HOYOS SANCHO, M.(2015). "El reconocimiento mutuo de resoluciones por las que se impone una pena o medida privativa de libertad: análisis normativo". Reconocimiento Mutuo de Resoluciones Penales en la Unión Europea. Aranzadi.

MAPELLI CAFFARENA, B. y GONZÁLEZ CANO, I. (2001). El traslado de personas condenadas entre países. McGraw Hill.

MARCOS MADRUGA, F. de (2023). El juez de vigilancia penitenciaria y su marco competencial específico. Aranzadi.

MARCOS MADRUGA, F. de (2025). "El reconocimiento mutuo de sentencias privativas de libertad en la Unión Europea. Problemas en su aplicación. Especial referencia a Portugal", Revista de Estudios Europeos (85), 171-199.

MARTÍN DIZ, F. (2002). El juez de vigilancia penitenciaria. Garante de los derechos de los reclusos. Comares.

MESTRE DELGADO, E. (2017). "La ejecución, en España, de una pena privativa de libertad incompatible con la Legislación penal o penitenciaria española, dictada en un país miembro de la Unión Europea". La Ley Penal. (127),

NISTAL BURÓN, J. (2013) "El traslado de personas condenadas del país de condena al país de cumplimiento: aspectos penitenciarios". Revista Aranzadi Doctrinal (11), 159-174

PEITEADO MARISCAL, P. (2000) La ejecución jurisdiccional de condenas privativas de libertad. EDERSA

ROGRÍGUEZ YAGÜE, C. (2022) "El derecho al cumplimiento de la pena en un lugar estable próximo al domicilio". Revista General de Derecho Penal (37).

Capítulo VIII

El interés superior del menor como criterio de valoración para el traslado de mujeres españolas condenadas en el extranjero[1]

IRENE YÁÑEZ GARCÍA-BERNALT
Profesora Ayudante Doctora de Derecho Procesal
Universidad de Valladolid

1. INTRODUCCIÓN

La situación de las mujeres españolas condenadas en el extranjero plantea una problemática compleja que abarca no solamente dimensiones jurídicas, sino también sociales, culturales y, por supuesto, humanas. En un planeta cada vez más globalizado, la movilidad internacional, la migración y los desplazamientos de carácter temporal han contribuido al incremento de la exposición de personas a sistemas legales y contextos culturales distintos a los de su países de origen. En este sentido, cuando una persona y, más concretamente, una mujer española, ostenta la posición de sujeto pasivo en un proceso penal en un país extranjero y resulta condenada, se generan toda una serie de desafíos que trascienden el ámbito meramente jurídico.

[1] Esta publicación es resultado del Proyecto "Instrumentos de cooperación procesal internacional para el traslado de españoles condenados a España", Programa IC2 (2022) de financiación de grupos de investigación. Proyectos de Investigación. Universidad de Salamanca. IP: GONZÁLEZ MONJE, A.

Las mujeres españolas encarceladas en el extranjero, habitualmente, se encuentran en situaciones de especial vulnerabilidad. La condena nace, esencialmente, a raíz de delitos que cometen por concebirlos como medios de supervivencia económica. Asimismo, factores como el idioma o el sistema judicial del país que las condena, la falta de redes de apoyo locales, las condiciones de la detención y, por supuesto, la separación de sus familias, agravan las dificultades asociadas a su condena. Para muchas de ellas, la distancia física, pero también emocional, respecto de sus hijos, parejas y círculo social en España, constituye un elemento de sufrimiento añadido que complica la finalidad reintegradora en el entorno social y familiar que, en todo caso, debería ser el objetivo real de las penas.

Así pues, en este trabajo se pretende analizar la problemática a la que se enfrentan las mujeres españolas condenadas en el extranjero, haciendo énfasis en un elemento clave cuando resultan ser madres: el interés superior del menor como criterio a valorar para autorizar el traslado. En el contexto del traslado de mujeres españolas condenadas en el extranjero, consideramos que el interés superior del menor adquiere una relevancia singular cuando estas mujeres son madres de niños menores de edad. En tales casos, las decisiones sobre su posible traslado para cumplir la pena en España no solo afectan a las personas condenadas, sino también a sus hijos, quienes a menudo enfrentan situaciones de vulnerabilidad tanto emocional como social debido a la separación prolongada de sus madres.

2. BREVE APROXIMACIÓN A LA POBLACIÓN CARCELARIA FEMENINA

El estudio de la situación de las mujeres en prisión, a nivel histórico, ha sido menos explorado en comparación con la población masculina[2]. Sin embargo, la paulatina implementación de la perspectiva de género en los estudios dentro del campo de las ciencias sociales, el derecho y, especialmente, en el marco de los derechos humanos, ha logrado que el análisis de la población carcelaria femenina suscite un interés generalizado. En 2023, la última estadística penitenciaria elaborada por el Consejo General del

---

2 Para un estudio completo sobre esta materia véase NAVARRO VILLANUEVA, C. (2018). *El encarcelamiento femenino: especial consideración a las madres privadas de libertad*, Atelier.

Poder Judicial (CGPJ, en adelante)[3], registra un total de 56.698 personas —hombres y mujeres— cumpliendo condena (tanto en situación preventiva como por condena). De ese total, 52.698 son hombres (el 92,9%) y 4.000 son mujeres (7,1%). Estas estadísticas únicamente se refieren a mujeres españolas condenadas en España, sin embargo ¿Qué ocurre con aquellas que han sido condenadas en el extranjero o que se hallan en situación preventiva un centro penitenciario de otro país distinto al de su origen? En los últimos años es innegable que se ha experimentado un incremento de los españoles condenados en el extranjero. Aproximadamente, los datos más recientes hallados[4], desvelan que aproximadamente 1000 españoles se encuentran presos en el extranjero, unos 793 hombres y 114 mujeres vinculados especialmente a delitos de tráfico de drogas y, en la mayoría de las ocasiones, engañados para realizar lo que comúnmente se conoce como el trabajo de "mula".

Para poder hablar y, sobre todo, comprender el proceso de una mujer en prisión, debemos tomar como punto de partida un elemento inherente a las mismas: la vulnerabilidad. En el seno de los colectivos sociales en exclusión, de los que precisamente forma parte la población que se encuentra cumpliendo una medida privativa de libertad, las mujeres parte de una doble e incluso múltiple vulnerabilidad[5]. Hablamos de condiciones diversas y complejas que agravan su vivencia dentro del sistema penitenciario. Se trata de condiciones que no solo están relacionadas con el mero hecho de ser mujeres, sino que se combinan con compilan con factores de carácter cultural, étnico, socioeconómico y familiar. Evidentemente y como primer factor a tener en cuenta es la vulnerabilidad por razón de género. El simple hecho de ser mujer y el silencio que hemos vivido durante décadas al encontrarnos supeditadas a las decisiones de una sociedad androcéntrica, se agrava, entre otras esferas, en el momento en

---

3 CONSEJO GENERAL DEL PODER JUDICIAL. (2023), *Población reclusa según la situación procesal-penal por sexo.* https://www.poderjudicial.es/cgpj/es/Temas/Estadistica-Judicial/Estadistica-por-temas/Datos-penales–civiles-y-laborales/Cumplimiento-de-penas/Estadistica-de-la-Poblacion-Reclusa/. Recuperado el 27 de diciembre de 2024.

4 Véase CONSEJO GENERAL DE LA ABOGACÍA ESPAÑOLA, *Asistencia jurídica y traslados.* https://www.abogacia.es/conocenos/fundacion/areas-trabajo/atencion-a-presos-espanoles-en-el-extranjero/presos-espanoles-en-el-extranjero/. Recuperado el 27 de diciembre de 2024.

5 *Vid.* POLLOS CALVO, C; MONTERO PÉREZ DE TUDELA, E. (2023). *Mujeres en la Administración Penitenciaria. Penadas, preventivas y las empleadas públicas,* Tirant lo Blanch, p. 13.

que una mujer es condenada al cumplimiento de una pena privativa de libertad, más aún cuando es en el extranjero. Las prisiones se hallan diseñadas históricamente con una perspectiva masculina, lo que ha llevado a que las necesidades específicas de las mujeres sean ignoradas o minimizadas. La violencia sexual y la desigualdad de trato son vivencias reales y continuas en prisión; a menudo existe una reducción en el acceso a servicios de salud, actividades recreativas u oportunidades dentro de prisión. En segundo lugar, encontramos una vulnerabilidad económica y social un elemento vinculado con otras situaciones previas como la pobreza y la marginalización previa, pues muchas de las mujeres encarceladas provienen de contextos de marginación, exclusión social y pobreza. A menudo se enfrentar a dificultades económicas antes de ser encarceladas dada la falta de acceso o dificultades para conseguir un empleo debidamente remunerado. Es más, el hecho de plantearse la delincuencia como recurso económico es lo que las lleva a esta situación carcelaria. Como tercer factor asociado a la vulnerabilidad podemos hablar sobre la estigmatización y criminalización, pues las mujeres que se encuentran cumpliendo una medida privativa de libertad se encuentran más estigmatizadas que los hombres simplemente por ese rol asumido de cuidadoras dentro de la sociedad, consecuencia de la perpetuación de los roles y estereotipos de género interiorizados. Este estigma, lógicamente, afecta a su bienestar emocional y su reintegración social en el momento en que salen de prisión, pues se las percibe de manera distinta por no haber cumplido con ese papel que la sociedad espera de ellas[6].

3. INSTRUMENTOS DE COOPERACIÓN PARA EL TRASLADO DE MUJERES ESPAÑOLAS CONDENADAS EN EL EXTRANJERO

En la era de la globalización el movimiento y tráfico de personas va en incremento, y ello también conduce que el delito traspase las barreras físicas y geográficas[7]. Esto implica que la situación de las mujeres explicada

---

6 *Vid.* GALÁN-CASADO, D; GARCÍA-VITA, M.M; RAYA-MIRANDA, R; AÑAÑOS, F.T. (2024), "Prisión y estigma. Un estudio desde la perspectiva socioeducativa y de género", *Géneros,* (1), 22-42. HERRERA ENRÍQUEZ, M.C; EXPÓSITO, F. (2010). "Una vida entre rejas: aspectos psicosociales de la encarcelación y diferencias de género", *Psychosocial Intervention,* (3), 235-242.

7 MIR PUIG, C. (2013). "El traslado de personas condenadas entre países: Tratados del Consejo de Europa y Decisión Marco 2008/909/JAI, 27 de noviembre 2008. Referencia al recién Anteproyecto de Ley de Reconocimiento Mutuo de Reso-

supra se agrave más aún cuando esta es investigada, procesada y condenada a cumplir una medida privativa de libertad en un Estado distinto al de su origen.

A nivel Europeo el principio de reconocimiento mutuo de las resoluciones se plasma en la Decisión Marco 2002/584/JAI, relativa a la orden europea y a los procedimientos de entrega en Estados miembros[8]. La aplicación de este principio, en España, queda recogido en la Ley 23/2014, de 20 de noviembre, de reconocimiento mutuo de resoluciones penales en la Unión Europea[9], en virtud de la cual las autoridades judiciales españolas que sean competentes podrán reconocer y ejecutar en España las órdenes europeas y resoluciones penales previstas cuando hayan sido transmitidas por la autoridad competente de otro Estado miembro entre las que se en-

---

luciones Judiciales Penales en la Unión Europea (Aprobado por el Consejo de ministros de 8 de febrero de 2013)", *Revista de estudios penitenciarios,* (2), 199-217.

8 Como señalan NISTAL BURÓN y GONZÁLEZ ÁLVAREZ, la iniciativa fue lanzada por Austria, Finlandia y Suecia, la cual culminó con la Propuesta de Decisión Marco del Consejo sobre la orden europea de cumplimiento y traslado de personas condenadas entre los Estados miembros de la Unión Europea. *Vid.* NISTAL BURÓN, J; GONZÁLEZ ÁLVAREZ, M.A. (2015), "El reconocimiento mutuo de resoluciones penales en la Unión Europea. El cumplimiento en España de penas privativas de libertad impuestas en otros Estados miembros de la Unión Europea", *La Ley Penal,* (114), 1-19. Con posterioridad se han adoptado otras disposiciones como la Decisión Marco 2005/214/JAI, de 24 de febrero de 2005, relativa a la aplicación del reconocimiento mutuo de sanciones pecuniarias; la Decisión Marco 2006/783/JAI, de 6 de octubre de 2006, relativa a la aplicación del principio de reconocimiento mutuo de resoluciones de decomiso; la Decisión Marco 2008/909, JAI, de 27 de noviembre de 2008, relativa a la aplicación del principio de reconocimiento mutuo de sentencias en materia penal por las que se imponen penas u otras medidas privativas de libertad a efectos de su ejecución en la Unión Europea; la Decisión Marco 2008/947/JAI, de 27 de noviembre de 2008, relativa a la aplicación del principio de reconocimiento mutuo de sentencias y resoluciones de libertad vigilada con miras a la vigilancia de las medidas de libertad vigilada y las penas sustitutivas, o la Decisión Marco 2008/978/JAI, de 18 de diciembre de 2008, relativa al exhorto europeo de obtención de pruebas para recabar objetos, documentos y datos destinados a procedimientos en materia penal.

9 Véase aquí DE HOYOS SANCHO, M. (2002). "Desarrollo del Espacio de libertad, seguridad y justicia de la Unión Europea en materia procesal penal: Necesidades y propuestas", en CALZADILLA MEDINA, M.A.; MARTINÓN QUINTERO, R., (Dirs.), *La Unión Europea ante los objetivos de desarrollo sostenible de la Agenda 2030,* Dykinson, pp. 103-105; DE HOYOS SANCHO, M. (2018), "Algunas dificultades y cuestiones pendientes en la cooperación penal en el ámbito de la Unión Europea relativas a las garantías procesales", en GONZÁLEZ CANO, M.I. (Coord.), *Integración europea y justicia penal,* Tirant lo Blanch, pp. 89-124.

cuentra, precisamente, la resolución por la que se impone una pena o medida privativa de libertad (Art. 2.2.b Ley 23/2014).

Sin duda, uno de los instrumentos más importantes cuando hablamos del traslado de condenados es el Convenio sobre el traslado de personas condenadas, hecho en Estrasburgo el 21 de marzo de 1983, comúnmente conocido como Convenio de Estrasburgo[10]. Este es el instrumento internacional más empleado cuando hablamos del traslado de personas condenadas, dado su carácter multilateral, este fija la posibilidad de que toda persona condenada en alguno de los Estados parte pueda, de acuerdo con lo dispuesto en su contenido, ser trasladada a otro Estado parte para cumplir con la condena que se le ha impuesto[11].

El art. 3 del Convenio recoge las condiciones para poder llevar a cabo el traslado con arreglo a sus disposiciones: la persona debe ser nacional del Estado de cumplimiento; la sentencia debe ser firme, se excluye así la posibilidad de solicitar el traslado cuando se hubiera adoptado una medida cautelar de prisión provisional mientras el juicio esté pendiente. Así la firmeza de la sentencia es requisito *sine qua non* para poder solicitar el traslado. En tercer lugar, la duración de la condena, en el momento de pedir el traslado, deberá ser de al menos 6 meses. Sobre esta tercera cuestión hemos de detenernos en el pronunciamiento de la STS 454/2016, de 25 de mayo (TOL5.739.822) donde se indica que para el cumplimiento de la pena se tiene en cuenta no solo el tiempo efectivo de prisión sino también, importante, las reducciones de esta o los períodos en que el condenado haya podido disfrutar de la libertad condicional, de tal modo que el "licenciamiento definitivo" será una consecuencia de la liquidación en la que se hayan tenido en cuenta todas las circunstancias concurrentes que comporten el cumplimiento íntegro de la condena independientemente de que ello haya supuesto la estancia efectiva en prisión de todo el período. En cuarto lugar, el condenado, o su representante, cuando por razón de su edad o de su estado físico mental uno de los dos Estados así lo estimare necesario, deberá consentir el traslado. En quinto lugar, los actos u omisiones que han dado lugar a la condena deberán constituir una infracción penal con arreglo a las leyes del Estado de cumplimiento de aquella. Por último, en sexto lugar, el Estado de condena y de cumplimiento deberán estar de acuerdo en el traslado de la persona.

---

10 Texto disponible en: https://www.boe.es/buscar/doc.php?id=BOE-A-1985-10554. Recuperado el 12 de enero de 2025

11 *Vid.* STS 234/2021, de 11 de marzo (TOL8.371.840)

La importancia de este instrumento internacional reside en la facilitación de la reinserción social permitiendo al condenado cumplir la ejecución de la pena cerca de su entorno familiar y culturar, a la par que evita las barreras culturales y mejora la cooperación internacional en materia penal. Sobre todo, y especialmente importante, permite evitar que esas personas sufran condiciones penitenciarias extremas en países con sistemas penitenciarios más duros o en condiciones inhumanas. Y, de igual modo, como indica MONTERO PÉREZ DE TUDELA, "*hemos de ser realistas y aceptar que, en muchas situaciones, el extranjero —español— sin arraigo no tiene de facto las mismas opciones de reinserción que el ciudadano español, en nuestro caso, que se halla cumpliendo condena en su país de origen*"[12].

4. VALORACIÓN DEL INTERÉS SUPERIOR DEL MENOR COMO ELEMENTO CLAVE PARA EL TRASLADO DE LA MUJER CONDENADA A ESPAÑA

Explicadas, en las líneas que nos preceden, las cuestiones que atañen a la población carcelaria femenina, más concretamente a la situación de las mujeres que cumplen condena en el extranjero, y también los instrumentos de cooperación para su traslado, pasamos ahora a la reflexión sobre un elemento esencial que, consideramos, debe ser tenido en cuenta en la valoración del traslado: el interés superior del menor

4.1. Aproximación al concepto del interés superior del menor: evaluación y determinación

Cuando hablamos del interés superior del menor, inmediatamente, debemos tomar como punto de partida la Convención sobre los Derechos del Niño de la ONU de 1989 (CDN, en adelante). Estamos hablando del texto internacional más ratificado en la historia, quizás por la especial vulnerabilidad que, por razón de su edad, resulta inherente a todo niño o niña. El art. 3.1 del mencionado texto establece que: "*en todas las medidas concernientes a los niños que tomen las instituciones públicas o privadas de bienestar social, los tribu-*

---

12 MONTERO PÉREZ DE TUDELA, E. (2019), "Las opciones repatriativas en el ordenamiento jurídico español para el extranjero infractor: factores a tener en cuenta por los profesionales del tratamiento y los operadores jurídicos", *Revista Electrónica de Ciencia Penal y Criminología,* (21), 111-134. Véase también MARTÍN OSTROS, J. (2012). "En torno al interés superior del menor", Anuario de Justicia de Menores, (12), 39-66.

nales, las autoridades administrativas o los órganos legislativos, una consideración primordial a que se atenderá será el interés superior del menor". El precepto recoge un auténtico derecho que se reconoce de manera automática a los menores y que implica, como bien señala el precepto, un carácter primordial a la hora de tomar una decisión de índole judicial o administrativa[13]. En su momento, a Declaración de los Derechos del Niño de 1959 ya vislumbraba la consagración de este principio. También conocido como *favor minoris* queda recogido en el ordenamiento jurídico español en las diversas reformas operadas en el Código Civil, la Ley Orgánica de Protección Jurídica del Menor de 1996, la Ley Orgánica de Responsabilidad Penal del Menor del año 2000 o la Ley Orgánica de Protección Integral a la Infancia y la Adolescencia frente a la violencia de 2021. En relación con la Ley Orgánica de Protección Jurídica del Menor (LOPJM, en adelante), se crea un auténtico marco regulatorio que tiene como fin otorgar una protección de carácter uniforme a los menores en todo el territorio español para que así sirva de base a las Comunidades Autónomas para desarrollar las medidas pertinentes en materia de protección de menores, evidentemente, en el marco de las competencias que les son cedidas[14]. Se erige, además, como uno de los principios rectores de la política social y económica de nuestro país, de acuerdo con el art. 39.4 CE, dado que se indica que los menores gozarán de la protección prevista en los acuerdos internacionales que velan por sus derechos.

Como puede apreciarse, y así lo indicábamos al principio, el interés superior del menor es un criterio fluctuante y que se manifiesta de forma desigual en todos y cada uno de los menores, dado que sus intereses serán distintos en función de su situación personal, familiar, psicológica, física y educativa. Así, la Observación General nº 14 (2013) sobre el derecho del niño a que su interés superior sea una consideración primordial, de 19 de mayo de 2013 (CRC/C/GC/14) de las Naciones Unidas[15], alude a la necesidad de evaluar y determinar el interés superior del niño. En este sentido indica que en ese ejercicio de evaluación se deberán determinar, en primer lugar, los elementos pertinentes en el contexto de los hechos para evaluar

---

13 *Vid.* FEBLES POZO, N. (2023), "El interés superior del menor: un auténtico principio en la protección internacional de los menores", en HERRANZ BALLESTEROS, M y FEBLES POZO, N. (Dirs.), *Protección de menores y discapacitados*, Colex, pp. 77-97.

14 *Vid.* MAYORDOMO RODRIGO, V. (2020). "David frente a Goliat: el interés superior del menor y el derecho a la tutela judicial efectiva en tela de juicio", *Revista de Estudios Penales y Criminológicos*, (40), pp. 751-809.

15 Texto disponible: https://www.observatoriodelainfancia.es/oia/esp/descargar.aspx?id=3990&tipo=documento Recuperado el 12 de enero de 2025.

dicho interés y dotarlos de un contenido concreto para así ponderar su importancia en relación con los demás. Y, en segundo lugar, se habrá de seguir un procedimiento que vele, en todo momento, por las garantías jurídicas y la aplicación adecuada del derecho. Es decir, habrá se habrá de reflexionar y sopesar todos los elementos que resulten necesarios para poder tomar una decisión en una situación determinada y para un menor o grupo de menores concretos.

La Observación General nº. 14 concibe la evaluación como aquella actividad que debe realizarse en cada caso teniendo en consideración las circunstancias específicas de cada menor o menores en general. Estas circunstancias que, en realidad conforman en su conjunto el interés superior del menor, son aquellas que se refieren a la edad, el sexo, el nivel de madurez, la experiencia, la pertenencia, por ejemplo, a un grupo minoritario o en riesgo de exclusión, el contexto social y cultural, su salud física y mental, sus capacidades intelectuales y sensoriales y también su situación escolar y familiar. En todo caso, la opinión del niño sobre la situación que se valora habrá de tenerse en cuenta, ello por cuanto el art. 12 de la CDN reconoce expresamente el derecho del menor a ser oído. Parece lógico que se recoja este punto, pues no tendría sentido tomar una decisión sobre un menor, sin tener en cuenta su punto de vista, es decir, es necesario concederle a su opinión la importancia que merece en virtud de su edad y madurez. A su opinión se debe sumar la identidad del menor, dado que estamos ante un colectivo de edad heterogéneo. Esa identidad se encuentra construida por todas las características vinculadas a la orientación sexual, origen nacional, sexo, creencias o identidad cultural. Importante también es la preservación del entorno familiar y el mantenimiento de las relaciones, especialmente en el tema que nos acomete que es la valoración del traslado de su progenitora cuando esta cumple condena en país extranjero. La familia se erige como la unidad esencial de la sociedad donde se construyen las relaciones más tempranas y es el medio natural para el crecimiento y bienestar de los menores. La vida familiar, como derecho, se reconoce también en el art. 16 de la CDN interpretándose siempre en sentido amplio, es decir, no solo la familia biológica, sino también la adoptiva o de acogida o incluso parientes de grados más lejanos. Prevenir la separación familiar y, por ende, preservar la unidad familiar, siempre que así se aconseje, es realmente importante para la protección del menor. En este sentido el Estado debe proporcionar siempre apoyo para que los padres o tutores legales puedan cumplir con sus responsabilidades parentales aumentando así la capacidad de poder cuidar al niño a menos que, insistimos, el alejamiento devenga necesario para poder proteger al niño.

4.2. Interés superior del menor y madres reclusas: las Reglas de Bangkok

A tenor del interés superior del menor, debemos plantearnos en este punto qué ocurre en relación con ese interés en el supuesto en que su madre (biológica o adoptiva) se encuentra privada de su libertad por sentencia firme en un país distinto al de su origen. Ya indicábamos que la mayoría de las mujeres españolas que cumplen condena en el extranjero se encuentran en esa situación por delitos de tráfico de drogas, especialmente, porque han sido utilizadas como "mulas" para transportar droga a otros Estados y, a su vez, ese recurso se deriva de problemas de índole económica o de acción. En este sentido NAVARRO VILLANUEVA señala que "*evitar el ingreso en prisión de las personas condenadas a penas de más de dos años de prisión o más de cinco si han delinquido como consecuencia de su adicción, es prácticamente imposible*"[16].

Dicho lo anterior, tomamos como referencia las denominadas *Reglas de Bangkok* (Reglas de las Naciones Unidas para el Tratamiento de Reclusas y Medidas no Privativas de la Libertad para las Mujeres Delincuentes), aprobadas por la Asamblea General de Naciones Unidas el 16 de marzo de 2011 (A/RES/65/229)[17]. Estas Reglas recogen un amplio catálogo de derechos aplicables a las mujeres reclusas en aras de acabar con la discriminación en el seno de la población carcelaria, haciendo especial hincapié en las necesidades específicas de las mujeres que se encuentran cumpliendo una condena. En las Reglas 48 a 52 se hace mención expresa a las reclusas embarazadas, lactantes y con hijos. Concretamente, en la regla 49 se indica que toda decisión de permitir que los niños permanezcan con sus madres habrá de basarse en el interés superior del menor a lo que se añade, en la regla 50, la posibilidad de que las reclusas puedan brindar a sus hijos el máximo tiempo posible mientras cumplen condena debiendo tener estos (regla 51) toda una serie de servicios permanentes de atención a la salud. Concretamente, la regla 53 hace mención expresa a las posibilidades de traslado. Así se estudiará toda posibilidad de traslado —lo antes posible— a las reclusas extranjeras no residentes a su país de origen, en particular si tiene hijos en él, cuando ellas lo soliciten o consientan informadamente de ello.

---

16 *Vid.* NAVARRO VILLANUEVA, C. (2019). "El 'interés superior del menor' en la ejecución de la pena privativa de libertad de su cuidador/a principal", Anuario de Justicia de Menores, (19), pp. 95-108.

17 Texto disponible en: https://www.unodc.org/documents/justice-and-prison-reform/Bangkok_Rules_ESP_24032015.pdf. Recuperado el 17 de enero de 2025.

A nuestro entender y, teniendo en cuenta la valoración y determinación del interés superior del menor, en estos casos concretos donde ha de estudiarse para poder iniciar el traslado de una mujer española condenada en el extranjero a su país de origen —España—, se habrá de tener en cuenta toda una serie de múltiples factores en relación el hijo. En primer lugar, consideramos esencial el vínculo maternofilial, es decir, analizar el impacto de la separación entre el menor y su madre, especialmente si el cuidador principal. En ciertos casos, como ya se ha señalado, si el menor está con su madre en prisión, se deben analizar si la situación en el país extranjero es adecuada para el desarrollo del niño. En este sentido debemos señalar que las condiciones penitenciarias en muchos de los países de Latinoamérica, por ejemplo, no suele ser la más adecuada para la crianza y desarrollo del menor. Ello nos lleva a hablar del segundo factor, que se refiere a las condiciones de vida y bienestar del menor, esto es, estudiar las condiciones en que vive el menor en el país extranjero: acceso a servicios sanitarios, educativos, el entorno social, su estabilidad psíquica y física y las condiciones de seguridad. En tercer lugar, vinculado al interés superior del menor, podemos encontrar las posibilidades de reinserción de la madre en España. Esto se refiere a la evaluación sobre si la madre pudiese continuar cumpliendo su condena en España sin poner en riesgo la estabilidad del menor, valorando entonces el acceso a programas de reinserción y la posibilidad de un régimen penitenciario que favorezca la convivencia con el hijo.

Llama especialmente la atención que el Convenio de Estrasburgo no haga mención a estas circunstancias. No obstante, en algunos de los Convenios y Tratados bilaterales suscritos entre España y otros Estados, algunas de esto factores sí se recogen expresamente. A modo de ejemplo el art. 3 del Tratado sobre el Traslado de Personas condenadas entre el Reino de España y la República de El Salvador, de 14 de febrero de 1995 (BOE núm. 139, de 8 de junio de 1996)[18], señala que, a la hora de decidir sobre el traslado, se tendrá en cuenta todos los factores pertinentes y las posibilidades de que el traslado de la persona contribuya a la rehabilitación social. En este sentido se tendrá en cuenta los vínculos y las relaciones familiares, así como otros motivos que puedan estar relacionados con la vida social en el Estado de origen. De igual modo lo plasma el art. 4 del Tratado sobre ejecución de sentencias penales entre el Reino de España y los Estados Unidos Mexicanos, de 6 de febrero de 1987 (BOE núm. 115, de 15 de mayo

---

[18] Texto disponible en: https://www.boe.es/diario_boe/txt.php?id=BOE-A-1996-13004 Recuperado el 30 de enero de 2015.

de 1989)[19], donde se recoge expresamente que en el momento de tomar una decisión sobre el traslado del reo, cada una de las Partes, deberá tener en cuenta todos los factores pertinentes que influyan en las posibilidades de resocialización o rehabilitación, como las condiciones de salud, la edad o las relaciones familiares. De la misma manera se recoge en el art. 3 del Tratado sobre traslado de personas condenadas entre el Reino de España y la República de Paraguay, de 7 de septiembre de 1994 (BOE núm. 263, de 3 de noviembre de 1995)[20].

5. REFLEXIONES FINALES

A través de estas líneas hemos pretendido demostrar cómo el interés superior del menor es un principio fundamental en el derecho internacional y en el ámbito del ordenamiento jurídico español. Este interés implica, pues, una necesidad de garantizar la unidad familiar y evitar, siempre que sea posible, la separación entre madres e hijos. En los casos de mujeres españolas que cumplen condena en el extranjero, resulta esencial evaluar si su traslado a España podría facilitar el reencuentro familiar, lo cual es un elemento crucial para el bienestar emocional y psíquico del niño. A pesar de ser un principio de índole universal, denunciamos su carencia en el Convenio de Estrasburgo y en gran parte de los Tratados bilaterales para el traslado de condenados a España que han sido firmados con diversos países de todo el mundo.

El Juez encargado de decidir sobre el traslado de las mujeres españolas reclusas en el extranjero habrá de realizar una valoración exhaustiva sobre el interés superior del menor en todos y cada uno de los casos y de manera concreta evitando, pues, cualquier automatización de los procedimientos de traslado. El órgano jurisdiccional deberá realizar una valoración individualizada de las circunstancias de cada menor, especialmente en este tipo de situaciones, yendo más allá de una simple aplicación normativa y considerar todos los elementos humanos, sociales y emocionales que intervienen en el bienestar del menor, tal y como se recoge en la Observación General núm. 14 del Comité de los Derechos del Niño.

---

19 Texto disponible en: https://www.boe.es/diario_boe/txt.php?id=BOE-A-1989-11025 Recuperado el 30 de enero de 2025.

20 Texto disponible en: https://www.boe.es/diario_boe/txt.php?id=BOE-A-1995-23861 Recuperado el 30 de enero de 2025.

En definitiva, el interés superior del menor debe prevalecer como criterio esencial en la valoración de los traslados de mujeres españolas condenadas en el extranjero. No obstante, se debe realizar un análisis detallado que considere tanto la protección de los derechos humanos de los menores como las implicaciones jurídicas y sociales de dicha medida. El sistema jurídico español, en armonía con las normas internacionales, debe garantizar que cualquier decisión sobre el traslado sea tomada de manera que se minimicen los riesgos para el desarrollo y bienestar del menor, favoreciendo la reunificación familiar solo cuando esto sea compatible con el bienestar integral de los niños involucrados.

6. BIBLIOGRAFÍA

DE HOYOS SANCHO, M. (2002). "Desarrollo del Espacio de libertad, seguridad y justicia de la Unión Europea en materia procesal penal: Necesidades y propuestas", en CALZADILLA MEDINA, M.A.; MARTINÓN QUINTERO, R., (Dirs.), *La Unión Europea ante los objetivos de desarrollo sostenible de la Agenda 2030*, Dykinson.

DE HOYOS SANCHO, M. (2018). "Algunas dificultades y cuestiones pendientes en la cooperación penal en el ámbito de la Unión Europea relativas a las garantías procesales", en GONZÁLEZ CANO, M.I. (Coord.), *Integración europea y justicia penal*, Tirant lo Blanch.

FEBLES POZO, N. (2023), "El interés superior del menor: un auténtico principio en la protección internacional de los menores", en HERRANZ BALLESTEROS, M y FEBLES POZO, N. (Dirs.), *Protección de menores y discapacitados*, Colex.

GALÁN-CASADO, D; GARCÍA-VITA, M.M; RAYA-MIRANDA, R; AÑAÑOS, F.T. (2024), "Prisión y estigma. Un estudio desde la perspectiva socioeducativa y de género", *Géneros*, (1).

HERRERA ENRÍQUEZ, M.C; EXPÓSITO, F. (2010). "Una vida entre rejas: aspectos psicosociales de la encarcelación y diferencias de género", *Psychosocial Intervention*, (3).

MARTÍN OSTROS, J. (2012). "En torno al interés superior del menor", *Anuario de Justicia de Menores*, (12).

MIR PUIG, C. (2013). "El traslado de personas condenadas entre países: Tratados del Consejo de Europa y Decisión Marco 2008/909/JAI, 27 de noviembre 2008. Referencia al recién Anteproyecto de Ley de Reconocimiento Mutuo de Resoluciones Judiciales Penales en la Unión Europea (Aprobado por el Consejo de ministros de 8 de febrero de 2013)", *Revista de estudios penitenciarios*, (2).

MONTERO PÉREZ DE TUDELA, E. (2019), "Las opciones repatriativas en el ordenamiento jurídico español para el extranjero infractor: factores a tener en cuenta por los profesionales del tratamiento y los operadores jurídicos", *Revista Electrónica de Ciencia Penal y Criminología*, (21).

NAVARRO VILLANUEVA, C. (2018). *El encarcelamiento femenino: especial consideración a las madres privadas de libertad*, Atelier.

NAVARRO VILLANUEVA, C. (2019). "El 'interés superior del menor' en la ejecución de la pena privativa de libertad de su cuidador/a principal", Anuario de Justicia de Menores, (19).

NISTAL BURÓN, J; GONZÁLEZ ÁLVAREZ, M.A. (2015). "El reconocimiento mutuo de resoluciones penales en la Unión Europea. El cumplimiento en España de penas privativas de libertad impuestas en otros Estados miembros de la Unión Europea", *La Ley Penal*, (114).

POLLOS CALVO, C; MONTERO PÉREZ DE TUDELA, E. (2023). *Mujeres en la Administración Penitenciaria. Penadas, preventivas y las empleadas públicas*, Tirant lo Blanch.